D0744905

El ataque contra la razón

El ataque contra la razón

AL GORE

Traducción de
Lucas Rodríguez Monge

DEBATE

Ataque contra la razón
Título original: *The Assault on Reason*
Publicado originariamente por The Penguin Press, Nueva York, 2007

Primera edición en España: octubre, 2007
Primera edición para Random House, Inc.: noviembre, 2007

© 2007, Al Gore. Todos los derechos reservados.
© 2007, Lucas Rodríguez Monge, por la traducción

D. R. © 2007, de la presente edición en castellano para todo el mundo:
Random House Mondadori, S. A.
Travessera de Gràcia, 47-49. 08021 Barcelona

D. R. © 2007, derechos de edición para México:
Random House Mondadori, S. A. de C. V.
Av. Homero No. 544, Col. Chapultepec Morales,
Del. Miguel Hidalgo, C. P. 11570, México, D. F.

www.randomhousemondadori.com.mx

Comentarios sobre la edición y contenido de este libro a:
literaria@randomhousemondadori.com.mx

Queda rigurosamente prohibida, sin autorización escrita de los titulares del «copyright», bajo las sanciones establecidas por las leyes, la reproducción total o parcial de esta obra por cualquier medio o procedimiento, comprendidos la reprografía, el tratamiento informático, así como la distribución de ejemplares de la misma mediante alquiler o préstamo público.

ISBN: 978-030-739-223-7

Fotocomposición: Fotocomp/4, S. A.

Impreso en México / *Printed in Mexico*

Distributed by Random House, Inc.

Para mi padre,
el senador Albert Gore Sr.,
1907-1998

Índice

Agradecimientos

Estoy muy agradecido a mi mujer, Tipper Gore, por ayudarme tanto con el libro, y por darme ánimos a cada paso del camino.

También deseo dar las gracias a mis hijos, Karenna Gore Schiff, Kristin Carlson Gore, Sarah LaFon Gore y Albert Gore III. Un agradecimiento especial a Drew Schiff, Paul Cusack y Frank Hunger. Todos ellos han sido serviciales y pacientes.

Scott Moyers ha sido un estupendo corrector del libro. Nuestra colaboración no habría podido ser mejor. Todo el equipo de Penguin ha estado espléndido. Gracias.

Como siempre, Andrew Wylie me llevó al editor más indicado, y en la dirección más indicada para el libro, después de lo cual también leyó las galeradas y me hizo útiles sugerencias. ¡Gracias!

Mis dos ayudantes de investigación, Elliot Tarloff y Trent Gegax, han dado prueba de una eficacia extraordinaria al buscar todo el material que necesitaba. Les estoy sumamente agradecido por su dedicación, su aguante, su compromiso de rigor y excelencia y su buen humor. Me ha encantado trabajar con ellos, y nos hemos divertido mucho, a pesar del esfuerzo y de las horas invertidas (incluidas varias noches en blanco; ha sido un año de mucho trabajo).

Roy Neel y mi equipo de Nashville me han prestado un apoyo impresionante. Roy, por su parte, también ha sido decisivo en ayudarme a terminar el libro a tiempo. Sin mi equipo de Nashville ni siquiera podría haberme planteado escribir el libro este año.

Josh Cherwin y Lisa Berg me ayudaron a encontrar el tiempo y el espacio necesarios para escribir el libro, a veces durante largos viajes.

Kalee Kreider también me ha ayudado de muchas maneras. Gracias.

Gracias especialmente también a Dwayne Kemp por tantas buenas comidas y por tener siempre al día las provisiones.

Estoy enormemente agradecido a Lisa Brown y sus colegas, sobre todo Chris Schroeder y Neil Kinkopf, por asesorarme y dialogar a fondo sobre las cuestiones de derecho constitucional que aborda el libro.

Del mismo modo, deseo dar las gracias a los doctores V.S. Ramachandran, Lynn DeLisi, Joe LeDoux, Sue Smalley, Anne Peretz y Marti Erickson por su ayuda en los temas de neurociencia y psicología del libro. Me han enseñado mucho. Gracias.

Un agradecimiento muy especial a los historiadores que dedicaron generosamente su tiempo a que entendiera mejor las fascinantes cuestiones históricas que se analizan en el libro: Arthur Schlesinger Jr. (que en paz descanse), Graham Allison, Steve Ozment, Frank Turner, Doris Kearns Goodwin y Richard Goodwin, así como el politólogo Steve Teles.

Gracias a Joel Hyatt, Wes Boyd, Yochai Benkler y Ben Scott, por su ayuda y sus consejos, sobre todo en los temas relacionados con internet.

Estoy muy agradecido por el asesoramiento en materia ecológica y de energía que recibí de Katie McGinty, Jeannie Nelson y Will Martin, así como por toda la ayuda que me han prestado los tres.

Otro agradecimiento muy particular a mis amigos de siempre, que han encontrado tiempo para hablar conmigo (y en muchos casos para leer centenares de páginas y ayudarme a evitar algunos de los errores que habría cometido): Marty Peretz, John Seigenthaler, Frank Sutherland, Leon Fuerth, Elaine Kamarck, Peter Knight, Murray Gell-Man, Mike Feldman, Carter Eskew, David Blood, Tom Gegax, Steve Jobs, Tom Downey, Wendell Primus y Bob Greenstein.

Gracias a T. J. Scaramellino, por documentarme sobre la escuela filosófica de Frankfurt.

Y por último, como en mi anterior libro, un agradecimiento muy especial a mi amiga Natilee Duning, por sus espléndidos consejos sobre el texto, y por su ayuda.

Introducción

Poco antes de que nuestra nación invadiera Irak, nuestro senador más veterano, Robert Byrd, de Virginia Occidental, se levantó en el Senado y dijo: «Esta Cámara, en su mayor parte, ha guardado silencio, un silencio terrible, ominoso. No hay debate, no hay discusión, ningún intento de explicar a la nación los pros y los contras de esta guerra en particular. No hay nada. Guardamos un silencio pasivo en el Senado de Estados Unidos».[1]

¿Por qué guardó silencio el Senado?

Al describir de esa forma la Cámara vacía, Byrd postulaba una versión concreta de la misma pregunta general que nos hemos formulado millones de nosotros: «¿Por qué la razón, la lógica y la verdad parecen tener un papel cada vez menos importante en la forma en que Estados Unidos toma decisiones importantes?».

Para muchos estadounidenses, la persistente y prolongada dependencia de falsedades como base de la política, incluso enfrentada a sólidas y rotundas pruebas de lo contrario, ha alcanzado niveles inimaginables.

Un número cada vez más creciente de estadounidenses se están preguntando en voz alta: «¿Qué le ha pasado a nuestro país?». Cada vez más gente intenta desentrañar qué ha sido de nuestra democracia, cómo podemos encarrilarla.

Para poner otro ejemplo: por primera vez en la historia de Estados Unidos, la rama ejecutiva de nuestro gobierno no solo ha consentido, sino estimulado, el trato de prisioneros en tiempos de guerra que implica claramente torturas, saltándose una prohibición establecida por el general George Washington durante la guerra de independencia.

Es demasiado fácil, y demasiado partidista, culpar únicamente a la política del presidente George W. Bush. Todos somos responsables de las decisiones que toma nuestro país. Tenemos un Congreso. Tenemos un poder judicial independiente. Tenemos controles y balances. Somos una nación de leyes. Tenemos libertad de expresión. ¿Es que todo eso ha fallado?

Tras los desastres provocados por el huracán Katrina, durante un breve período de tiempo gozamos de una claridad y transparencia de nuestro discurso público que recordó a algunos estadounidenses, incluidos algunos periodistas, que esa claridad y transparencia eran más habituales cuando hablábamos entre nosotros de los problemas y decisiones que afrontábamos. Pero después, como una tormenta de verano, el momento se desvaneció.

No siempre ha sido así. ¿Por qué el discurso público de Estados Unidos se ha vuelto menos claro, menos *razonado*? La fe en el poder de la razón (la convicción de que los ciudadanos libres pueden gobernarse con prudencia y justicia, utilizando el debate lógico en función de las mejores pruebas disponibles, en lugar del poder puro y duro) fue y continúa siendo la premisa principal de la democracia estadounidense. Esta premisa se halla ahora sometida a un ataque.

Tendemos a embellecer el pasado, por supuesto, y jamás existió una edad de oro en que reinara la razón, que expulsara la falsedad y la demagogia de las deliberaciones del autogobierno estadounidense. Pero, pese a todos los defectos de Estados Unidos, siempre procurábamos rendir homenaje a la verdad y la razón. Nuestro mejor presidente, Abraham Lincoln, dijo en 1838, cuando tanto Estados Unidos como él eran muy jóvenes: «La razón, la fría, calculadora y desapasionada razón, debe aportar todos los materiales de nuestro futuro apoyo y defensa. Ojalá dichos materiales se integren en la inteligencia colectiva, la sólida moralidad y, en particular, en el respeto a la Constitución y las leyes».[2]

La verdad es que la democracia corre peligro ahora en Estados Unidos, no por culpa de un conjunto de ideas, sino debido a una serie de cambios sin precedentes que se han dado en el medio ambiente, dentro del cual las ideas viven y se propagan, o bien se marchitan y mueren. No me refiero al medio ambiente físico, sino a lo que se conoce como la esfera pública, o mercado de las ideas.

Ya no es posible ignorar lo extraño de nuestro discurso público. Sé que no soy el único convencido de que algo ha ido muy mal. En 2001 albergué la esperanza de que se tratara de una aberración el hecho de que las encuestas demostraran que las tres cuartas partes de los estadounidenses creían que Sadam Husein era responsable de los atentados del 11 de septiembre.[3] Más de cinco años después, no obstante, casi la mitad de los estadounidenses siguen creyendo que Sadam estaba relacionado con los atentados.[4]

Al principio, pensé que la cobertura exhaustiva e interminable del juicio de O. J. Simpson era un exceso desafortunado, una desagradable desviación del buen gusto y juicio de nuestros medios informativos de la televisión. Ahora sabemos que solo fue el primer ejemplo de una nueva pauta de una serie de obsesiones múltiples que de vez en cuando se apoderan de los medios de comunicación.

A finales del verano de 2006, la cobertura informativa estadounidense estaba saturada con la falsa confesión de un hombre que afirmaba haber estado presente en la muerte de JonBenét Ramsey, la reina de la belleza de seis años cuyo asesinato sin resolver once años antes había generado otra obsesión duradera. Pocos meses antes de la detención de John Mark Karr en Bangkok, la desaparición de una estudiante de instituto en Aruba y la búsqueda de su cadáver y de su presunto asesino consumieron miles de horas de informativos televisivos. Ambos casos siguen sin resolverse en el momento en que escribo estas líneas, y ninguno provocó un impacto apreciable en el destino de la república.

Al igual que JonBenét, recientemente O. J. ha vuelto a ser el centro de otro ataque compulsivo de histeria informativa, cuando su hipotética no confesión dejó de publicarse y no se emitió su entrevista televisada. Esta particular explosión de «noticias» solo se vio truncada cuando una ex estrella de una sitcom utilizó insultos raciales en un programa de humor. Y antes de eso fue el caso de la «novia que se dio a la fuga» en Georgia. Y antes, el juicio de Michael Jackson y el juicio de Robert Blake, la tragedia de Laci Peterson y la tragedia de Chandra Levy. Y, por supuesto, no olvidemos a Britney y KFed, y Lindsay y Paris y Nicole. Tom Cruise dio saltitos sobre el sofá de Oprah y se casó con Katie Holmes, que dio a luz a Suri. Y por lo visto, Russell Crowe arrojó un teléfono contra el conserje de un hotel.

A principios de 2007, la cobertura agobiante de la muerte, embalsamamiento y planes para el funeral de Anna Nicole Smith, además del rifirrafe legal sobre la paternidad y custodia de su hijo, así como la herencia, se convirtieron en otro ejemplo extravagante de las nuevas prioridades de la cobertura informativa estadounidense.

Y mientras los telespectadores estadounidenses dedicaban cien millones de horas de su vida cada semana a estas y otras historias similares, nuestro país estaba tomando sin hacer ruido lo que los historiadores futuros describirán como una serie de decisiones catastróficas sobre la guerra y la paz, el clima global y la supervivencia humana, la libertad, la barbarie, la justicia y la imparcialidad.

Por ejemplo, ya casi nadie discute que la decisión de invadir Irak fue una grave equivocación. A finales de 2005, el ex director de la Agencia de Seguridad Nacional, el teniente general retirado William Odom, dijo: «Creo que la invasión de Irak se convertirá en el mayor desastre estratégico de la historia de Estados Unidos».[5] No obstante, aunque parezca increíble, todas las pruebas y argumentos necesarios para haber tomado la decisión *correcta* estaban disponibles en su momento, y al mirar atrás son clamorosamente evidentes.

Tanto si están de acuerdo con el análisis del general Odom como si no, la cuestión a la que apuntaba el senador Byrd antes de la invasión era que, en Estados Unidos, se supone que discutimos a fondo temas tan importantes como la elección entre la guerra y la paz. Entonces, ¿por qué no lo hicimos? Si nos hubiéramos entregado a esa discusión, en lugar de invadir impulsivamente un país que no nos atacaba ni amenazaba, tal vez habríamos evitado los trágicos problemas creados por la guerra y sus secuelas.

Aquellos de nosotros que hemos servido en el Senado de Estados Unidos y lo hemos visto cambiar con el tiempo, tal vez podríamos dar una respuesta a la incisiva descripción del Senado que ofreció el senador Byrd antes de la invasión: la Cámara estaba vacía porque los senadores estaban en otro sitio. Muchos se encontraban en fiestas destinadas a recaudar fondos, a las que ahora se sienten impulsados a asistir casi de manera constante con el fin de recoger dinero (gran parte procedente de intereses especiales) para comprar anuncios televisivos de treinta segundos, destinados a la campaña de su siguiente reelección.

El Senado guardó silencio en vísperas de la guerra porque los senadores opinan que lo que dicen en el Senado ya no tiene importancia, ni para los demás senadores, que casi nunca se hallan presentes cuando hablan sus colegas, ni por supuesto para los votantes, porque los medios casi nunca informan ya sobre los discursos del Senado.

La fe de nuestros Padres Fundadores en la viabilidad de la democracia representativa descansaba sobre su confianza en la sabiduría de una ciudadanía bien informada, su ingenioso proyecto de controles y equilibrios, y su convicción de que el imperio de la razón es el soberano natural de un pueblo libre. Como dijo Thomas Paine, «Al igual que en los gobiernos absolutistas el rey es la ley, en los países libres la ley debería ser rey y no debería haber otro».[6]

Nuestros Padres Fundadores habían estudiado a fondo el foro romano, así como el ágora de los antiguos atenienses. También sabían muy bien que, en Estados Unidos, nuestro foro público sería una conversación continuada sobre la democracia, en la que los ciudadanos participarían sobre todo a base de comunicarse con los demás ciudadanos a grandes distancias, mediante la palabra impresa. Los Padres Fundadores pusieron un énfasis especial en asegurar que la opinión pública estuviera bien informada, y se preocuparon sobremanera de proteger la franqueza del mercado de las ideas, para que el conocimiento se transmitiera en libertad. De esta forma, no solo protegieron la libertad de reunión como derecho básico, sino que hicieron hincapié en proteger la libertad de prensa en la Primera Enmienda.

Su mundo estaba dominado por la palabra impresa. Así como un pez ignora que vive en el agua, Estados Unidos, durante su primer medio siglo de existencia, no conocía otra cosa que la palabra impresa: la Biblia, los himnos, la Declaración de Independencia, nuestra Constitución, nuestras leyes, las Actas del Congreso, periódicos, libros y panfletos. Aunque temían que el gobierno intentara censurar la prensa, tal como había hecho el rey Jorge, los Padres Fundadores no podían imaginar que el discurso público estadounidense consistiera en algo más que palabras impresas.

Y, sin embargo, hoy, han transcurrido casi cuarenta y cinco años desde que la mayoría de los estadounidenses recibían noticias e información desde la palabra impresa.[7] Una hemorragia de lectores diezma a los diarios. La lectura está en declive, no solo en nuestro país, sino en casi todo el mundo. La República de las Letras ha sido invadida y ocupada por el imperio de la televisión.

Radio, internet, películas, teléfonos móviles, iPods, ordenadores, mensajes instantáneos, videojuegos y asistentes digitales personales pugnan por conquistar nuestra atención, pero todavía la televisión es la que domina los canales de información en el Estados Unidos moderno. De hecho, según un estudio global serio, los estadounidenses ven la televisión una media de *cuatro horas y treinta y cinco minutos al día*, noventa minutos más que la media mundial.[8] Si calculamos ocho horas de trabajo al día, entre seis y ocho horas para dormir, y un par de horas para bañarse, vestirse, comer y trasladarse al centro de trabajo, representa las tres cuartas partes del tiempo libre del que goza el estadounidense medio. Y los estadounidenses jóvenes dedican todavía más tiempo a ver la televisión.

Internet es un nuevo medio de comunicación formidable, y una fuente de gran esperanza para la futura vitalidad de la democracia. A la larga, tal vez antes que después, la televisión tal como la conocemos hoy será considerada una transición entre la era de la palabra impresa y la era de internet (me he preocupado de acelerar la llegada de la verdadera televisión interactiva con una nueva clase de cadena que fundé con la colaboración de mi socio Joel Hyatt, Current TV, que tiende un puente entre la televisión e internet).

Pero todavía hoy, la televisión llega a más gente que internet. Además, la mayoría de los usuarios de internet afirma que ven la televisión, al menos un rato, *mientras* utilizan internet. El 60 por ciento de los que utilizan ambos medios al mismo tiempo afirman que tienen regularmente la televisión encendida mientras utilizan internet. Los estudios demuestran no solo un aumento del tiempo que los estadounidenses dedican a ver la televisión al día, sino también un aumento del tiempo medio que dedican los usuarios de internet a ver la televisión mientras utilizan internet.[9]

En Estados Unidos, la televisión superó por primera vez a la prensa como fuente de información en 1963. Pero durante las siguientes dos décadas, las cadenas televisivas imitaron a los principales periódicos de la nación siguiendo fielmente las normas del periodismo profesional. De hecho, hombres como Edward R. Murrow lograron elevar el listón de la profesión.

Durante los años transcurridos desde entonces, la cuota de audiencia total de noticias e informativos no ha dejado de aumentar, y su ventaja sobre los periódicos impresos también. Millones de estadounidenses han dejado de leer periódicos. Los diarios de la tarde fueron los primeros en ir a la quiebra. Ahora, casi todos los periódicos han visto disminuir sus beneficios, la publicidad y la circulación, y bastantes su tamaño material. Un día, hace muchos años, un joven e inteligente consultor político se volvió hacia un cargo electo de mayor edad y describió de una manera sucinta la nueva realidad del discurso público de Estados Unidos: «Si no sale en la televisión, no existe».

Este «punto de ruptura», cuando la televisión sustituyó a la prensa escrita como medio de información dominante de Estados Unidos, significó mucho más que una simple sustitución de un medio por otro. La capacidad de la televisión de transmitir al instante imágenes en movimiento, así como palabras y música, a cientos de millones de estadounidenses de manera simultánea, aumentó el impacto y el poder inherentes del medio televisivo sobre la palabra impresa en varios órdenes de magnitud. Lo repentino de este cambio radical fue como pasar en una sola década de la sandalia al transbordador espacial, de empalmar cuerdas a empalmar genes.

De pronto, en una sola generación, los estadounidenses impusieron un cambio radical en su rutina cotidiana y empezaron a sentarse inmóviles, contemplando una serie de imágenes en una pantalla durante más de treinta horas a la semana. No solo la televisión ocupó una porción más grande de la atención y el tiempo que los estadounidenses dedicaban a las noticias y a la información, sino que también empezó a dominar una parcela mayor de la esfera pública en su conjunto. Además, como los anunciantes no tardaron en descubrir, el poder de la televisión para motivar cambios de comportamiento carecía de precedentes.

La publicidad de productos es el principal negocio de la televisión, por supuesto. Cuesta exagerar hasta qué punto la influencia de la publicidad electrónica moderna ha remodelado nuestra sociedad. En la década de 1950, John Kenneth Galbraith fue el primero en describir la forma en que la publicidad alteraba la relación clásica de equilibrio entre la oferta y la demanda que la mano invisible del mercado llevaba a cabo. Las campañas modernas de publicidad, señaló, estaban empezando a crear elevados niveles de demanda de productos que los consumidores ignoraban desear, y mucho menos necesitar.

El mismo fenómeno que Galbraith advirtió en el mercado comercial es ahora el hecho dominante de la vida en lo que era el mercado de las ideas estadounidense. El valor intrínseco, o la validez de las propuestas políticas presentadas por candidatos a cargos oficiales, es ahora irrelevante, comparados con las campañas publicitarias basadas en imágenes que se utilizan para conformar la percepción de los votantes. Y el elevado coste de estas campañas publicitarias ha aumentado de manera drástica el papel del dinero en la política estadounidense, así como la influencia de aquellos que lo aportan.

Por ese motivo, la reforma de la financiación de las campañas, aunque esté bien pensada, suele perder de vista lo más importante: mientras el método principal de iniciar un diálogo político sea comprar publicidad televisiva cara, el dinero continuará dominando, de una forma u otra, la política estadounidense. Como resultado, las ideas seguirán desempeñando un papel inferior.

Por eso, los comités de campañas de la Cámara de Representantes y el Senado de ambos partidos continúan buscando candidatos multimillonarios, capaces de comprar anuncios con sus propios recursos. No debería extrañarnos que los pasillos del Congreso cuenten con una proporción cada vez mayor de miembros acaudalados.

Cuando me presenté al Congreso por primera vez en 1976, no encargué ni una sola encuesta durante toda la campaña. Sin embargo, ocho años después, cuando me presenté al Senado, encargué encuestas y, como la mayoría de los candidatos, confié más en la publicidad electrónica a la hora de comunicar mi mensaje a los votantes. Recuerdo muy bien un momento crucial de aquella campaña, cuando mi contrincante, un excelente funcionario llamado Victor Ashe, desde entonces íntimo amigo mío, empezó a ganarme terreno en las encuestas. Después de un largo y detallado análisis de toda la información procedente de las encuestas, así como de las posibilidades de la publicidad televisiva, la previsible reacción de la campaña de mi contrincante y la planificada reacción a la reacción, los asesores de mi campaña me presentaron una recomendación y predicción que me sorprendió por su concreción: «Si lanzas este anuncio a tantos puntos [una medida del tamaño de la compra publicitaria] y si Ashe reacciona tal como suponemos, y luego compramos los mismos puntos para lanzar nuestra reacción a su reacción, el resultado final después de tres semanas será un aumento del 8,5 por ciento de tu liderazgo en las encuestas».

Autoricé el plan y me quedé estupefacto cuando, tres semanas después, mi ventaja había aumentado en un 8,5 por ciento. Aunque complacido, por supuesto, con mi campaña, presentí lo que eso revelaba acerca de nuestra democracia. Estaba claro que, hasta cierto punto, el «consentimiento de los gobernados» se estaba convirtiendo en una mercancía que se adjudicaba el mejor postor. Si el dinero y el uso inteligente de los medios electrónicos podían utilizarse para manipular el resultado de unas elecciones, el papel de la razón empezaba a disminuir.

Cuando estudiaba en la universidad, escribí mi tesis sobre el impacto de la televisión en el equilibrio del poder entre las tres ramas del gobierno. Durante aquel estudio, subrayé la creciente importancia de la retórica visual y el lenguaje corporal sobre la lógica y la razón. Existen incontables ejemplos de esto, pero el primero que me viene a la cabeza, comprensiblemente, es el de la campaña de 2000, mucho antes de la decisión del Tribunal Supremo y el recuento de votos en Florida, cuando la controversia sobre mis suspiros en el primer debate televisado con George W. Bush creó una impresión en muchos espectadores que superó los beneficios positivos que habría obtenido en el debate verbal de ideas y fundamentos. Aquella tesis me sirvió de mucho.

La posibilidad de manipular las opiniones y sentimientos de las masas, descubierta en un principio por los publicitarios, está siendo explotada ahora con mayor agresividad por una nueva generación de Maquiavelos. La combinación de técnicas de muestreo de la opinión pública cada vez más sofisticadas, y el creciente uso de ordenadores muy potentes para analizar y subdividir al pueblo estadounidense según categorías «psicográficas», que identifican su susceptibilidad selectiva hacia atractivos diseñados a medida del individuo, ha aumentado todavía más el poder de los mensajes electrónicos propagandísticos, que a su vez han creado una realidad nueva y dura para el funcionamiento de nuestra democracia.

Como resultado, nuestra democracia corre el peligro de ser socavada. En efecto, se compra la opinión de los votantes, del mismo modo que se crea de manera artificial la demanda de productos nuevos. Hace décadas, el periodista y comentarista político estadounidense Walter Lippmann escribió: «Pensábamos que la fabricación del consentimiento [...] había muerto con la aparición de la democracia [...], pero no ha sido así. De hecho, su técnica ha mejorado notablemente [...]. Bajo el impacto de la propaganda, ya no es posible creer en el dogma original de la democracia».[10]

Me estremezco al pensar en esta negación del regalo de Estados Unidos a la historia de la humanidad. Con el fin de reclamar nuestro patrimonio, los estadounidenses hemos de empeñarnos en detener la decadencia sistemática del foro público. Hemos de crear nuevas formas de entablar una auténtica conversación, no manipuladora, sobre nuestro futuro. Por ejemplo, no podemos seguir tolerando el rechazo y la tergiversación de la ciencia. Hemos de insistir en poner punto final al uso cínico de pseudoestudios falsos cuyo propósito es empañar la capacidad del pueblo de discernir la verdad. Los estadounidenses de ambos partidos deberían insistir en restablecer el respeto del imperio de la razón. La crisis climática, en particular, debería empujarnos a rechazar y superar las tergiversaciones ideológicas de unas pruebas científicas incontrovertibles.

Sin duda, todavía compartimos ideas sobre los asuntos públicos. Pero la utilización de la palabra impresa para trabajar por el consenso general ha caído en desuso. Para bien o para mal, nos apoyamos mucho más en imágenes electrónicas capaces de provocar reacciones emotivas, que pocas veces exigen reflexión. Al igual que el distrito comercial clausurado de una pequeña ciudad circunvalada por una autopista interestatal, el mercado de las ideas, en forma de palabra impresa, se ha quedado vacío. Videoclubes y restaurantes de comida basura han sustituido a ferreterías y colmados. Es la degradación del mercado de las ideas, tal como lo hemos conocido en el pasado, lo que explica la «extrañeza» que ahora atormenta nuestros esfuerzos por razonar juntos sobre los cambios que hemos de llevar a cabo como nación. Los músculos mentales de la democracia han empezado a atrofiarse.

A medida que ha aumentado el dominio de la televisión, elementos fundamentales de la democracia estadounidense han empezado a ser expulsados de su núcleo. Pero la pérdida más grave, hasta el momento, ha sido la del propio campo de juego. El «mercado de las ideas», tan querido y protegido por nuestros Padres Fundadores, era un espacio en el que las «verdades», en palabras de John Stuart Mill, podían descubrirse y perfeccionarse mediante «la comparación más completa y libre de opiniones contrapuestas».[11] La esfera pública en letra impresa que había surgido de libros, panfletos y ensayos desde la Ilustración ha pasado, en el abrir y cerrar de ojos de una sola generación, a parecer tan remota como el caballo y la calesa.

Una vez más, hemos de hablar con claridad sobre la relación original entre la letra impresa, la razón y la democracia. Si bien una conversación sobre un tema tan amplio y abstracto, teniendo en cuenta el período de tiempo tan dilatado, se nos puede antojar espantosamente resbaladiza, existen verdades sencillas a las que aferrarse. Las nuevas posibilidades que condujeron a nuestros Padres Fundadores a reconocer el gobierno de la razón podrían erigirse en nuestro nuevo soberano, surgido como resultado de los amplios cambios sociales cuyos orígenes se remontan hasta el día en que Johannes Gutenberg inventó la imprenta. Con el tiempo, la revolución de la imprenta acabó con el monopolio de la estancada información medieval, y desembocó en una explosión de conocimiento que fue entregada a las masas que, hasta aquel momento, no habían recibido otro conocimiento que el transmitido desde arriba por alguna jerarquía de poder, ya fuera religiosa o secular.

Tentadas al principio por la repentina aparición de la Biblia, y después por otras obras clásicas en su lengua materna, millones de personas abandonaron el analfabetismo. Su hambre voraz de saber procedente de todas las facetas de la vida, ya fueran religiosas o seculares, estimuló la veloz proliferación de la tecnología tipográfica, así como la emergencia de una cultura basada en la letra impresa que aumentó el poder y las posibilidades de los individuos de obtener más control sobre su destino.

Cada vez más gente se sintió ávida de obtener información actualizada sobre acontecimientos contemporáneos, así como confiada en su aptitud para utilizar esta capacidad de razonamiento y examinar las pruebas disponibles, tan importantes a la hora de tomar decisiones que afectaran a sus vidas.

El experimento estadounidense se basó en la aparición, en la segunda mitad del siglo XVIII, de una nueva posibilidad en los asuntos humanos: el gobierno de la razón podía ser soberano. Se podría decir que la era de la imprenta dio inicio a la Edad de la Razón, que a su vez dio inicio a la edad de la democracia. El siglo XVIII fue testigo de que cada vez más ciudadanos corrientes podían utilizar el conocimiento como fuente de poder que mediaba entre la riqueza y los privilegios. La lógica democrática inherente a estas nuevas tendencias fue debilitada y atacada por las estructuras de poder europeas. Pero los intrépidos inmigrantes que atravesaban el Atlántico con riesgo de sus vidas (muchos de ellos motivados por el deseo de escapar de las restricciones de clase y religión) transportaron las poderosas semillas de la Ilustración y las sembraron en el suelo fértil del Nuevo Mundo.

Nuestros Padres Fundadores comprendieron esto mejor que nadie. Tenían claro que una ciudadanía «bien informada» podía gobernarse y defender la libertad de los individuos, sustituyendo la fuerza bruta por la razón. Rechazaron con decisión tres mil años de fe supersticiosa en el derecho divino de los reyes a gobernar de manera absoluta y arbitraria. Volvieron a despertar las antiguas tradiciones griega y romana de discutir las decisiones más sabias, mediante el intercambio de información y opiniones de una nueva manera.

Ya se llame foro público, esfera pública o mercado de las ideas, la discusión libre y abierta se consideraba fundamental para el funcionamiento de nuestra democracia en las primeras décadas de Estados Unidos. Nuestra primera expresión como nación («Nosotros, el Pueblo») manifestó con claridad dónde residía la suprema fuente de autoridad. Quedó claro para todo el mundo que el definitivo control y contrapeso del gobierno estadounidense era su responsabilidad ante la gente. Y el foro público era el *lugar* donde la ciudadanía hacía responsable al gobierno. Por eso era tan importante que el mercado de las ideas fuera independiente de la autoridad del gobierno. Las tres principales características de este mercado de las ideas eran las siguientes:

1. Estaba abierto a todos los individuos, sin barreras para entrar, salvo la necesidad de estar alfabetizado. Es preciso añadir que este acceso se aplicaba no solamente a quien recibía la información, sino también a aquellos que tenían la capacidad de *contribuir* con información al flujo de ideas disponible para todos.
2. El destino de las ideas aportadas por los individuos dependía, en su mayor parte, de una meritocracia de ideas emergente. Aquellos a quienes el mercado juzgaba como buenos ascendían a lo más alto, con independencia de la riqueza o la clase social del individuo que las aportaba.
3. Las reglas aceptadas del discurso daban por sentado que todos los participantes estaban gobernados por el deber no verbalizado de buscar el consenso general. Eso es lo que llamamos una «conversación democrática».

El resultado de esta empresa democrática compartida fue un nuevo salto hacia delante en la historia de la humanidad. La fuerza liberadora de esta nueva realidad estadounidense fue apasionante para toda la humanidad. Ennobleció al individuo y dio alas a la creatividad del espíritu humano. Thomas Jefferson dijo: «He jurado sobre el altar de Dios hostilidad eterna contra toda forma de tiranía sobre la mente del hombre».[12]

La Edad de la Razón también tenía su lado oscuro, por supuesto. Se ha apelado a la razón para justificar atrocidades, incluyendo el denominado racismo científico que justificó el antisemitismo nazi y tantas otras cosas. Además, la naturaleza abstracta de la razón provocó que sus defensores más fanáticos fueran insensibles a las realidades humanas enraizadas en adhesiones emocionales y sentimientos compartidos de responsabilidad hacia la comunidad, la familia y la naturaleza. Las primeras críticas de esta tendencia a la fría objetividad y el extremismo aparecieron ya en el siglo XVIII.

Pese a todas sus contradicciones, la Ilustración aportó avances a la civilización. Creó el marco idóneo para la democracia moderna y animó a los individuos a utilizar el conocimiento como fuente de influencia y poder. La revolución democrática estadounidense triunfó donde otras habían fracasado, porque nuestros Padres Fundadores comprendieron que un autogobierno bien diseñado, protegido por un sistema de controles y equilibrios, podía ser el instrumento con el cual el pueblo plasmaría sus juicios razonados en leyes. El imperio de la razón apoyaba y fortalecía el imperio de la ley. Pero hasta un punto pocas veces comprendido, todo esto, incluyendo en especial la capacidad del pueblo estadounidense de llevar a la práctica los juicios colectivos razonados previstos en el proyecto de nuestros Padres Fundadores, dependía de las características particulares del mercado de las ideas, tal como funcionaba durante la edad de la letra impresa.

Por ejemplo, la premisa subyacente de la democracia representativa era que los votantes de cada distrito electoral serían capaces de comunicarse en libertad dentro del foro público con los candidatos que pugnaban por ser sus representantes en el Congreso, y además asumía que podrían confiar en la libre circulación de información acerca del papel representado en el Congreso por el representante, con el fin de pedirle cuentas.

Celebramos la visión, sabiduría y valentía de nuestros Padres Fundadores, y a veces lamentamos que los líderes modernos parezcan carecer de estas cualidades. No obstante, la naturaleza humana de nuestros Padres Fundadores (una naturaleza que comprendían muy bien) es la misma que la nuestra. Poseemos los mismos puntos vulnerables y el mismo potencial, las mismas debilidades y las mismas energías. La tentación de dedicarse a intereses especiales a expensas del bien común no es nueva en la política estadounidense. La sospecha de que los adversarios políticos ocultaban intereses creados era muy común en la época de nuestra fundación. El partidismo y la «política de destrucción personal» llegaban con frecuencia a extremos mucho peores que los actuales. De hecho, la mayor parte de nuestras quejas son tan intemporales como la idea de los padres de edad avanzada de que las nuevas generaciones han perdido todo respeto por los valores y que se dirigen hacia la decadencia.

Sin embargo, existe algo fundamentalmente nuevo y diferente en la crisis actual de la democracia. Los que comparten la sensación de que algo muy grave ha ocurrido no se ponen de acuerdo sobre las causas del problema. Algunos apuntan al papel creciente de los intereses especiales y a la creciente influencia del dinero en la política estadounidense. Otros se inclinan por la cada vez mayor importancia de la imagen sobre la sustancia, y la calidad superficial de la discusión pública.

Otros se lamentan de la apatía de los ciudadanos y la participación cada vez menor en los procesos electorales y los asuntos cívicos, que muchos creen relacionadas con el cinismo y la desconfianza en la integridad de nuestras instituciones y procesos públicos. Muchos están preocupados también por los esfuerzos cada vez más sofisticados por manipular a la opinión pública, y por controlar de manera selectiva la información relacionada con la toma de decisiones colectivas que comporta la democracia.

Estadounidenses de ambos partidos políticos y, en especial, el creciente número de independientes, identifican el excesivo partidismo como origen del problema. Los de la derecha se quejan de la intrusión del gobierno mediante impuestos y regulaciones, mientras que los de la izquierda censuran el total abandono por parte del gobierno de anteriores compromisos con la educación pública, la sanidad, la investigación médica, la ayuda a los pobres, los jóvenes y los ancianos, y la negativa a regular la actuación de las grandes empresas multinacionales con el fin de proteger los intereses públicos. Aunque parezca una paradoja, cada vez más estadounidenses dicen que perciben escasas diferencias entre los dos partidos políticos.

Hay indicios de verdad en todas estas preocupaciones. No obstante, he llegado a la conclusión de que estas causas percibidas son síntomas de una crisis mucho más profunda.

La amenaza actual no se basa en ideas enfrentadas sobre los principios básicos de Estados Unidos. Se basa en diversos problemas graves que se derivan del cambio drástico y fundamental operado en la manera de comunicarnos. Nuestro reto consiste en comprender ese cambio y asumir que existen problemas.

Piensen en las normas mediante las cuales funciona ahora nuestro foro público actual, y en sus diferencias con las normas que conocían nuestros Padres Fundadores durante la era de la palabra impresa. Los inmensos torrentes de información de hoy corren en una sola dirección. El mundo de la televisión imposibilita que los individuos participen en lo que debería ser una conversación nacional.

Los individuos reciben, pero no pueden enviar. Asimilan, pero no pueden compartir. Oyen, pero no hablan. Ven movimientos constantes, pero no se mueven. La «ciudadanía bien informada» corre el peligro de convertirse en la «ciudadanía bien conformada».

Aunque parezca una ironía, la programación televisiva es más accesible a más gente que cualquier fuente de información que haya existido en toda la historia. Pero existe una diferencia fundamental: solo es accesible en una dirección. No existe verdadera interactividad, ni conversación. Las emisoras y canales de televisión son casi inaccesibles a los ciudadanos individuales, y no sienten casi ningún interés por las ideas que puedan aportar dichos ciudadanos.

Por lo tanto, al contrario que en el mercado de las ideas que surgió tras la aparición de la prensa, hay mucho menos intercambio de ideas en el ámbito de la televisión, debido a las inexpugnables barreras que impiden la participación de los ciudadanos.

Junto con la naturaleza unidireccional de la conversación pública en la televisión, y la distorsión del periodismo provocada por los valores de la diversión, existe otra característica preocupante del medio televisivo, diferente del medio impreso y menos simpatizante con las tradiciones de la democracia. La elevada inversión económica necesaria para adquirir y poner en marcha un canal de televisión, así como la naturaleza centralizada de los canales de televisión vía satélite, por cable y terrestres han conducido a la creciente concentración de propiedades en manos de un número cada vez menor de grandes empresas, que en la actualidad controlan la mayor parte de la programación televisiva de Estados Unidos.

Da la impresión de que en ocasiones estos conglomerados sienten la tentación de utilizar su programación informativa para prestar apoyo a objetivos comerciales. Las divisiones de informativos, que eran consideradas al servicio del interés público y estaban subvencionadas por el resto de la cadena, se consideran ahora centros de obtención de ganancias, pensados para generar ingresos y, a veces, para llevar a la práctica los propósitos particulares de la corporación a la que pertenecen. Tienen menos reporteros, menos reportajes, presupuestos inferiores, menos desplazamientos, menos oficinas, menos independencia de criterio, más vulnerabilidad a la influencia de los directivos, y más dependencia de fuentes gubernamentales y notas de prensa de relaciones públicas enlatadas. La cobertura de campañas políticas, por ejemplo, se concentra en la «carrera de caballos» y poco más. Y el famoso axioma que sirve de guía a la mayor parte de noticiarios televisivos locales es «Si sangra, manda» (a lo cual algunos periodistas desalentados añaden «Si piensa, apesta»). Por estos y otros motivos, la prensa de Estados Unidos quedó, en un reciente estudio internacional, en el puesto número 53 de las prensas más libres del mundo.[13] La NBC, por citar un destacado ejemplo, va a reducir su división de informativos con el fin de aumentar los beneficios. Va a ahorrar 750 millones de dólares de su presupuesto, una cantidad considerable para cualquier división de informativos.[14] Esta tragedia se ve agravada por la ironía de que esta generación de periodistas es la mejor preparada y la más cualificada de la historia de su profesión. Pero, con frecuencia, se les prohíbe hacer el trabajo para el que han sido preparados.

Como dijo Dan Rather, los telediarios han sido «empobrecidos intelectualmente y maquillados». El actual propósito de los telediarios parece ser «pegar los ojos a la pantalla», con el fin de aumentar los índices de audiencia y vender publicidad.

Esa fue la observación de Jon Stewart, el brillante anfitrión de *The Daily Show with Jon Stewart*, cuando visitó el *Crossfire* de la CNN: tendría que existir una distinción entre informativos y diversión. Es muy importante. La información supeditada a la diversión perjudica gravemente a nuestra democracia: conduce a un periodismo disfuncional que no informa a la gente. Y si la gente no está informada, no puede pedir cuentas al gobierno cuando es incompetente, corrupto o ambas cosas a la vez.

La tendencia natural hacia la concentración de propiedades de empresas de teledifusión electrónica causó preocupación en Estados Unidos cuando apareció dicha tecnología. Ya en la década de 1920, cuando la radio, antecesora de la televisión, debutó en Estados Unidos, provocó aprensión por su impacto potencial en la democracia. Más tarde, en la década de 1930, Joy Elmer Morgan, director del Comité Nacional de Educación para la Radio, escribió que si el control de la radio se concentraba en pocas manos, «ninguna nación puede ser libre».[15]

Desde entonces, por supuesto, el control de la radio en Estados Unidos se ha concentrado mucho más. Y la radio no es el único espacio donde se han producido grandes cambios. Los telediarios han padecido una serie de cambios drásticos. La película *Network, un mundo implacable*, ganadora del Oscar al mejor guión de 1976, fue presentada como una farsa, pero de hecho era una dramática advertencia sobre los peligros de la transformación de la información, que tiene un papel tan importante en nuestra democracia, en programas de diversión destinados a generar beneficios. La profesión periodística se metamorfoseó en el negocio de la información, que se convirtió en la industria de los medios y ahora se halla en manos de multinacionales.

El filósofo alemán Jürgen Habermas describe lo sucedido como «la refeudalización de la esfera pública».[16] Puede que suene oscuro o complicado, pero la frase contiene mucho significado. El feudalismo, que floreció antes de que la prensa democratizara el conocimiento e hiciera plausible la idea de Estados Unidos, era un sistema en el que la riqueza y el poder estaban íntimamente entrelazados, y en el que el conocimiento no desempeñaba ningún papel mediador. Se negaba a las masas el acceso al conocimiento y, como resultado, se veían desprovistas de cualquier poder.

¿Qué ocurre si un ciudadano o un grupo de ciudadanos quieren participar en el debate público y expresar su opinión sobre la televisión? Como no pueden sumarse a la conversación, algunos se han dedicado a reunir dinero con el fin de comprar treinta segundos durante los cuales pueden expresar su opinión. No obstante, casi nunca se les permite hacer eso. MoveOn.org intentó comprar un anuncio para la transmisión de la Super Bowl de 2004, con el fin de difundir su oposición a la política económica de Bush, que en aquel entonces se estaba debatiendo en el Congreso. La CBS contestó a MoveOn que «emitir apoyos» no estaba permitido. A continuación, tras haber rechazado a MoveOn, la CBS empezó a emitir anuncios de la Casa Blanca favorables a la controvertida propuesta del presidente. MoveOn protestó, y el anuncio de la Casa Blanca fue retirado por un tiempo. Por un tiempo quiere decir que fue retirado hasta que la Casa Blanca se quejó, y la CBS volvió a emitir de inmediato el anuncio, si bien siguió negando a MoveOn el derecho a emitir el suyo.[17]

Para comprender el motivo definitivo de que el mercado de las ideas informativo dominado por la televisión sea tan diferente del que apareció en el mundo dominado por la prensa escrita, es importante distinguir la cualidad de la intensidad experimentada por los telespectadores de la «intensidad» experimentada por los lectores. Creo que la intensidad experimentada cuando se leen palabras queda modulada automáticamente por la activación constante de los centros de razonamiento del cerebro, utilizados en el proceso de recrear la representación de la realidad transmitida por el autor. Por contra, la intensidad visceral plasmada en la televisión posee la capacidad de disparar reacciones instintivas similares a las despertadas por la propia realidad, sin ser moduladas por la lógica, la razón y el pensamiento reflexivo.

La simulación de la realidad lograda en el medio televisivo es tan intensa y atractiva, comparada con las representaciones de la realidad comunicadas por las palabras impresas, que significa mucho más que un cambio gradual en la forma en que el espectador consume información. Los libros también transmiten representaciones intensas y atractivas de la realidad, por supuesto, pero el lector participa de manera activa en la evocación de la realidad que el autor del libro intenta plasmar. Además, las zonas del cerebro humano fundamentales para el proceso de razonamiento están activadas constantemente por el mismo acto de leer palabras impresas: las palabras están compuestas de símbolos abstractos (letras) que carecen de significado intrínseco *per se*, hasta que se combinan en secuencias reconocibles.

La televisión, por contra, presenta a sus espectadores una representación de la realidad mucho más formada, sin requerir la colaboración creativa que las palabras siempre han exigido.

Me costó comprender la descripción que hizo Marshall McLuhan de le televisión como medio «frío» (opuesto al medio «caliente» de la prensa) cuando la leí hace cuarenta años, porque la fuente de «calor» en su metáfora es el trabajo mental requerido en la alquimia de la lectura. McLuhan fue casi el único en reconocer la nueva relación termodinámica entre los telespectadores y el propio medio.

Años después, uno de los discípulos de McLuhan, Neil Postman, dijo: «Toda tecnología posee una filosofía que se expresa en la forma en que esa tecnología consigue que la gente utilice su mente, en lo que consigue que hagamos con nuestros cuerpos, en cuál de nuestros sentidos desarrolla, en cuál de nuestras tendencias emocionales e intelectuales desecha. Esta idea es la suma y fundamento de lo que el gran profeta católico Marshall McLuhan quería decir cuando acuñó la famosa frase "El medio es el mensaje"».[18]

Si bien entiendo ahora las palabras de McLuhan, creo que todavía invitan a cierta confusión. Aunque es cierto que la televisión no suscita la misma reacción cerebral, sí que estimula la circulación de más energía en zonas diferentes del cerebro. Y la pasividad asociada a ver la televisión se produce a expensas de la actividad de zonas del cerebro relacionadas con el pensamiento abstracto, la lógica y el proceso de razonamiento.

Cualquier medio de comunicación dominante nuevo conduce a una nueva ecología informativa en la sociedad que, de manera inevitable, cambia la forma en que se distribuyen ideas, sentimientos, riqueza, poder e influencia, y la forma en que se toman decisiones colectivas.

Cuando surge una nueva tecnología como medio principal de compartir información (como la imprenta en el siglo XV o la televisión en el siglo XX), los que se adaptan a la nueva tecnología han de cambiar su forma de procesar la información. Como resultado, es posible que sus cerebros padezcan sutiles cambios. Cuando millones de personas experimentan estos mismos cambios simultáneamente en el transcurso de escasas décadas, su interacción empieza a adoptar nuevas formas.

Un individuo que dedique cuatro horas y media diarias a ver la televisión es muy posible que posea unas pautas de actividad cerebral muy diferentes de las de alguien que dedique cuatro horas y media a leer. Diferentes zonas del cerebro se estimulan de manera repetitiva.

Tal como describiré en el capítulo 1, el cerebro humano, al igual que el cerebro de todos los vertebrados, está predeterminado para captar de inmediato movimientos repentinos en nuestro campo de visión. No solo captamos, sino que nos sentimos impulsados a mirar. En el momento en que nuestros antepasados se congregaron en la sabana africana hace tres millones de años y las hojas que había a su lado se movieron, aquellos que no lo observaron no llegaron a ser nuestros antepasados.

Captar movimientos repentinos contribuyó a alertar a nuestros antepasados de la presencia de un depredador, la cercanía de una presa o una pareja en potencia. Los que lo hicieron nos transmitieron el rasgo genético que los neurocientíficos llaman «la respuesta orientativa». Ese es el síndrome cerebral que la televisión activa continuamente, a veces una vez cada segundo. Ese es el motivo de que la frase de la industria «pegar los ojos a la pantalla» sea algo más que una mera jactancia. También es una de las razones fundamentales de que los estadounidenses vean la televisión una media de cuatro horas y media al día.

Desde el capítulo 1 al 5, identifico y describo a los enemigos de la razón. Esta parte describe la relación entre la retirada de la razón de la esfera pública y el vacío resultante, que llenan el miedo, la superstición, la ideología, el engaño, la intolerancia y el secretismo obsesivo, todos ellos medios de reforzar el control sobre la información que una sociedad libre necesita para gobernarse según la democracia basada en la razón.

Desde el capítulo 6 al 8, analizo ya el daño ocasionado, como resultado de que el poder puro y duro y la corrupción institucionalizada han sustituido a la razón y la lógica en la política importante para nuestra supervivencia: la seguridad nacional, la seguridad ambiental, la seguridad energética, la protección de nuestra libertad y el fomento del bienestar general. En cada caso, los métodos más eficaces de paliar estos daños pueden encontrarse en una comprensión más profunda de las causas que han motivado los daños y el porqué.

En el capítulo 9, ofrezco un mapa de carreteras para restaurar la salud y vitalidad de la democracia estadounidense, y propongo una estrategia para devolver la razón a su papel en el corazón del proceso deliberativo de autogobierno. Por fascinante que sea internet, carece todavía de la característica más poderosa del medio televisivo: debido a su arquitectura y diseño, no tolera la distribución masiva en tiempo real de imágenes en movimiento. Esta limitación temporal de internet, y, más importante aún, las numerosas potencialidades que lo convierten en una fuente de esperanza para el futuro de la democracia, serán examinadas también en el capítulo 9.

1

La política del miedo

El miedo es el enemigo más poderoso de la razón. Tanto el miedo como la razón son esenciales para la supervivencia humana, pero la relación entre ambos no está equilibrada. Puede que a veces la razón disipe el miedo, pero el miedo anula con más frecuencia la razón. Como Edmund Burke escribió en Inglaterra veinte años antes de la revolución americana: «Ninguna pasión despoja con tanta eficacia a la mente de todos sus poderes de actuar y razonar como el miedo».[1]

Nuestros Padres Fundadores sentían un gran respeto por la amenaza que el miedo supone para la razón. Sabían que, en las circunstancias idóneas, el miedo puede desencadenar la tentación de entregar la libertad a cualquier demagogo que prometa a cambio fuerza y seguridad. Les preocupaba que, cuando el miedo desplaza a la razón, el resultado suele ser odio y división irracionales. Como escribió más adelante Louis D. Brandeis: «El hombre temía a las brujas y quemaba a las mujeres».[2]

Comprender esta relación desigual entre el miedo y la razón fue fundamental para proyectar el autogobierno estadounidense.

Nuestros Padres Fundadores rechazaban la democracia directa debido a su preocupación de que el miedo se impusiera al pensamiento reflexivo. No obstante, confiaban en la capacidad de una «ciudadanía bien informada» para razonar juntos de tal forma que minimizaran el impacto destructivo de los miedos ilusorios, exagerados o excesivos. «Cuando un hombre reflexiona en serio sobre la precariedad de los asuntos humanos, se convence de que es infinitamente más sabio y seguro formar una constitución propia de manera fría y deliberada, siempre que se halle en nuestras manos»,[3] escribió Thomas Paine en su legendario panfleto *El sentido común*, una advertencia específica a los Padres Fundadores de que no debían correr el riesgo de esperar a que algún miedo se apoderara de la imaginación pública, en cuyo caso sus procesos de razonamiento se verían obstaculizados.

Las naciones triunfan o fracasan, y definen su carácter esencial según el método que utilicen para desafiar a lo desconocido y afrontar el miedo. Depende en gran parte de la calidad de su liderazgo. Si el líder explota los temores del pueblo para encaminarlo en direcciones insensatas, el propio miedo puede convertirse en una fuerza desencadenada que se autoperpetúa, que consume la voluntad de la nación y debilita el carácter nacional, además de desviar la atención de las auténticas amenazas y sembrar la confusión acerca de las verdaderas decisiones que toda nación ha de tomar de manera constante sobre su futuro.

El liderazgo significa inspirarnos para superar nuestros temores. La demagogia significa explotar nuestros miedos con fines políticos. Existe una diferencia fundamental.

El miedo y la angustia siempre han estado presentes en la vida, y siempre lo estarán. El miedo es ubicuo y universal en todas las sociedades humanas. Es un rasgo de la condición humana. Siempre ha sido enemigo de la razón. El filósofo y profesor de retórica romano Lactancio escribió: «Donde el miedo está presente, la sabiduría no puede existir».[4]

Siempre hemos definido el progreso mediante la superación de nuestros temores. Cristóbal Colón, Meriwether Lewis y William Clark, Susan B. Anthony y Neil Armstrong triunfaron cuando desafiaron a lo desconocido y superaron el miedo con valentía y un sentido de la proporción que les ayudó a superar los legítimos temores, sin permitir que les apartaran de su meta miedos ilusorios y distorsionados.

Los Padres Fundadores de nuestro país afrontaron grandes temores. Si fracasaban en sus esfuerzos, serían ahorcados por traidores. La misma existencia de nuestro país constituía un peligro. No obstante, frente a aquellos peligros insistieron en reafirmar las libertades que se convirtieron en la Declaración de Derechos. ¿Corren hoy día más peligro los miembros del Congreso que sus predecesores, cuando el ejército inglés marchó hacia el Capitolio?

¿Son los peligros que afrontamos ahora mucho mayores que aquellos que condujeron a Franklin Delano Roosevelt a recordarnos que lo único a lo que debemos temer es al miedo? ¿Está Estados Unidos más en peligro ahora que cuando nos enfrentamos al fascismo mundial, cuando nuestros padres lucharon y ganaron una guerra mundial en dos frentes al mismo tiempo?

¿Es el mundo hoy más peligroso que cuando nos enfrentamos a un enemigo ideológico, con miles de misiles apuntados hacia nosotros para aniquilar nuestro país en un abrir y cerrar de ojos? Hace cincuenta años, cuando la carrera de las armas nucleares con la Unión Soviética estaba elevando la tensión del mundo, y el maccarthismo amenazaba nuestras libertades en el país, el presidente Dwight Eisenhower dijo cuando ya era tarde: «Cualquiera que actúe como si la defensa de la libertad pueda encontrarse en la represión, la suspicacia y el miedo, transmite una doctrina ajena al espíritu de Estados Unidos».[5] Edward R. Murrow, cuyo valiente trabajo periodístico fue atacado por el senador Joseph McCarthy, declaró: «El miedo no nos empujará hacia una era de la sinrazón».[6]

Es un insulto para aquellos que nos precedieron y sacrificaron tanto por nosotros insinuar que debemos ser más timoratos que ellos. Pese a los peligros que afrontaron, protegieron nuestras libertades fielmente. A nosotros nos toca hacer lo mismo.

No obstante, algo ha cambiado de manera palpable. ¿Por qué en los primeros años del siglo XXI somos mucho más vulnerables a la política del miedo? Siempre han existido líderes deseosos de espolear los temores públicos con el fin de presentarse como defensores de los timoratos. Los demagogos siempre han prometido seguridad a cambio de rendir la libertad. ¿Por qué da la impresión de que hoy estamos reaccionando de una manera diferente?

El elemento nuevo más sorprendente de la conversación nacional estadounidense es la importancia e intensidad del miedo constante. Más aún, existe una confusión persistente e inusitada sobre los orígenes de dicho miedo. Parece que nos encontramos con dificultades inusuales a la hora de distinguir entre amenazas ilusorias y legítimas.

Un indicio muy grave de la calidad actual de nuestro discurso político es que casi tres cuartas partes de la población estadounidense fue convencida con facilidad de que Sadam Husein era personalmente responsable de los atentados del 11 de septiembre de 2001, y de que muchos estadounidenses todavía creen que la mayoría de los secuestradores aéreos del 11 de septiembre eran iraquíes. Además, otro indicio de cómo está funcionando nuestra democracia lo aporta el dato de que más del 40 por ciento se convenciera con tanta facilidad de que Irak contaba con armas nucleares, incluso después de descubrir que las pruebas más concluyentes presentadas, documentos clasificados que plasmaban un intento del régimen de Sadam Husein de adquirir uranio enriquecido a Níger, eran falsas.[7]

Está claro que la administración actual ha utilizado el miedo para manipular el proceso político, tema sobre el que volveré más avanzado el capítulo. Pero creo que la pregunta más importante es: ¿cómo ha podido nuestra nación volverse tan vulnerable a una utilización del miedo que manipula con tal eficacia nuestra política?

Se supone que una prensa libre ha de actuar como el sistema inmunológico de nuestra democracia contra errores tan enormes de actuación y comprensión. Como dijo Thomas Jefferson en una ocasión: «Un error de opinión puede tolerarse cuando se deja vía libre a la razón para combatirlo».[8] ¿Qué ha pasado? ¿Por qué nuestro sistema inmunológico ya no funciona como antes? Para empezar, se ha producido un cambio radical en la naturaleza de lo que el filósofo Jürgen Habermas ha descrito como «la estructura del foro público». Como he descrito en la introducción, la esfera pública ya no está tan abierta al libre y vigoroso intercambio de ideas entre individuos, como ocurría cuando Estados Unidos fue fundado.

Cuando los errores de actuación y juicio ya no son atrapados y neutralizados por el sistema inmunológico de la nación, es el momento de examinar el problema y trabajar por la buena salud de nuestro discurso político. A este fin, hemos de empezar por prestar más atención a los nuevos descubrimientos sobre la forma en que el miedo afecta al proceso intelectual. De hecho, avances recientes en la ciencia de la neurología ofrecen nuevos e interesantes descubrimientos sobre la naturaleza del miedo.

Durante la mayor parte del siglo pasado, el cerebro humano fue estudiado casi exclusivamente en el contexto de accidentes y lesiones cerebrales inusuales. Los médicos tomaban nota de la zona del cerebro afectada por la lesión, y después de cuidadosas observaciones de comportamientos extraños, determinaban poco a poco qué funciones había controlado la parte lesionada. Ahora, los científicos pueden observar cerebros normales que funcionan con normalidad, y medir el flujo sanguíneo y la actividad química, indicadores de qué parte del cerebro es más activa en un momento dado.

Las nuevas tecnologías en cualquier campo pueden obrar un impacto revolucionario. Cuando Galileo empleó telescopios nuevos y más potentes para estudiar el cielo con mayor detalle, fue capaz de ver los movimientos de los planetas alrededor del Sol, y los movimientos de las lunas de Júpiter alrededor del planeta, y así pudo describir con asombroso detalle el nuevo modelo de sistema solar propuesto por Copérnico. Fue la nueva tecnología la que permitió a Galileo describir una realidad que era imposible de percibir con tanta claridad hasta que la nueva tecnología del telescopio lo hizo posible.

Casi del mismo modo, las innovadoras imágenes de resonancia magnética funcionales, o FMRI, han revolucionado la capacidad de los neurólogos para observar el funcionamiento de un cerebro humano vivo y qué regiones están siendo utilizadas en un momento determinado y como reacción a qué estímulos. Al igual que Galileo pudo ver de repente las lunas de Júpiter, los neurólogos pueden estudiar ahora por primera vez las relaciones reales entre zonas del cerebro como la amígdala, el hipocampo y el neocórtex, por nombrar tan solo unas cuantas.

Una nueva comprensión del cerebro se avecina, y una de las zonas más ricas en descubrimientos tiene que ver con el comportamiento de los seres humanos en relación al miedo. Las implicaciones para la democracia son profundas.

En una democracia, la premisa generalizada (aunque pocas veces expresada) es que los ciudadanos se comportan como seres humanos racionales, y razonan ante los problemas presentados como si cada cuestión pudiera ser analizada de una forma racional y debatida con imparcialidad, hasta llegar a una conclusión colectiva bien razonada. Pero las nuevas investigaciones demuestran que las cosas no funcionan así, por supuesto.

Uno de los más destacados neurólogos del mundo, el doctor Vilayanur S. Ramachandran, escribe: «Nuestra vida mental está gobernada sobre todo por una caldera de sentimientos, motivaciones y deseos de los que apenas somos conscientes, y lo que llamamos vida consciente suele ser una compleja racionalización *post hoc* de cosas que hacemos por otras razones».[9]

Existen otras estructuras mentales que rigen los sentimientos y las emociones, y estas estructuras influyen más a la hora de tomar una decisión que la lógica y la razón. Además, las emociones poseen mucho más poder para influir sobre la razón que la razón sobre las emociones, en particular la emoción llamada miedo.

Un científico de la Universidad Stony Brook, Charles Taber, llegó al extremo de afirmar: «El modelo de la Ilustración de la razón desapasionada como deber de la ciudadanía está en crisis desde un punto de vista empírico».[10]

En palabras del neurocientífico de la Universidad de Nueva York Joseph LeDoux, autor de *El cerebro emocional*: «Las conexiones de los sistemas emocionales con los sistemas cognitivos son más fuertes que las conexiones de los sistemas cognitivos con los sistemas emocionales».[11] Nuestra capacidad de sentir miedo está «predeterminada» en el cerebro, una antigua estrategia que nos concede la capacidad de reaccionar al instante cuando la supervivencia está en juego. Pero el miedo no es la única emoción «predeterminada» que provoca reacciones inmediatas. La amígdala, por ejemplo, es casi con toda seguridad la responsable de acelerar reacciones importantes para la supervivencia de nuestra especie, como el impulso de reproducirse (tal vez debido a ese motivo el estímulo sexual, junto con el miedo, es también un elemento clave de la programación televisiva actual). Por contra, la razón se ubica en zonas del cerebro que han evolucionado más recientemente, y depende de procesos más sutiles que nos conceden la capacidad de discernir la aparición de amenazas antes de que se materialicen, y de distinguir entre amenazas reales e ilusorias.

Neurólogos e investigadores del cerebro explican que las imágenes perturbadoras van directamente a una zona del cerebro no mediatizada por el lenguaje o el análisis razonado. De hecho, existen dos sendas paralelas desde los centros visuales al resto del cerebro, y una de ellas hace las veces de sistema de advertencia tosco pero instantáneo (en ocasiones, la evolución fuerza un elemento de compensación entre velocidad y precisión).[12] Más aún, sea cual sea la causa del miedo, es difícil desconectar el fenómeno una vez conectado.

Los psicólogos han estudiado la forma en que tomamos decisiones ante la presencia de una gran incertidumbre, y han descubierto que desarrollamos atajos (llamados «heurística») para ayudarnos a tomar decisiones importantes. Uno de los atajos más importantes se llama «efecto heurístico». Con frecuencia, tomamos decisiones instantáneas basadas sobre todo en nuestras reacciones emocionales, en lugar de considerar todas las opciones de una forma racional y tomar decisiones con cautela.[13]

Este atajo suele ser útil. Nos permite tomar decisiones más deprisa, y nos ayuda a evitar situaciones peligrosas. Sin embargo, usar las emociones para tomar decisiones también puede enturbiar el juicio. Cuando una reacción emocional, como el miedo, es muy fuerte, basta para paralizar por completo nuestro proceso de razonamiento.

Además, al igual que el miedo puede interferir con la razón ante una amenaza inminente, también puede ejercer ese mismo poder sobre la razón en los dominios de la memoria. Damos por sentado de manera equivocada que la memoria es territorio exclusivo de la razón, pero esas zonas del cerebro que hacen que tengamos miedo poseen sus propios circuitos de memoria. A lo largo de nuestras vidas, etiquetamos emocionalmente experiencias traumáticas como recuerdos de fácil acceso, consciente o inconscientemente, y los recuperamos de manera constante para que nos guíen en situaciones nuevas, sobre todo cuando se necesita una respuesta rápida.

La mayoría de nosotros conocemos el fenómeno del trastorno de estrés postraumático, habitual en víctimas de violaciones, víctimas de malos tratos infantiles y veteranos de guerra, entre otros. Por lo general, cuando una experiencia se traduce en recuerdo, se produce una especie de «etiqueta temporal», un mecanismo que nos da la capacidad, cuando recordamos dichas experiencias, de saber cuánto tiempo ha transcurrido desde que ocurrieron esos acontecimientos, así como una desigual comprensión de su secuencia temporal. Se puede razonar que la experiencia recordada fue antes de eso y después de aquello. O que fue hace diez u once semanas.

Sin embargo, cuando acontecimientos traumáticos, los que implican angustia o dolor, se almacenan en la memoria, el proceso es diferente. La amígdala se activa, y ese recuerdo es codificado y almacenado de una forma diferente. En efecto, se elimina la «etiqueta temporal», de manera que, cuando más tarde se recuerdan las experiencias traumáticas, se sienten en «presente». La memoria posee la capacidad de activar la reacción de miedo en el momento presente (aunque el trauma recordado tuviera lugar hace mucho tiempo), porque la intensidad del recuerdo provoca que parte del cerebro reaccione como si el trauma estuviera ocurriendo de nuevo. Como ha indicado el doctor Ramachandran, lo que puede incapacitarnos es la preocupación por el trauma.

Aunque nuestro intelecto sepa que los acontecimientos tuvieron lugar hace mucho tiempo, los especializados y robustos circuitos de la memoria, localizados en los centros del miedo del cerebro, vuelven a experimentar los acontecimientos traumáticos cuando son recordados, y provocan el mismo tipo de reacciones, como taquicardia y sensación de miedo cada vez más acentuada, que se vivirían si las experiencias estuvieran ocurriendo en ese momento.

Parecidos estructurales entre experiencias previas y posteriores pueden provocar que los centros del miedo del cerebro materialicen recuerdos y los sitúen en el momento presente. Si una experiencia posterior es similar a un recuerdo traumático, aun de manera superficial, puede ejercer un poder tremendo sobre las emociones y activar las mismas reacciones de miedo evocadas por el trauma original.

Además, el análisis razonado de la naturaleza superficial de estos parecidos estructurales posee muy poca influencia sobre el centro del miedo del cerebro, y casi nunca disipa el poder de ese recuerdo amedrentador. Sin embargo, el centro del miedo ejerce una influencia increíble sobre el proceso de razonamiento, y también sobre la forma en que se conforman los recuerdos. Un psicólogo investigador de la UCLA, el doctor Michael Fanselow, escribe: «Las pruebas disponibles sugieren que la amígdala aprende y almacena información sobre acontecimientos que desencadenan el miedo, *pero también modula* el almacenamiento de otros tipos de información *en diferentes regiones cerebrales*» (la cursiva es mía).[14]

Cuando los seres humanos desarrollamos un orden de pensamiento más elevado, obtuvimos la ventaja de ser capaces de anticipar amenazas emergentes. Obtuvimos la capacidad de conceptualizar amenazas en lugar de solo percibirlas. Pero también obtuvimos la capacidad de conceptualizar amenazas *imaginarias*. Cuando se convence a grupos de personas de que conceptualicen estas amenazas imaginarias, pueden activar la respuesta del miedo con tanta intensidad como si fueran amenazas reales.

Esta capacidad de concebir algo que active la amígdala e inicie la reacción de miedo es muy significativa, debido a otro fenómeno importante y estrechamente relacionado llamado «trauma vicario». Si alguien como un familiar o una persona con la cual nos identificamos ha experimentado un trauma, podemos experimentar las sensaciones de esa persona, aunque no hayamos vivido de manera directa esa experiencia traumática.

Investigaciones recientes demuestran que contar historias traumáticas a gente que se identifica con las víctimas del trauma (tanto si la identidad compartida es étnica, religiosa, histórica, cultural, lingüística, tribal o nacionalista) puede ocasionar respuestas emocionales y físicas en quien escucha similares a las experimentadas por las víctimas.

De hecho, los fisiólogos han descubierto hace poco una nueva clase de neuronas llamadas «neuronas espejo», que provocan una poderosa capacidad física de empatía. El doctor Ramachandran me explicó el sorprendente significado de este nuevo hallazgo:

> Se sabe desde hace mucho tiempo que las neuronas de esta zona (una parte del cerebro llamada cingulado anterior, que recibe una gran aportación de la amígdala) se encienden cuando pinchas al paciente para que sienta dolor (por eso se llaman «neuronas de sensibilidad al dolor», pues se supone que alertan al organismo sobre un peligro potencial) y lo evite. Pero investigadores de Toronto han descubierto que, en pacientes humanos, algunas de estas células reaccionaban no solo cuando pinchaban al paciente con una aguja, tal como cabía esperar, sino que también se encendían cuando el paciente veía que pinchaban a otro paciente. Estas neuronas (neuronas espejo) disolvían la barrera entre el «yo» y los demás, demostrando que nuestro cerebro está «predeterminado» para la empatía y la compasión. Observen que no estoy hablando metafóricamente: las neuronas en cuestión no pueden decirle si es usted u otra persona la que recibe los pinchazos. Es como si las neuronas espejo estuvieran realizando una simulación de realidad virtual de lo que está sucediendo en el cerebro de la otra persona, y por tanto casi está sintiendo el dolor del otro (yo las llamo células Dalai Lama).[15]

Los terapeutas descubrieron por primera vez el poderoso fenómeno del trauma vicario mucho antes del descubrimiento de las neuronas espejo, que explican cómo funciona. Las doctoras I. Lisa McCann y Laurie Ann Pearlman ofrecen la original definición de trauma vicario como «las duraderas consecuencias psicológicas para los terapeutas de exponerse a la experiencia traumática de los pacientes. Las personas que trabajan con víctimas pueden padecer profundos efectos psicológicos, efectos que pueden ser perjudiciales y dolorosos para quien ayuda, y persisten meses o años después de trabajar con personas traumatizadas».[16]

En todo el mundo, historias sobre traumas y tragedias del pasado se transmiten de generación en generación. Mucho antes de que la televisión añadiera más garra e intensidad a la capacidad de los narradores para provocar respuestas emocionales, las descripciones verbales vívidas de traumas experimentados por otros causaban reacciones muy poderosas, incluso siglos después de que hubieran tenido lugar los traumas originales.

A principios del verano de 2001, Tipper y yo fuimos a Grecia. Mientras estábamos allí, el Papa hizo una visita histórica a Grecia, y fue recibido por miles de airados manifestantes que enarbolaban pancartas y proferían insultos. Pregunté cuál era el problema. Estaban furiosos por algo sucedido ochocientos años antes: la Cuarta Cruzada había parado en Constantinopla y saqueado la ciudad, debilitándola hasta tal punto que más tarde fue conquistada por los turcos. Y todavía siguen furiosos, ochocientos años después.

Para ofrecer un segundo ejemplo, a principios del verano de 1989, Slobodan Milošević acudió a las llanuras de Kosovo en el seiscientos aniversario de la batalla que derrotó al imperio serbio cuando se hallaba en su apogeo. Portavoces gubernamentales dijeron que habían participado un millón de personas, que invadieron las colinas para oírle hablar. En su discurso, Milošević revivió la batalla de seiscientos años antes. Como consecuencia inmediata de revivir aquel trauma, se inició una brutal campaña de expulsiones violentas de croatas, bosnios y kosovares, al menos en parte porque se produjo una experiencia vicaria de un trauma ocasionado seiscientos años antes, la cual activó en los cuerpos de los individuos actuales, en esta generación, la reacción de que estaban reviviendo aquel miedo de hacía tanto tiempo.

Si piensan en los conflictos del subcontinente indio, de Sri Lanka, de África, de Irlanda del Norte, de Oriente Próximo, en fin, de casi todas las zonas en conflicto del mundo entero, descubrirán un elemento de amígdala política basada en el trauma vicario, que alimenta los recuerdos de tragedias pasadas. En cada caso, existe un proceso político que intenta solucionar estos conflictos mediante un discurso razonado. Pero la respuesta es insuficiente para disipar el poder continuado de los recuerdos traumáticos despertados de nuevo y revividos. Necesitamos nuevos mecanismos, como la Comisión de la Verdad y la Reconciliación de Sudáfrica (o mecanismos todavía no inventados), para afrontar el papel de la memoria traumática vicaria colectiva en conflictos prolongados en el tiempo.

En nuestra cultura, el principal medio de contar historias es la televisión. Como ya he observado, han transcurrido cuarenta años desde que la mayoría de los estadounidenses adoptaron la televisión como medio principal de información. Tal como hemos visto, su predominio ha llegado a ser tan grande que el estadounidense medio pasa dos tercios de su «tiempo discrecional» (el tiempo que no se emplea en trabajar, dormir y trasladarse al trabajo) viendo la televisión. En la actualidad, toda información política importante tiene lugar dentro de los límites de los anuncios televisivos de treinta segundos.

Las investigaciones demuestran que la televisión puede producir «traumas vicarios» a millones de personas. Los resultados de las encuestas posteriores a los atentados del 11 de septiembre demostraron que la gente que veía con más frecuencia la televisión mostraba más síntomas traumáticos que la gente poco adicta a ella. Un analista de este estudio dijo de los encuestados que describían sus reacciones ante el 11-S: «Los que más veían la televisión, sentían más tensión».[17]

Los efectos físicos de ver traumas en la televisión (la subida de la presión sanguínea y la taquicardia) son los mismos de un individuo que ha padecido el acontecimiento traumático en directo. Más aún, está documentado que la televisión puede crear falsos recuerdos, tan poderosos como los recuerdos normales. Cuando se rememoran, los recuerdos creados por la televisión poseen el mismo control sobre el sistema emocional que los recuerdos reales.[18]

Las consecuencias son predecibles. La gente que ve telediarios por rutina tiene la impresión de que las ciudades donde vive son mucho más peligrosas de lo que son en realidad. Los investigadores también han descubierto que, incluso cuando las estadísticas que miden delitos específicos muestran disminuciones sustanciales, el miedo medido a esos mismos delitos aumenta cuando aumenta su presencia en la televisión. Y la presencia del delito aumenta a menudo porque los consultores de los propietarios de las cadenas televisivas han asegurado a sus clientes que la audiencia aumenta cuando los delitos violentos encabezan los titulares de los telediarios. Este fenómeno ha cambiado la fórmula de los telediarios locales.

Muchos programas matutinos nacionales empiezan ahora con delitos y asesinatos, y los vemos durante horas porque son muy atrayentes. La imaginería visual de la televisión puede activar zonas del cerebro implicadas en emociones de una forma que la lectura es incapaz de lograr.

La capacidad de la televisión de despertar el miedo es muy significativa, porque los estadounidenses dedican gran parte de su vida a ver la televisión. Una explicación importante de por qué pasamos tanto tiempo inmóviles delante de una pantalla es que la televisión desencadena de manera constante «la respuesta orientativa» en nuestro cerebro.

Tal como he observado en la introducción, el propósito de la respuesta orientativa es establecer de inmediato en el momento presente si el miedo es o no apropiado, con el fin de determinar si el movimiento repentino que ha atraído la atención es la prueba de una amenaza verdadera (la respuesta orientativa también sirve para centrar la atención de inmediato en una presa potencial o en individuos del sexo opuesto). Cuando nuestro campo visual detecta un movimiento repentino, se envía un mensaje a las profundidades del cerebro consciente: ¡MIRA! Y eso es lo que hacemos.[19] Cuando nuestros antepasados veían las hojas moverse, su respuesta emocional era diferente y más sutil que la del miedo. La respuesta podría describirse como «¡Alerta roja! ¡Prestad atención!».

En la actualidad, los anuncios televisivos y muchas secuencias de imágenes de la televisión activan la respuesta orientativa una vez por segundo.[20] Y como en este país vemos la televisión un promedio de más de cuatro horas y media al día, esos circuitos del cerebro siempre están activos.

El desencadenamiento constante y repetitivo de la respuesta orientativa provoca un estado casi hipnótico. Paraliza en parte a los espectadores y crea una adicción a la estimulación constante de dos zonas del cerebro: la amígdala y el hipocampo (una parte de la memoria y el sistema contextualizador del cerebro). Es casi como si tuviéramos un «receptor» de televisión en nuestros cerebros.

Cuando era pequeño y me criaba en nuestra granja familiar en verano, aprendí a hipnotizar pollos. Sujetas al pollo y das vueltas con el dedo alrededor de su cabeza, procurando que sus ojos sigan el movimiento. Después de un número suficiente de círculos, el pollo queda hipnotizado, inmóvil por completo. Puedes hacer muchas cosas con un pollo hipnotizado. Puedes utilizarlo como pisapapeles, como tope de puerta, y el pollo siempre se queda inmóvil, con los ojos en blanco (no puedes utilizarlo como pelota de rugby. Si lo lanzas por los aires, el pollo se despierta).

Resulta que la reacción de inmovilidad en los animales se encuentra ubicada en una zona a la que los estudiosos han prestado cierta atención, y los científicos han descubierto esto: la reacción de la inmovilidad está *muy* influida por el miedo. Un estímulo de miedo provoca que la amígdala del pollo cause la liberación de neuroquímicos, y experimentos controlados demuestran que influyen mucho en la inmovilidad.[21]

No, no estoy diciendo que los telespectadores son como pollos hipnotizados. Pero es posible que los pollos de corral puedan darnos algunas lecciones a los humanos, que tenemos el cerebro más desarrollado. Recuerdo épocas de mi juventud en que pasaba horas delante de la televisión sin darme cuenta de cuánto tiempo había transcurrido. Mi propia experiencia me dice que ver mucho la televisión puede entumecer la mente.

Ese es uno de los motivos de que defienda con pasión la conexión del medio televisivo a internet, para que lo abra a la creatividad y el talento de los individuos. Creo que es extremadamente importante prestar mucha más atención a la calidad e integridad de la programación televisiva confeccionada por ciudadanos. También es uno de los motivos de que me preocupe tanto la posibilidad de que quienes desean manipular la opinión pública, saltándose la razón y la lógica, exploten el medio televisivo.

El efecto casi hipnótico de la televisión es uno de los motivos de que la economía política apoyada por la industria televisiva sea diferente de la política vibrante del primer siglo de Estados Unidos, una política diametralmente diferente de la del feudalismo que floreció en la Edad Media debido a la ignorancia de las masas.

Nuestra exposición sistemática al miedo y otros estímulos en la televisión puede ser explotada por el inteligente especialista en relaciones públicas, publicitario o político. Barry Glassner, profesor de sociología en la Universidad del Sur de California, arguye que existen tres técnicas que, combinadas, provocan el miedo: la repetición, conseguir que lo anormal parezca normal y la mala administración. Utilizando estas herramientas narrativas, cualquiera con fácil acceso a la comunicación de masas podría intensificar los miedos y las angustias públicos, distorsionar el discurso y la razón públicos.[22]

Existen, por supuesto, muchos ejemplos históricos de imágenes gráficas capaces de provocar traumas vicarios, y que han sido utilizadas para fines positivos. Por ejemplo, las imágenes de grupos defensores de los derechos civiles amenazados por perros y atacados con mangueras contribuyeron a movilizar a los estadounidenses de a pie, que se integraron en el movimiento en pro de la justicia social. Por haberlo vivido en mis propias carnes, he aprendido que las imágenes gráficas (fotos, gráficos, dibujos animados y modelos informáticos) comunican información sobre la crisis climática a un nivel más profundo del que conseguirían las simples palabras. Del mismo modo, las horripilantes fotografías que nos llegaron tanto de Vietnam como de la guerra de Irak contribuyeron a provocar cambios en la opinión pública contra guerras temerarias que era preciso terminar.

Si bien la lógica y la razón han desempeñado un papel más importante en la prensa, también pueden ser utilizadas junto con las imágenes para obrar un efecto fulminante en el medio televisivo. De hecho, las imágenes visuales de sufrimientos son muy importantes, porque pueden contribuir a despertar empatía y buena voluntad. Las horripilantes imágenes de la cárcel de Abu Ghraib plasmaron la esencia de la maldad mucho mejor que cualquier palabra. Aun así, cuando se manipulan sentimientos tan fuertes, las posibilidades de abusos aumentan de manera considerable.

Está bien documentado que los humanos temen en especial las amenazas que pueden plasmarse o imaginarse con facilidad. Por ejemplo, un estudio descubrió que la gente está dispuesta a pagar mucho más por un seguro de vuelo que cubra «muerte por terrorismo» que por otro que cubra «muerte por cualquier otra causa».[23] Como es lógico, un seguro de vida que cubra cualquier otra causa incluiría el terrorismo, además de otros muchos problemas. Pero algo de la palabra «terrorismo» crea una honda impresión que provoca un miedo exacerbado.

El ejemplo del seguro de vuelo pone de relieve otro fenómeno psicológico importante para comprender cómo el miedo influye en nuestra forma de pensar: «desatención a las probabilidades». Los sociólogos han descubierto que cuando la gente afronta una gran amenaza o una extraordinaria recompensa, esta tiende a concentrarse en la magnitud de las consecuencias y a hacer caso omiso de las probabilidades.[24]

Piensen en cómo la administración Bush ha utilizado algunas de las técnicas identificadas por el profesor Glassner. Repitiendo la misma amenaza una y otra vez, desviando la atención (de al-Qaeda a Sadam Husein) y utilizando imágenes muy gráficas (un «hongo nuclear sobre una ciudad estadounidense»).

El 11 de septiembre tuvo un profundo impacto sobre todos nosotros, pero después de reaccionar al principio de una manera correcta, la administración empezó a intensificar y distorsionar el miedo público al terrorismo para crear las condiciones políticas que permitirían invadir Irak. Pese a la ausencia de pruebas, se dijo que Irak trabajaba codo con codo con al-Qaeda, y estaba a punto de poder fabricar la bomba nuclear. Derrotar a Sadam se combinó con declarar la guerra al terrorismo, aunque en realidad significaba desviar la atención y los recursos de quienes en realidad nos habían atacado.

Cuando el presidente de Estados Unidos se presentó ante su pueblo y nos invitó a «imaginar» un ataque terrorista con un arma nuclear, se estaba refiriendo a terroristas que no estaban relacionados con Irak. Pero como nuestra nación había padecido los horrores del 11-S, cuando nuestro presidente dijo «Imaginad conmigo este nuevo temor», fue fácil saltarse el proceso de razonamiento que hubiera impulsado a la gente a preguntar «Espere un momento, señor presidente, ¿dónde están las pruebas?».

Aun cuando algunos de ustedes crean que Irak suponía una amenaza para nosotros, espero que estarán de acuerdo en que nuestra nación habría salido beneficiada de un debate completo y exhaustivo sobre lo acertado de invadir aquel país. Si hubiéramos sopesado los beneficios potenciales de una invasión frente a los peligros latentes, tal vez habríamos evitado algunos de los dramáticos acontecimientos que se están produciendo allí.

El terrorismo se basa en la estimulación del miedo con fines políticos. De hecho, su objetivo es distorsionar la realidad política de una nación a base de despertar el miedo en la población, un miedo desproporcionado en relación con el peligro real que los terroristas suponen. Aunque parezca irónico, la reacción del presidente Bush a los atentados terroristas del 11 de septiembre consistió en distorsionar aún más la realidad política de Estados Unidos, al crear un nuevo miedo en Irak muy desproporcionado en relación con el peligro real que representaba ese país. Por eso fue tan preocupante para muchos que, en 2004, el respetado experto en armas David Kay concluyera una larga y exhaustiva investigación de la afirmación de la administración de que Irak suponía una gran amenaza, porque poseía armas de destrucción masiva, con las palabras *Todos estábamos equivocados.*[25]

Tal como sabemos ahora, por supuesto, no existía la menor relación entre Sadam Husein y Osama bin Laden. Pese a ello, el presidente Bush dijo a la nación, en un momento de extraordinaria vulnerabilidad al miedo a un ataque: «No existe la menor diferencia entre ellos».[26]

Seguramente la historia juzgará la decisión de Estados Unidos de invadir y ocupar una nación frágil e inestable que no nos atacó y que no suponía la menor amenaza para nosotros, una decisión que no solo fue trágica, sino absurda. Sadam Husein era un dictador brutal, no cabe duda, pero no suponía un peligro inminente para nosotros. Se trata de una decisión que solo pudo tomarse en un momento en que la razón estaba teniendo un papel muy inferior en nuestras deliberaciones nacionales.

Thomas Jefferson habría reconocido la relación entre tragedia absurda y la ausencia de la razón. Tal como escribió a James Smith en 1822: «El hombre, una vez que ha rendido la razón, carece de protección contra las estupideces más monstruosas, y como un barco sin timón se halla a merced del viento».[27]

Hablé en la Convención Demócrata de Iowa en otoño de 2001. A principios de agosto, había preparado un tipo de discurso diferente. Pero después de la tragedia, orgulloso, con total y absoluta sinceridad, aparecí ante los demócratas de Iowa y dije: «George W. Bush es mi presidente, y le seguiré, como haremos todos, en este momento de crisis». Yo fui uno de los millones de ciudadanos que experimentaron el mismo sentimiento y depositaron en el presidente toda su confianza, pidiéndole que nos guiara con sabiduría. Pero desvió el foco de la venganza estadounidense hacia Irak, una nación que no tenía nada que ver con el 11 de septiembre.

La campaña de miedo destinada a vender la guerra de Irak fue programada con precisión para coincidir con el pistoletazo de salida de las elecciones a mitad del mandato. El jefe de personal del presidente explicó la coincidencia como una campaña de marketing. Se programó, dijo Andrew Card, para el período publicitario posterior al Día del Trabajo, porque es cuando las campañas publicitarias de «nuevos productos»,[28] tal como dijo, suelen lanzarse. La implicación de esta metáfora era que el producto antiguo (la guerra contra Osama bin Laden) había perdido cierto ímpetu. Y en el inmediato período previo a las elecciones de 2002, iba a ser lanzado un nuevo producto: la guerra contra Irak. Hay un tiempo para todas las cosas, sobre todo para la política del miedo.

El presidente fue a la guerra verbalmente contra los terroristas en todos los discursos y cenas de campaña celebrados para recaudar fondos destinados a su partido político. Era su principal argumento político. Se tildó de antipatrióticos a candidatos demócratas como el senador Max Cleland, de Georgia, un veterano de Vietnam triplemente amputado, por votar en contra de los deseos de la Casa Blanca en confusas enmiendas al proyecto de ley sobre seguridad interior.

Y cuando Tom DeLay, ex líder republicano de la Cámara de Representantes, se vio mezclado en un intento de conseguir más escaños para el Congreso en Texas, forzando una votación para la redistribución de distritos muy poco usual en el senado del estado, pudo localizar a los legisladores demócratas que marchaban del estado para impedir el quorum, y de paso la votación, recurriendo a la ayuda del nuevo

Departamento de Seguridad Interior del presidente Bush. Hasta trece empleados de la Administración Federal de Aviación llevaron a cabo una búsqueda de ocho horas,[29] acompañados de al menos un agente del FBI (aunque varios agentes a los que se les pidió colaboración se negaron a concederla).[30] DeLay fue amonestado por el Comité de Ética del Congreso, pero rehusó reconocer que había obrado mal.[31]

Al localizar en poco tiempo a los demócratas con la tecnología utilizada para seguir la pista de terroristas, los republicanos lograron centrar la presión pública en el más débil de los senadores, y forzaron la aprobación de su nuevo plan de redistribución de los distritos políticos. Gracias en parte a los esfuerzos de tres agencias federales diferentes, Bush y DeLay pudieron celebrar la conquista de hasta siete nuevos escaños republicanos en el Congreso.

Este insistente esfuerzo por politizar la guerra de Irak, así como la guerra contra el terrorismo, con fines partidistas es perjudicial para las perspectivas del apoyo de ambos partidos a la política de seguridad nacional. En contraste, piensen en el planteamiento tan diferente del primer ministro Winston Churchill durante los terribles días de octubre de 1943 cuando, en plena Segunda Guerra Mundial, se enfrentó a una controversia que amenazaba con dividir a su coalición bipartita. Dijo:

> Lo que nos une es la continuación de la guerra. A ningún hombre se le ha pedido que renuncie a sus convicciones. Eso sería indecente e inadecuado. Nos une algo exterior, que concentra nuestra atención. El principio sobre el cual trabajamos es «Todo para la guerra, controvertido o no, y nada controvertido que no sea legal para la guerra». Esa es nuestra postura. También hemos de ser cautelosos ante la posibilidad de que las necesidades de la guerra sean presentadas como un pretexto, con el fin de introducir cambios políticos y sociales radicales.[32]

Aquello de lo que alertó Churchill es lo mismo que la administración Bush ha intentado hacer, utilizando la guerra contra el terrorismo de manera partidista e introduciendo cambios de gran alcance en la política social, con el fin de consolidar su poder político.

También está claro en muchos temas que la administración Bush ha recurrido al lenguaje y la política del miedo para cortocircuitar el debate y llevar adelante sus intereses particulares, sin hacer caso de las pruebas, los hechos o el interés público. Como comentaré más adelante en el capítulo 5, la administración no ha vacilado en utilizar el miedo al terrorismo para atacar medidas tomadas desde hace una generación para impedir la repetición de los abusos de autoridad que el FBI y los servicios de inteligencia cometieron durante la guerra fría. El miedo al terrorismo también ha distraído de manera muy conveniente al pueblo estadounidense de problemas internos molestos como la economía, que estaba empezando a preocupar seriamente a la Casa Blanca en el verano de 2002.

En lugar de liderar con una llamada a la valentía, esta administración ha optado por liderar incitando el miedo. En la campaña electoral de 2006, Bush fue más explícito, y llegó a decir que «si ganan los demócratas, gana el terrorismo».[33]

Existe un miedo verdadero, por supuesto, y una forma legítima y responsable de plantarle cara. Pero el miedo a la muerte nos azuza como ningún otro. Es inadmisible utilizar documentos falsos y argumentos falsos para provocar pánico y convencer a los estadounidenses de que los terroristas van a detonar armas nucleares en las ciudades donde vivimos.

Cuando la supervivencia física se relaciona con un miedo evocado, ese miedo adquiere un aspecto cualitativo muy diferente. Habría que hablar de todos los miedos, y se puede hablar de ellos de una manera responsable, si son reales y se afrontan con integridad. Pero la invención intencionada de falsos miedos con intenciones políticas es perjudicial para nuestra democracia.

Por supuesto, el uso del miedo como herramienta política no es nuevo. La historia de Estados Unidos abunda en ejemplos: «Recordad el *Maine*» y la Resolución del golfo de Tonkín, por mencionar solo dos. Todavía recuerdo la forma en que el presidente Nixon utilizó el miedo a la espiral de delitos violentos en las elecciones a mitad del mandato de 1970.

Fue una campaña de la que fui testigo presencial. Mi padre, que era el político más valiente que he conocido nunca, fue tachado de antipatriota porque se opuso a la guerra de Vietnam. Fue acusado de ser ateo porque se opuso a una enmienda constitucional, impulsada por el gobierno, para fomentar el rezo en las escuelas públicas.

En aquel tiempo yo estaba en el ejército, camino de Vietnam como periodista militar en un batallón de ingenieros. Estaba de permiso la semana de las elecciones. Ley y orden, transporte escolar decretado por los tribunales, una campaña de miedo que hacía hincapié en la delincuencia... Esos eran los grandes temas de aquel año. La campaña de Nixon fue sucia, aunque ahora los historiadores políticos la consideran desvaída, y marcó un agudo declive en el tono de nuestro discurso nacional.

En muchos aspectos, George W. Bush me recuerda más a Nixon que cualquier otro presidente. Al igual que Bush, Nixon subordinó prácticamente todos los principios a sus ansias de ser reelegido. Instituyó controles de precios y salarios, con tan poco respeto por sus principios conservadores como ha demostrado el presidente Bush al acumular miles de millones de dólares de deuda.

Después del embargo de petróleo de 1973, Nixon amenazó en secreto con una invasión militar de los yacimientos petrolíferos de Oriente Próximo. Ahora,[34] Bush lo ha llevado a la práctica, ocultando sus intenciones secretas, al igual que Nixon. Después de ser expulsado de su cargo, Nixon confió a uno de sus interlocutores habituales: «La gente reacciona al miedo, no al amor. Eso no lo enseñan en la escuela dominical, pero es verdad».

Cuando apareció en la televisión nacional la noche anterior a las elecciones de 1970, el senador Ed Muskie, de Maine, habló de la auténtica decisión que afrontaban los electores: «Solo hay dos clases de políticos. No son radicales y reaccionarios, conservadores y liberales, ni siquiera demócratas y republicanos. Solo existen los políticos del miedo y los políticos de la confianza. Unos dicen que estáis rodeados de peligros monstruosos. Entregadnos vuestra libertad para poder protegeros. Los otros dicen que el mundo es un lugar incomprensible y peligroso, pero puede ser conformado según la voluntad de los hombres».

«Depositad vuestro voto a favor de las antiguas tradiciones de libertad de este país», concluyó.

Al día siguiente, mi padre fue derrotado, derrotado por los políticos del miedo. Pero su valentía a la hora de defender sus principios me enorgulleció e inspiró. Sentí que había ganado algo más importante que unas elecciones. En su discurso de aquella noche, dio la vuelta a aquel viejo lema segregacionista y prometió, desafiante: «La verdad se alzará de nuevo». Yo no fui la única persona que oyó aquella promesa, ni el único para quien la esperanza todavía existe.

Pero antes de que esa esperanza se convierta en realidad, hemos de comprender las implicaciones de la nueva magnitud del miedo en nuestra democracia. En el capítulo siguiente examinaré por qué, en una atmósfera de miedo constante, la ciudadanía suele desechar la razón y entregarse a líderes que demuestran una fe dogmática en puntos de vista ideológicos. Estos nuevos demagogos no ofrecen mucha más seguridad ante el peligro, pero sus creencias y declaraciones simplistas y vitriólicas pueden proporcionar consuelo a una sociedad asustada.

Por desgracia, la ascensión de estos líderes solo sirve para exacerbar el declive de la razón y comprometer todavía más nuestra democracia.

2

Ofuscar a los fieles

La relación entre fe, razón y miedo recuerda a veces el juego infantil de piedra, papel y tijeras. El miedo desplaza a la razón, la razón desafía al miedo, la fe vence al miedo. En un libro prohibido por la Iglesia durante la década del juicio de Galileo en el siglo XVII, *Religio medici*, Thomas Browne escribió: «Al igual que la razón se rebela contra la fe, la pasión se rebela contra la razón». Browne fue uno de los muchos que lucharon a principios de la Ilustración contra las controvertidas afirmaciones de suprema autoridad efectuadas por la Iglesia, el imperio de la razón y la naturaleza humana. Llegó a la conclusión de que la fe, la razón y la pasión «puede que sean reyes, pero constituyen una única monarquía: todos y cada uno ejercen su soberanía y prerrogativas a su debido tiempo y lugar, según el control y límite de las circunstancias».[1]

Durante el siglo y medio siguiente (desde el encarcelamiento de Galileo y la independencia de Estados Unidos), muchos pensadores de la Ilustración empezaron a insistir en que solo la razón debía ocupar el trono, como nueva soberana y fuente de autoridad. «Aposentad con firmeza la razón en su asiento, y convocad ante su tribunal cada hecho, cada opinión —escribió Thomas Jefferson—. Cuestionad con audacia incluso la existencia de Dios, porque si hubiera uno, ha de aprobar más el homenaje a la razón que al miedo ciego.»[2]

Jefferson y los demás Padres Fundadores creían que el progresivo desarrollo de la Ilustración permitiría a la razón asumir importantes deberes que habían sido llevados a cabo por la fe ciega. Confiaban en que las dos hijas gemelas de la razón, la ciencia y la ley, nos iluminarían y dotarían de fuerzas para controlar nuestras pasiones y cimentar nuestra valentía. Creían que, durante el proceso, el pueblo estadounidense descubriría una nueva fuente de seguridad del miedo existencial en un autogobierno basado en el imperio de la razón.

Si bien la mayoría de los estadounidenses revolucionarios jamás adoptaron los puntos de vista anticlericales radicales de sus homólogos franceses, creían que la religión organizada del Viejo Mundo había sido una cínica aliada del despotismo político al que aspiraban a destronar. Al fin y al cabo, muchos de ellos descendían de inmigrantes que huían de la opresión y persecución religiosas. Jefferson escribió que a lo largo de toda la historia la autoridad religiosa sancionada por el Estado «ha sido hostil a la libertad. Siempre la encuentras en alianza con los déspotas, y se hace cómplice de sus abusos a cambio de protección. Es más fácil adquirir riqueza y poder gracias a esta combinación que por méritos propios».[3]

En su última carta, escrita diez días antes de su muerte (pocas horas antes de que John Adams expirara), en el decimoquinto aniversario de la Declaración de Independencia, Jefferson expresó su esperanza de que la Declaración incitara a la gente de todo el mundo

> a romper las cadenas mediante las cuales la ignorancia y la superstición frailunas les han convencido de ponerse una venda, y a asumir los beneficios y seguridad del autogobierno. Esa forma, que nosotros hemos introducido, restaura el derecho al ejercicio ilimitado de la razón y la libertad de expresión. Todos los ojos se han abierto, o se están abriendo, a los derechos del hombre. La propagación general de la luz de la ciencia ya ha puesto al alcance de todos los ojos la palpable verdad, que la masa de la humanidad no ha nacido con sillas de montar en la espalda, ni que unos pocos favorecidos calzan botas y espuelas, dispuestos a cabalgarlos de manera legítima por la gracia de Dios.[4]

Es importante observar que Jefferson no estaba advirtiendo contra la fe, ni siquiera contra la religión organizada. Nos estaba advirtiendo contra la combinación de dogma religioso y poder gubernamental. Él y los demás Padres Fundadores luchaban con tanto ahínco por la libertad de culto como contra la religión establecida por el gobierno.

También es una de las ironías más dolorosas de Estados Unidos que Jefferson y muchos otros Padres Fundadores parecieran muy a menudo ciegos a la inmoralidad de su complicidad en la esclavitud. ¿Cómo pudo Jefferson escribir con tanta fuerza y claridad sobre la idea despreciable de gente «nacida con sillas de montar en la espalda», sin liberar de inmediato a sus esclavos? Otro punto: muchos de los que iniciaron el movimiento abolicionista estaban más motivados por sus creencias religiosas que por la razón, y el hecho de que la fe les guiara con más rapidez hacia la verdad sobre la esclavitud pone en entredicho la fácil conclusión de Jefferson de que la razón es superior a la fe. De todos modos, para la mayoría de la gente, un equilibrio entre la razón y la fe es mejor guía que una de las dos en solitario.

Con escasas excepciones, nuestros Padres Fundadores no eran antirreligiosos. Sabían entonces, como la gran mayoría creemos ahora, que pese a los muchos enfrentamientos entre la razón y fe, ambas cohabitan con mucha mayor facilidad en la mente que la razón y el miedo. Como John Donne escribió a principios del siglo XVII: «La razón es la mano izquierda de nuestra alma, y la fe es la derecha».[5]

No obstante, el miedo puede alterar el fácil equilibrio entre la razón y la fe, sobre todo el miedo irracional que a la razón le cuesta más erradicar. Cuando el miedo enturbia nuestra razón, mucha gente experimenta una mayor necesidad de la certeza confortable de la fe absoluta. Y son más vulnerables a los llamamientos de líderes seculares que manifiestan una absoluta seguridad en explicaciones simplistas, y presentan todos los problemas como manifestaciones de la lucha entre el bien y el mal.

Es muy posible que la oleada global del fundamentalismo (musulmán, cristiano, hindú y judío, entre otros) haya sido causada en parte por el ritmo frenético de los cambios tecnológicos. Este tsunami globalizador sin precedentes ha trastocado muchas pautas tradicionales seculares de familias, comunidades, mercados, entornos y culturas de todo el mundo.

Para protegerse y proteger a sus familias de los cambios inquietantes y desorientadores, la gente busca instintivamente el árbol más fuerte que puede encontrar, que suele ser el de raíces más profundas. Cuando la gente se aferra con más firmeza a sus tradiciones religiosas, es más vulnerable a las ideas e influencias que la razón podría filtrar en tiempos menos terribles.

Si el dogmatismo y la fe ciega se apresuran a llenar el vacío dejado por la razón, también permiten el ejercicio de nuevas formas de poder más arbitrarias y menos derivadas del consentimiento de los gobernados. Con palabras más sencillas, cuando el miedo y la angustia desempeñan un papel más importante en nuestra sociedad, la lógica y la razón desempeñan un papel de menor importancia en nuestra toma de decisiones colectiva.

Por desgracia, las nuevas expresiones de poder que emergen en tales circunstancias suelen surgir de profundos pozos emponzoñados de racismo, ultranacionalismo, conflictos religiosos, tribalismo, antisemitismo, sexismo y homofobia, entre otros. Las pasiones así movilizadas son explotadas sobre todo por aquellos que se arrogan autoridad divina para restablecer la seguridad y el orden.

A lo largo de toda la historia, nuestro temor innato a los que «son diferentes de nosotros» se ha combinado con excesiva frecuencia con algún dogma maligno, disfrazado de mensaje de Dios, con el fin de desencadenar la violencia y represión más terroríficas del repertorio del infierno. Más aún, esta forma mortífera de pasión colectiva exclusivista puede llegar a ser invulnerable a la razón. Por consiguiente, es muy útil para los demagogos descubrir cómo expandirla y explotarla para conquistar y consolidar el poder.

Una de las contribuciones más importantes de Estados Unidos al mundo fue la sabiduría de nuestros Padres Fundadores al separar la relación entre Dios y gobierno. Creían que el papel de Dios, al establecer la base del gobierno, consistía en donar a cada individuo «ciertos derechos inalienables», no en dotar a líderes concretos del derecho divino de ejercer el poder sobre los demás.

Tras sustituir el derecho divino de los reyes por los derechos divinos de los individuos, nuestros Padres Fundadores derrocaron a la monarquía y planificaron un autogobierno regido por la razón. Procuraron en especial aislar las posteriores deliberaciones de la democracia de la combinación de miedo y dogmatismo, advirtiendo contra cualquier esfuerzo del gobierno por establecer en la ley la menor huella de justificación divina del ejercicio del poder.

También eran muy conscientes de la tenue y permeable frontera entre fervor religioso y prioridades políticas tendentes a lograr el poder. «Una secta religiosa puede degenerar en una facción política»,[6] escribió James Madison, pero la nueva nación estadounidense estaría protegida de la coalición ingobernable de fervor religioso y poder político mientras la Constitución prohibiera al gobierno federal afirmar la preeminencia de cualquier credo.

Este principio quedó tan bien establecido que en 1797 el Senado de Estados Unidos aprobó, y el presidente John Adams firmó, un tratado que contenía la siguiente declaración: «Estados Unidos no es más una nación cristiana que una nación judía o mahometana».

A falta de una religión nacional, la garantía de la libertad de culto iba a crear inevitablemente una panoplia de doctrinas diferentes. Los Padres Fundadores entendían que la forma de proteger y defender a los creyentes consistía en impedir que cualquier secta dominara, una fórmula que yo suscribo.

Así, continuaba Madison, incluso si una secta religiosa fanática se convertía en facción política en alguna parte de la nación, «la variedad de sectas dispersas por toda la nación ha de proteger a los consejos nacionales de cualquier peligro procedente de esa fuente».[7] En otras palabras, la separación de estas sectas garantizaría que sus respectivos esfuerzos por ejercer el poder se anularan mutuamente.

Nuestros Padres Fundadores confiaron una y otra vez en este mismo sistema newtoniano de controles y equilibrios para proteger a la república de la combinación abusiva de religión y poder político. Confiaban en los mecanismos del equilibrio porque sabían que los seres humanos siempre buscan el poder. Por tanto, la única manera de crear un foro libre para la razón consistía en dispersar el poder en diversas fuentes que pugnarían entre sí constantemente, creando un sistema de autoequilibrio. Y siguieron un principio rector por encima de los demás, en su esfuerzo por establecer una estabilidad que permitiera al discurso racional mantener su equilibrio: impedir la concentración de excesivo poder en manos de una sola persona o un pequeño grupo.

Hace más de sesenta años, en plena Segunda Guerra Mundial, el juez Robert Jackson escribió: «Si existe alguna estrella en nuestra constelación constitucional, es que ningún funcionario, grande o pequeño, pueda prescribir lo que es ortodoxo en política, nacionalismo, religión u otros temas de opinión».[8] Sus palabras no son menos ciertas hoy.

Cualquier intento de cualquier gobierno oficial de Estados Unidos de usurpar el derecho divino es, por consiguiente, una blasfemia. El gobierno, en el proyecto estadounidense, carece de derechos divinos. Su autoridad moral se deriva de la integridad de sus procesos deliberativos y de nuestra propia participación en dichos procesos. El poder que le otorgan los gobernados ha de ceñirse a la letra de la ley. Como escribió John Adams en Massachusetts, somos «un gobierno de leyes, no de hombres».[9]

La separación de la Iglesia y el Estado se basó no solo en las ideas de los Padres Fundadores sobre el miedo, la fe y la razón, sino también en su conocimiento de la naturaleza del poder. Eran conscientes de que el amor al poder podía ser tan embriagador que aturdiera a la razón. Fue esta desconfianza hacia la concentración de poder lo que les condujo no solo a separar la religión organizada del ejercicio de la autoridad gubernamental, sino también a separar los poderes de la autoridad gubernamental en tres ramas iguales en importancia y encajar cada una en un complejo sistema de controles y equilibrios, cuyo propósito era impedir la acumulación excesiva de poder en una sola rama.

Las leyes debían ser deliberadas y trazadas con sumo cuidado en la rama legislativa, la cual se hallaba aislada del peligro de la concentración de poder al estar separada en dos cámaras de igual importancia, cada una dotada de un conjunto diferente de perspectivas e incentivos, y con estipulaciones especiales dirigidas a impedir que las opiniones mayoritarias anularan los puntos de vista minoritarios.

Cada una de estas leyes debía ser administrada por un responsable, cuyo poder también estaba limitado y controlado por la Constitución. Después, como medida de protección adicional contra el uso abusivo del poder gubernamental, cada ley estaba sujeta también a la revisión del Tribunal Supremo, cuyos miembros, una vez nombrados y confirmados, ejercían de por vida, y su deber era procurar que los principios plasmados en la Constitución no fueran violados por ninguna ley, ni en su redactado ni en su ejecución.

Pero este complejo mecanismo de relojería del gobierno estadounidense siempre ha dependido de un «espíritu en la máquina». El espíritu que anima la maquinaria de la Constitución no es santo. Somos todos nosotros, la proverbial «ciudadanía bien informada». Puede que nuestro Creador nos haya dotado de derechos individuales, pero actuamos para proteger esos derechos y gobernar nuestra nación con los instrumentos de la razón.

El sistema inmunológico de la democracia estadounidense ha funcionado con más eficacia cuando los ciudadanos de la nación tuvieron mayores oportunidades de examinar «cada hecho, cada opinión» ante el tribunal de la razón. Si bien jamás ha existido una época en que el sistema funcionara a la perfección, hemos triunfado más como nación cuando se han podido discutir con mayor libertad las opciones que se abrían ante nosotros. Sin embargo, nuestra buena disposición y competencia como ciudadanos para desempeñar un papel fundamental se ha puesto en duda. Nuestra capacidad de llevar a cabo un análisis racional ya no es lo que era. La verdad es que leer y escribir ya no son tan importantes a la hora de interactuar con el mundo como antes.

Nuestra capacidad de manejar la complicada maquinaria del autogobierno siempre ha dependido, hasta un grado poco perceptible, de la familiaridad y aptitud con la palabra impresa. La Constitución, todas las explicaciones de las intenciones de nuestros Padres Fundadores, todas las leyes aprobadas por el Congreso y todas las decisiones del Tribunal Supremo durante los últimos doscientos dieciocho años son letra impresa. Como ciudadanos, si no somos duchos y hábiles a la hora de utilizar las palabras al modo de manijas con las que aferrar nuestro poder como ciudadanos, poseeremos una menor capacidad de «aposentar la razón con firmeza en su asiento».

La metáfora del «sistema inmunológico» que protege nuestro sistema democrático se ha enriquecido en fechas recientes gracias a nuevas interpretaciones sobre el funcionamiento de nuestro sistema inmunológico biológico. El cerebro y el sistema inmunológico tienen algo importante en común: ninguno está formado por completo al nacer, y ambos continúan desarrollándose con mucha rapidez durante la infancia. El período de la infancia es más largo en los seres humanos que en cualquier otro animal. Esta característica de nuestra especie (llamada «neotenia») tiene profundas implicaciones en nuestra tendencia a asimilar ingentes cantidades de cultura, tradición y creencias en el «sistema operativo» de nuestros cerebros. Las pautas psicológicas y de relaciones, incluidas las disfunciones, y toda clase de otros hábitos y comportamientos se han transmitido de generación en generación.

El sistema inmunológico se gradúa durante la infancia y la adolescencia, al tiempo que produce anticuerpos en respuesta a las amenazas contra la salud. Cuando los anticuerpos ya no son necesarios, los códigos genéticos necesarios para reproducirlos se almacenan en el sistema inmunológico, con el fin de que estén disponibles en caso de que sea preciso producir dichos anticuerpos para repeler amenazas posteriores (del mismo modo, los recuerdos traumáticos siempre están accesibles, almacenados en el centro del miedo del cerebro).

Los científicos han descubierto hace poco que la práctica moderna de tratar a los niños pequeños con dosis ingentes de antibióticos, a la primera señal de un agente patógeno amenazador, posee una secuela inquietante: priva al sistema inmunológico de su capacidad de «aprender» a reaccionar con celeridad y eficacia al agente patógeno. Como resultado, la respuesta instantánea de un sistema inmunológico sano puede llegar a ser espontánea, vaga e inexacta en sus reacciones a las amenazas, y puede confundirse al reaccionar de manera inapropiada a ataques inofensivos como si fueran amenazas de muerte. La creciente incidencia del asma y otros trastornos del sistema inmunológico pueden atribuirse más a estos desarreglos del sistema inmunológico que al predominio actual de elementos patógenos en el medio ambiente.

Es muy posible que el desuso de la calistenia de la democracia (el brusco declive de la lectura y la escritura), así como el bombardeo de todos los temores nuevos con anuncios televisivos y panaceas simplistas disfrazadas de soluciones para los miedos indicados, hayan provocado un desorden en el sistema inmunológico estadounidense que impide a los ciudadanos reaccionar de la manera precisa, adecuada y eficaz a las graves amenazas que acechan a nuestra democracia. Es decir, de repente todos reaccionamos de manera exagerada ante amenazas ficticias y desechamos las reales.

El descubrimiento de que nuestro gobierno había torturado de manera rutinaria y cruel a prisioneros (y continuaba haciéndolo obedeciendo a una política oficial) provocó escasas protestas, aunque amenaza los valores y la autoridad moral de Estados Unidos en el mundo. De manera similar, la revelación de que la rama ejecutiva había espiado masivamente a los ciudadanos estadounidenses, sin respetar el imperativo constitucional de obtener mandatos judiciales (y continuaba haciéndolo), provocó tan escasa controversia que el Congreso aprobó la legislación y consolidó la práctica. No obstante, esta acción amenazaba la integridad de la Declaración de Derechos, que es la esencia del don de Estados Unidos a la historia de la humanidad.

Al mismo tiempo, se empujó a la mayoría de los ciudadanos a aprobar y respaldar de buen grado la invasión de un país que no nos había atacado y que no suponía ninguna amenaza para nosotros. Poca oposición se expresó al repliegue de las tropas estadounidenses y otros recursos bélicos en la persecución de terroristas que sí nos atacaban y sí suponían un peligro inminente.

¿Cómo hemos podido llegar a estar tan confundidos sobre la diferencia entre las amenazas reales y las amenazas ilusorias? ¿Estamos acaso exhibiendo el tipo de reacción irresponsable y vaga ante los peligros que acechan a la república, que consigue incapacitarnos para apoyar el buen funcionamiento del gobierno constitucional estadounidense? Y aunque no estén de acuerdo conmigo sobre mis conclusiones acerca de las decisiones tomadas por la administración, ¿no habría sido mejor habernos involucrado en un debate claro y abierto acerca del tema?

Al presentar la invasión de Irak como el frente central de una lucha épica entre el bien y el mal, el presidente Bush intentó disfrazar su política de declarar una guerra sin provocaciones previas de fe religiosa. Estados Unidos se había quedado en estado de estupor debido a la ferocidad y magnitud de los atentados terroristas del 11 de septiembre de 2001. El temor a más atentados, y la intensa ira que sentíamos todos contra aquellos que habían matado a nuestros compatriotas, provocó que nuestro país deseara seguir el liderazgo de nuestro presidente y atacar los objetivos que él eligiera.

Al principio, envió tropas a Afganistán para atacar a los terroristas y destruir sus bases. Pero poco después, Bush empezó a desviar los deseos de venganza de la nación de Osama bin Laden a Sadam Husein. Ofreció a los estadounidenses una forma de abrirse paso entre las complejidades de la política exterior, a base de dividir todas las naciones del mundo en dos categorías: «O estáis con nosotros o contra nosotros».[10] Incluyó a Irak en «el eje del mal» y presentó pruebas falsas de que Husein había intentado fabricar armas atómicas. Por ironías del destino, los otros dos miembros de ese «eje» (Irán y Corea del Norte) han dedicado los últimos seis años a desarrollar sendos programas de armas nucleares.

Mucho antes de que empezara a preparar la guerra contra Irak, Bush ya había anunciado que su enemigo era el mal. El día después del 11-S, Bush anunció: «Se va a librar una batalla monumental entre el bien y el mal, pero el bien vencerá».[11] Dos días después, yo estaba sentado entre el público de la Catedral Nacional, cuando Bush proclamó que «su responsabilidad ante la historia» era «librar al mundo del mal». Aquel día pensé que la mayor parte del discurso del presidente era excelente, y así se lo dije. Pero recuerdo que me quedé atónito ante la grandiosidad y desmesura de su extraña e inquietante afirmación de que podía «librar al mundo del mal».[12]

¿De veras?

La semana siguiente, al dirigirse a una sesión conjunta del Congreso, Bush dijo que Dios había previsto el resultado del conflicto en el que nos íbamos a enzarzar porque «libertad y miedo, justicia y crueldad, siempre han estado en guerra, y sabemos que Dios no es neutral en dicha contienda».[13]

Como han observado otros, la visión de Bush de su política en el contexto de un conflicto fatídico espiritual entre el bien y el mal no se ajusta a la doctrina cristiana. Se parece más a la antigua herejía cristiana llamada maniqueísmo (rechazada por la cristiandad hace más de mil años), cuyo propósito era dividir toda la realidad en dos sencillas categorías: el bien absoluto y el mal absoluto.

La sencillez siempre es más atractiva que la complejidad, y la fe siempre es más consoladora que la duda. Tanto la fe religiosa como las explicaciones exentas de complicaciones del mundo se valoran mucho más en épocas de gran temor. Además, en épocas de gran incertidumbre y angustia pública, cualquier líder que combine una política simplista con afirmaciones de que sigue los mandatos de Dios se escapará con más facilidad de preguntas difíciles basadas en las deficiencias lógicas de sus argumentaciones.

Hay muchas personas en ambos partidos políticos a quienes preocupa sobremanera la inquietante relación del presidente Bush con la razón, su desprecio a los datos reales y su falta de curiosidad por cualquier nueva información capaz de conducir a una comprensión más profunda de los problemas y las tácticas que ha de afrontar en nombre de nuestro pueblo.

No obstante, la gente que le ve y oye en la televisión interpreta a veces la falta de curiosidad de Bush y su aparente inmunidad a la duda como prueba de la fuerza de sus convicciones, aunque esta misma falta de flexibilidad (ese testarudo rechazo a tomar en consideración opiniones alternativas o pruebas contradictorias) supone un peligro gravísimo para nuestro país.

Por la misma razón, la simplicidad de los pronunciamientos de Bush suele malinterpretarse como prueba de que ha llegado hasta el fondo de un problema complejo, cuando en realidad lo cierto es lo contrario: suele expresar su rechazo a adentrarse en complejidades. Y eso es muy preocupante en un mundo en que los desafíos a los que se enfrenta Estados Unidos son muy complejos y exigen análisis rigurosos, prolongados y disciplinados.

Sin embargo, no recuerdo ni un solo periódico, comentarista o líder político que cuestionara la afirmación del presidente de que el objetivo de nuestra nación era «librar al mundo del mal». Además, casi nadie cuestionó la ridícula lógica que utilizaron el presidente y el vicepresidente para relacionar a Osama bin Laden con Sadam Husein. Era como si la nación hubiera decidido suspender los rigores normales del análisis lógico, mientras declarábamos la guerra contra un sustantivo (terror) y una nación (Irak) que no tenían nada que ver con el ataque que deseábamos vengar.

Después de invocar el lenguaje y los símbolos de la religión para hacer caso omiso de la razón y convencer al país de ir a la guerra, Bush consideró cada vez más necesario despreciar y poner en duda hechos que empezaban a aparecer en discusiones públicas. En ocasiones, daba la impresión de hacer la guerra a la razón en su esfuerzo por negar verdades evidentes, contradictorias con las falsas impresiones que se había hecho la nación antes de tomar la decisión de invadir. Su equipo y él parecían afrontar cada cuestionamiento de los hechos como una lucha partidista en pro de su fin.

Los que pusieron en duda las premisas falsas sobre las que se basaba la guerra fueron tildados de antipatriotas. Los que denunciaron las pruebas falsas y las incongruencias de bulto fueron acusados de apoyar al terrorismo. Uno de los aliados en el Congreso de Bush, John Boehner, entonces líder de la mayoría parlamentaria, dijo: «Si desean que los terroristas ganen en Irak, voten por los demócratas».[14]

La misma pauta ha caracterizado el intento de silenciar las opiniones discrepantes en el interior del ejecutivo, de censurar la información que podía poner en entredicho sus objetivos ideológicos y de pedir la adhesión de todos los funcionarios de la rama ejecutiva.

Los miembros de la administración que dispararon las alarmas sobre las señales cada vez más preocupantes de que nuestra nación se estaba precipitando con fe ciega hacia un cenagal estratégico fueron intimidados, amenazados y censurados. Por ejemplo, la administración humilló al general de cuatro estrellas, en aquel momento jefe del Estado Mayor del ejército, Eric Shinseki, nombrando a su sucesor catorce meses antes de su jubilación.[15] Y el general de división John Batiste testificó el año pasado que cualquier trabajador del Pentágono que preguntara por los planes preparados para la posguerra era amenazado con ser despedido.[16]

Aunque parezca asombroso, el Grupo de Estudios sobre Irak, compuesto por miembros de ambos partidos, consideró necesario incluir en su informe del año pasado la recomendación de que la Casa Blanca recuperara la tradición de sinceridad entre los líderes civiles y los militares, y permitiera a generales y almirantes decir la verdad y dar recomendaciones sinceras, sin miedo a las represalias. Utilizo la palabra «asombroso» porque me acuerdo de la época en que los ciudadanos estadounidenses, en su papel de votantes, habrían castigado con severidad esos abusos indignantes, sobre todo en tiempos de guerra, y habría sido inconcebible que un panel bipartito de «expertos» hubiera tenido que aconsejar al presidente que permitiera a sus generales decir la verdad.

Los artífices de la Constitución comprendían la amenaza que suponía para el debate racional el uso de la intimidación para silenciar a los que decían la verdad. Como Alexander Hamilton escribió en el número 73 de *The Federalist*: «El poder sobre el apoyo de un hombre es el poder sobre su voluntad».[17] Otro ejemplo de este fenómeno: antes de que empezara la guerra de Irak, los analistas de la CIA que disentían de la afirmación de la Casa Blanca de que Osama bin Laden estaba relacionado con Sadam Husein recibieron fuertes presiones en su trabajo, y temieron perder ascensos y salarios. La CIA no logró corregir el punto de vista manifiestamente falso de que existía un vínculo entre al-Qaeda y el gobierno de Irak.

Esto es similar a lo que sucedió en la década de 1960 a funcionarios del FBI que no estaban de acuerdo con la opinión de J. Edgar Hoover de que el doctor Martin Luther King estaba confabulado con los comunistas. El director de la división de inteligencia interior del FBI dijo que, como resultado de sus esfuerzos por decir la verdad acerca de la inocencia de King, sus colegas y él quedaron aislados y recibieron presiones. «Era evidente que teníamos que cambiar de opinión, o nos veríamos en la calle [...]. Los hombres y yo hablamos de cómo salir del apuro. Estar en apuros con el señor Hoover era un asunto muy grave. Estos hombres estaban intentando comprar una casa, tenían hipotecas, hijos en el colegio. Vivían con el temor de ser trasladados, perder dinero sobre sus casas, como solía pasar [...]. Por lo tanto, querían que se redactara otro informe para sacarnos del problema en que nos encontrábamos.»[18] Al poco tiempo, ya no hubo diferencias de opinión en el seno del FBI, y la falsa acusación se convirtió en el punto de vista unánime.

La misma idea del autogobierno depende de un debate abierto y sincero, como un método superior de llegar a la verdad, así como un mutuo respeto por el imperio de la razón como mejor manera de establecer la verdad. La administración Bush demuestra una y otra vez su falta de respeto por todo ese proceso básico. Aduce que se halla bajo la guía divina. Cree que sabe la verdad, y no siente la menor curiosidad por conocer datos que puedan contradecirle.

Por ejemplo, Bush describió la guerra de Irak como una «cruzada»,[19] un desprecio al hecho evidente de que las implicaciones sectarias de esa descripción podrían plantear a nuestras tropas más dificultades en una nación musulmana, que ya había repelido en numerosas ocasiones las invasiones de cruzados cristianos durante la Edad Media.

Uno de los generales responsables de la política bélica, William G. Boykin, se sumó a un ciclo de charlas de grupos evangélicos conservadores durante su tiempo libre y declaró, desde el púlpito y en uniforme, que nuestra nación se había embarcado en una guerra santa como «nación cristiana que lucha contra Satanás».[20] Puede que Boykin se sintiera seguro utilizando el lenguaje de los cruzados (si bien Estados Unidos estaba buscando con desesperación aliados musulmanes en aquel momento), porque su comandante en jefe había usado en repetidas ocasiones el lenguaje y los símbolos religiosos en la presentación de su política.[21] Y Bush no era ni mucho menos el único político fundamentalista que se decantaba por este enfoque. En la Navidad de 2006, el congresista Robin Hayes (del Comité Nacional Republicano) propuso que la única solución perdurable de la guerra civil sectaria en Irak era «propagar el mensaje de Jesucristo [...]. Todo depende de que el mundo se entere de que el Salvador ha nacido».[22] Bien, congresista, yo también considero que Jesús es mi Salvador, pero Irak es un país musulmán.

El general Boykin no fue destituido. Por cierto, el mismo general Boykin es quien contribuyó a organizar la práctica de malos tratos a los prisioneros en Irak. Y teniendo en cuenta el origen de la nueva política que aprueba la tortura, no es sorprendente que los malos tratos no fueran aplicados tan solo a los cuerpos de los prisioneros, sino también a sus creencias religiosas. Muchos prisioneros declararon que los guardias les habían obligado, bajo el dolor de la tortura, a maldecir su religión, comer cerdo y beber alcohol, violando los preceptos de su fe. Uno de ellos contó a un periodista que primero le ordenaron denunciar al islam, y después de romperle la pierna, uno de sus torturadores empezó a golpearle y «me ordenó dar gracias a Jesús por estar vivo».[23]

Estos ejemplos son tan horripilantes, en parte, porque son contrarios a la esencia de Estados Unidos. Lo que convierte a nuestro país en algo tan especial en la historia de las naciones es nuestro compromiso con el imperio de la ley y nuestra devoción a la democracia y los derechos humanos. Debido a que los Padres Fundadores habían estudiado a fondo la naturaleza humana, sabían que el bien y el mal se hallan presentes en todas las personas. Temían el abuso de poder porque sabían que cada uno de nosotros vive cada día con un sistema interno de controles y equilibrios, y ninguno puede confiar en ser virtuoso si se le permite alcanzar un grado enfermizo de poder sobre nuestros compatriotas.

Piensen en el equilibrio de impulsos internos descrito por uno de los soldados de Abu Ghraib condenado por maltratar prisioneros, el especialista Charles A. Graner Jr. Graner fue interrogado por su colega, el especialista Joseph M. Darby, que denunció con valentía las violaciones de los derechos humanos. Cuando Darby pidió a Graner que explicara los actos plasmados en las fotografías descubiertas por Darby en el disco de la cámara, Graner contestó: «El cristiano que hay en mí me dice que está mal, pero el responsable de los prisioneros me dice: "Me encanta obligar a un adulto a mearse encima"».[24]

Ahora está claro que lo sucedido en aquella prisión no fue el resultado de actos cometidos al azar por «unas cuantas manzanas podridas». Fue la consecuencia natural de la política de la administración Bush, que eliminó las restricciones de las leyes y la Convención de Ginebra, declaró la guerra al sistema estadounidense de controles y equilibrios, y evadió la responsabilidad de las acciones que ordenaba.

Los malos tratos perpetrados contra los prisioneros de Abu Ghraib se derivan de los malos tratos perpetrados contra la verdad que caracterizaron la marcha hacia la guerra de la administración, así como del abuso de la confianza depositada en el presidente Bush por el pueblo estadounidense tras el 11 de septiembre.

Cuando se analiza con precisión lo erróneo de la política de Bush en Irak, es muy sencillo. Esgrimió la política de la fe ciega. Utilizó una falsa combinación de venganza mal dirigida y dogma mal guiado para dominar el debate nacional, burlar a la razón, silenciar la disensión e intimidar a los que cuestionaban su lógica, tanto dentro como fuera de la administración.

Adoptó una visión ideológica sobre Irak que no era acorde con la realidad. Todo lo que ha salido mal desde entonces ha sido, de una manera u otra, el resultado del choque espectacular entre los numerosos conceptos erróneos asimilados con credulidad antes de la guerra y la realidad dolorosa con la que se han topado nuestras tropas, contratistas, diplomados y contribuyentes desde que empezó.

Cuando la dolorosa realidad empezó a imponerse en la opinión pública, el presidente llevó a cabo esfuerzos todavía más denodados por silenciar a los mensajeros de la verdad y crear su propia versión de la realidad. Su aparente desprecio por el imperio de la razón, y sus tempranos éxitos a la hora de persuadir a los ciudadanos de que creyeran en su visión dogmática del mundo, le tentaron por lo visto a caer en la fantasía jactanciosa y muy peligrosa de que la realidad se ha convertido en un artículo que puede crearse y venderse con propaganda inteligente y buenas relaciones públicas.

¿Se creía lo que estaba diciendo al país? Es difícil saberlo. En palabras del autor y periodista inglés George Orwell: «Todos somos capaces de creer en cosas que sabemos falsas, y después, cuando al final se demuestra que estábamos equivocados, le damos la vuelta al hecho con descaro para demostrar que estábamos en lo cierto. Desde un punto de vista intelectual, es posible llevar adelante este proceso durante un tiempo indefinido. El único problema es que, tarde o temprano, una falsa creencia se topa contra una realidad sólida, por lo general en un campo de batalla».[25]

Se han producido otras colisiones entre la «realidad creada» del presidente Bush y la realidad auténtica de Estados Unidos. Las tergiversaciones y el rechazo del presidente a las mejores pruebas disponibles sobre el cambio climático reflejan su *modus operandi*, así como al tergiversar y eliminar las mejores pruebas disponibles sobre la amenaza que representaba Irak. Y su política presupuestaria, que transformó un superávit de cinco billones de dólares en un déficit de cuatro billones,[26] ha supuesto una colisión igualmente espectacular entre la fantasía y la realidad como la guerra de Irak. Una vez más, fue el resultado de rechazar por completo las mejores pruebas disponibles, pese a la amenaza que representaba para la economía estadounidense sus propuestas sobre impuestos y gastos.

Algunos difaman de manera equivocada al presidente por no ser lo bastante inteligente para sentir una curiosidad normal por separar la realidad del mito. Otros parecen convencidos de que su conversión religiosa fue tan profunda, que se apoya en la fe religiosa en lugar del análisis lógico.

Personalmente, rechazo estas dos ideas tan simplistas.

Sé que el presidente Bush es muy inteligente, y no me cabe duda de que sus creencias religiosas son auténticas, además de una motivación importante para muchas cosas que hace en la vida, como lo es mi fe para mí y para casi todo el mundo. No obstante, estoy convencido de que casi todas sus frecuentes desviaciones del análisis basado en datos reales están mucho más relacionadas con su ideología económica y política derechista que con la Biblia. Ya he aludido a la advertencia de James Madison, hace más de dos siglos, acerca de que «una secta religiosa puede degenerar en una facción política». Ahora, con la derecha radical, tenemos una facción política disfrazada de secta religiosa, y el presidente de Estados Unidos está a su *cabeza*. La evidente ironía es que Bush utiliza una fe ciega religiosa para ocultar lo que en realidad es una filosofía política extremista que desprecia la justicia social, y que es cualquier cosa menos piadosa, según los valores morales de cualquier tradición religiosa respetable que yo conozca.

La verdad sobre esta variedad particular de política basada en la fe es que el presidente Bush ha robado el simbolismo y el lenguaje corporal de la religión, y lo ha utilizado para disfrazar el esfuerzo más radical llevado a cabo en la historia de Estados Unidos para apoderarse de lo que pertenece al pueblo estadounidense, y entregar la mayor parte posible a los ya ricos y privilegiados. Y estos individuos ricos y privilegiados piensan en sus intereses particulares y afirman, como el vicepresidente Dick Cheney dijo al ex secretario del Tesoro Paul O'Neill acerca de los ingentes recortes de impuestos que, sabían ambos, crearían un enorme déficit presupuestario: «Es nuestro deber».[27]

No se equivoquen: es la ideología reaccionaria del presidente, y no su fe religiosa, el origen de esta inflexibilidad preocupante. Sean cuales sean sus ideas religiosas, el presidente Bush está tan absolutamente seguro de la validez de su ideología de extrema derecha que no siente el deseo de muchos de nosotros de reunir datos relevantes para dirimir las cuestiones apremiantes. Como resultado, hace caso omiso de las advertencias de sus propios expertos, prohíbe la disensión y se niega con frecuencia a cotejar sus suposiciones con las mejores pruebas disponibles. De hecho, está desconectado de la realidad, y su imprudencia pone en peligro la seguridad y la estabilidad del pueblo estadounidense.

La administración Bush ha demostrado desprecio por los principios básicos de un proceso de toma de decisiones racional, definido como aquel que pone énfasis en conseguir datos fiables, para después dejar que los datos fiables impulsen las decisiones. En cambio, la marca de fábrica de la actual administración consiste en un esfuerzo sistemático por manipular los datos al servicio de una ideología totalitaria a la que se considera más importante que los mandatos de la honradez básica.

Hace más de trescientos años, John Locke, uno de los artífices de la Ilustración inglesa, que tanto influyó en modelar la filosofía de nuestros Padres Fundadores, escribió: «Toda secta, siempre que la razón le sirva de ayuda, la utiliza alegremente; y cuando le falla, se pone a gritar: «"Es una cuestión de fe que se halla por encima de la razón"».[28] Por ello, es de suma importancia describir con exactitud qué sistema de creencias es el que Bush acepta y le aísla de cualquier desafío lógico o debate.

El sorprendente dominio ejercido desde hace poco sobre la política estadounidense por políticos de derechas, cuyas creencias no concuerdan con las opiniones de la mayoría de los estadounidenses, es el resultado de la cuidadosa construcción de una coalición de grupos de interés con pocas cosas en común, salvo el deseo de alcanzar un poder que les permita dedicarlo a sus intereses particulares. Esta coalición incluye desde religiosos extremistas de derechas hasta intereses económicos de una codicia sin mesura, y ambos grupos aspiran a concentrar cada vez más poder para sus propósitos respectivos. Todos han accedido a apoyarse mutuamente, incluso cuando es incongruente hacerlo desde un punto de vista político. El único perdedor de estos intercambios es el ciudadano estadounidense. En su conjunto, esta coalición revela exactamente aquello que nos advirtieron los Padres Fundadores: que una facción puede llegar a controlar la política y alcanzar el poder para sus propios fines.

Caso tras caso, el presidente ha seguido políticas elegidas con anterioridad a los hechos, políticas pensadas para beneficiar a amigos y partidarios. Estos partidarios, a su vez, han beneficiado al presidente con enormes contribuciones y fuerza política. Tales compadreos han alejado cada vez más la política gubernamental del interés público. Por lo tanto, no debería sorprendernos que el presidente utilice tácticas destinadas a privar al pueblo estadounidense de cualquier oportunidad de someter sus argumentaciones al tipo de escrutinio informado esencial para nuestro sistema de controles y equilibrios.

El primer grupo importante de esta coalición es lo que yo llamaría los monárquicos económicos, interesados sobre todo en zafarse de pagar la mayor cantidad de impuestos posible y eliminar todos los obstáculos reguladores molestos. Su ideología, que Bush y ellos siguen con un fervor casi religioso, se basa en diversos elementos clave.

En primer lugar, no existe algo como el «interés público». Esa frase representa una peligrosa ficción creada como una excusa para imponer cargas injustas a los ricos y poderosos.

En segundo lugar, las leyes y las regulaciones son también malas, excepto cuando pueden utilizarse en beneficio de este grupo, lo cual sucede a menudo. Por consiguiente, siempre que sea necesario cumplir las leyes y administrar las regulaciones, es importante asignar dichas responsabilidades a individuos incapaces de caer en la trampa de creer que existe algo como el interés público, y que servirán a los intereses específicos de este pequeño grupo. Algunas de estas actividades se comentarán en el capítulo 3.

Por lo visto, a lo que dedican más tiempo y energías los miembros de esta coalición es a preocuparse por el impacto de la política gubernamental en el comportamiento de los pobres. Están muy preocupados, por ejemplo, por el hecho de que programas gubernamentales dedicados a la sanidad, la vivienda, la seguridad social y otras prestaciones económicas, influyan de manera adversa en los incentivos laborales. También se oponen al salario mínimo, la semana laboral de cuarenta horas, las leyes de seguridad laboral, la protección de los consumidores, el derecho a demandar a una mutua médica (aunque pretenden que la autoridad intervenga en las decisiones médicas de las familias estadounidenses), el derecho a la intimidad y el derecho a un aire y agua limpios. En suma, si lograran colmar sus ambiciones, eliminarían un proyecto económico que ha creado la mayor parte de las garantías y protecciones establecidos por las familias de clase media durante el siglo XX.

Este grupo ha aportado el grueso de los recursos que han financiado la extensa red actual de fundaciones, gabinetes de estrategias, comités de acción política, empresas mediáticas y grupos de testaferros capaces de simular activismo de base y montar un ataque ininterrumpido contra cualquier proceso de razonamiento que amenace sus objetivos económicos. Muchos de los problemas que el presidente Bush ha causado a este país se derivan del maridaje de estos recursos con la creencia en la infalibilidad de su ideología republicana derechista, que a menudo da prioridad a los intereses de los ricos y las grandes multinacionales.

El segundo brazo de esta coalición está compuesto por halcones de la política exterior, cuyas preferencias políticas abarcan desde invasiones injustificadas al imperialismo económico. Su objetivo global es aumentar al máximo la influencia de Estados Unidos en el mundo. Los tratados y los acuerdos se consideran contrarios a la ortodoxia, porque pueden interferir en el ejercicio del poder, del mismo modo que las leyes nacionales. La Convención de Ginebra y la ley estadounidense que prohíbe las torturas fueron descritas por el ex consejero de la Casa Blanca del presidente Bush como «pintorescas»,[29] y desechadas, por tanto, como una coacción, con el fin de que el presidente Bush y el ex secretario de Defensa Donald Rumsfeld pudieran establecer la política que dio vía libre a las torturas a los detenidos en Irak, Afganistán, Guantánamo y numerosos lugares secretos de todo el mundo. Y aunque funcionarios del Pentágono confirmaron que el propio Rumsfeld estaba implicado en el estudio de las medidas extremas específicas autorizadas para ser utilizadas por los interrogadores de Guantánamo (procedimientos que sirvieron de base a los utilizados en Irak),[30] no se le consideró responsable de la violación más vergonzosa y humillante de los principios estadounidenses en la historia reciente.

La forma en que el presidente Bush intenta crear su propia realidad me recuerda lo que Richard Nixon dijo en una ocasión al entrevistador David Frost: «Si el presidente, por ejemplo, aprueba algo, aprueba una acción por causas de seguridad nacional o, en este caso, debido a una amenaza al orden y la paz internacionales de magnitud significativa, la decisión del presidente en ese instante permite a quienes la llevan a la práctica hacerlo sin violar la ley».[31]

Esta es la misma explicación que dio la Casa Blanca para apoyar su postura de que el poder intrínseco de Bush como comandante en jefe convierte todo lo que hace en «legal» por definición. La tortura, según esta lógica perversa, es admisible siempre que el presidente la ordene. O como en la famosa frase de Nixon: «Cuando el presidente lo hace, eso significa que no es ilegal».[32]

Puede que esto sea algo más que una fácil comparación entre dos presidentes fracasados. Los dos consejeros más influyentes de Bush (Dick Cheney y Donald Rumsfeld) trabajaron muy estrechamente con el presidente Nixon cuando estaba en el Despacho Oval. A juzgar por todas las informaciones, Cheney y Rumsfeld fueron los más entusiastas defensores de la invasión de Irak, así como de la decisión de dejar en suspenso las prohibiciones contra la tortura de la Convención de Ginebra. No es ningún secreto que ambos contemplaron con repugnancia la revocación de la autoridad presidencial sin condiciones después del Watergate.

El progresivo abandono de la preocupación por la razón o las pruebas ha exigido que la administración desarrollara una maquinaria de propaganda muy eficaz, con la cual intenta grabar en la opinión pública ficciones que derivan de una doctrina central en la que están de acuerdo todos los grupos de intereses especiales: el gobierno es muy malo y debería reducirse al máximo posible, excepto los canales que reorientan el dinero, mediante grandes contratos, a las industrias que han logrado integrarse en su círculo interior.

Esta coalición consigue acceder a la sociedad por mediación de una camarilla de expertos, comentaristas y «reporteros». Lo llamaremos el eje Limbaugh-Hannity-Drudge. Esta quinta columna del cuarto estado está compuesta de propagandistas que fingen ser periodistas. Mediante múltiples sucursales superpuestas que cubren radio, televisión e internet, alimentan sin cesar a la fuerza al pueblo estadounidense con temas de conversación derechistas y dogma ultraconservador disfrazados de noticias y programas informativos, veinticuatro horas al día, siete días a la semana, trescientos sesenta y cinco días al año. Es todo un espectáculo.

Lo que más me preocupa es la promoción del odio como diversión. Más aún, han conspirado activamente para alimentar las llamas de un odio visceral dirigido contra un grupo en particular: los estadounidenses de opiniones políticas progresistas. Hablan de los «liberales» con el desprecio y la hostilidad virulenta que se relacionaba con el racismo y las luchas sectarias religiosas. Una de las comentaristas de derechas más populares, Ann Coulter, comunicó a sus espectadores que estaba a favor de ejecutar a un ciudadano estadounidense que se había unido a los talibanes «para intimidar físicamente a los liberales y hacerles comprender que ellos también podrían ser ejecutados».[33]

Uno de los «estudiosos constitucionales» de la coalición, Edwin Vieira, coreó la diatriba del odio de Coulter en una conferencia de la llamada guerra judicial por la fe, cuando explicó cómo recomendaría encargarse del Tribunal Supremo. De hecho, citó a Iósiv Stalin, y dijo que Stalin «tenía un lema, y le funcionaba muy bien siempre que encontraba dificultades: «Elimina al hombre y habrás eliminado el problema».[34] La única forma de explicar que un estudioso de la Constitución estadounidense defienda el ataque *ad hominem* contra los jueces del Tribunal Supremo es que ha abandonado la razón y se ha entregado al dogmatismo. Además, al citar a Stalin, un dictador solo igualado por Mao y Hitler, tuvo que darse cuenta de que estaba insinuando su apoyo a vagas amenazas de violencia física contra jueces cuyas opiniones transgredieran la ortodoxia de la derecha.

El ex líder republicano del Congreso Tom DeLay también insinuó que la violencia contra los jueces era correcta. «Hay que intimidar a los jueces —dijo—. Vamos a ir a por ellos a lo grande.»[35] El trágico episodio protagonizado por Terri Schiavo, la mujer clínicamente muerta que acaparó la atención de la nación en 2005, provocó la más ominosa amenaza al tribunal. Después de que los jueces votaran a favor de la decisión del marido de desconectarle el tubo del respirador, DeLay dijo: «Esta vez iremos a por los hombres responsables de esto para que paguen por su comportamiento».[36]

Por supuesto, el caso Schiavo reveló algo más importante sobre el fanatismo de la coalición de Bush. Demostró que están dispuestos a dispararse en el pie con tal de defender la pureza del dogma de su secta. Eso sucedió cuando los conservadores religiosos presionaron al presidente y al líder de la mayoría en el Senado, con el fin de convocar una sesión especial del Congreso y aprobar un proyecto de ley que obligaría a volver a conectar un respirador para mantener artificialmente viva a una mujer en estado vegetativo. La abrumadora mayoría de ambos partidos políticos dijeron al presidente y a la mayoría del Congreso que no estaban de acuerdo con aquel enfoque extremista. El resultado adverso del episodio demostró los límites de la estrategia de la coalición radical. En casos extremos, la sociedad considera repugnante la peligrosa mezcla de religión y política.

La mayoría de la gente creyente de ambos partidos que conozco se están hartando de esta maniobra de los extremistas, encaminada a revestir de religiosidad sus propósitos políticos, integrarlos en su blasfema mezcla de religión y política, y después imponerlos a todo el mundo.

La aparición de un dogma ultraconservador y antigubernamental, que cada vez se basa más en enardecer la hostilidad de las masas hacia los no creyentes, es un nuevo giro muy preocupante en el foro público estadounidense. Como hemos visto, se trata de la profecía de James Madison: una facción política ha degenerado en una secta casi religiosa. Es una secta que habla como si creyera que Estados Unidos se halla en las primeras fases de una guerra civil ideológica. Presenta sus creencias como si fueran inmunes a la razón. Y está desencadenando y fomentando impulsos violentos muy peligrosos.

La secta derechista suele manifestar una completa falta de empatía hacia los demás estadounidenses, a los que identifican como sus enemigos ideológicos. Esta curiosa característica puede lograr que los portavoces de la derecha radical parezcan fríos e insensibles. Por ejemplo, cuando varias viudas de víctimas de los atentados del 11-S expresaron su impaciencia ante el desinterés de la administración Bush en cooperar con los investigadores que intentaban descubrir por qué se hizo caso omiso de las advertencias, las viudas fueron atacadas de inmediato y vilipendiadas por un coro de comentaristas de la derecha, que parecían estar leyendo todos el mismo guión.

Para poner otro ejemplo, uno de los presentadores radiofónicos de este grupo, Neal Boortz, se dedicó a reprender la ira pública de las víctimas del huracán Katrina, cuando expresaron impaciencia por la incompetencia de la administración Bush en lo tocante a las tareas de rescate y aportación de ayuda. En el curso de su diatriba, comentó una noticia acerca de una víctima del Katrina que no había recibido ninguna ayuda después de perderlo todo. Boortz la criticó por no tener trabajo, y después recomendó que se dedicara a la prostitución. «Si solo puede cuidar de sí misma así, será mucho mejor que esquilmar a los contribuyentes.»[37]

La última columna de esta coalición está formada por conservadores religiosos y fundamentalistas extremistas, muchos de los cuales trabajan para eliminar los cambios sociales progresistas del siglo XX, entre ellos los derechos de la mujer, la integración social, la red de seguridad social y los programas sociales gubernamentales de la Era Progresista, el New Deal y la Gran Sociedad.

Mientras los monárquicos económicos aportan apoyo financiero a esta nueva coalición, un grupo de líderes religiosos ultraconservadores (sobre todo políticos) proporcionan mano de obra y votantes. Sirven a un propósito específico con sus esfuerzos constantes por ocultar sus intenciones políticas derechistas mediante el camuflaje religioso. Muchos de ellos cuentan también con sucursales en los medios, y están integrados en el ala propagandista de la coalición. Por supuesto, muchos de estos clérigos están muy preocupados por la oleada de cambios desorientadores que han contribuido al auge del fundamentalismo en todo el mundo. Y algunos, cabe reconocerlo, se están convirtiendo en críticos de los elementos anticristianos de la derecha. Pero otros son cínicos, politicastros disfrazados con alzacuellos. Jerry Falwell, por ejemplo, aprovechó la tragedia del 11-S, tan solo dos días después, para inspirar más odio hacia los estadounidenses de opiniones progresistas, identificándoles, como de costumbre, con los enemigos del cristianismo.

«Creo de verdad que los paganos y abortistas, las feministas, los gays y las lesbianas... la ACLU, People for the American Way, todos cuantos han intentado secularizar Estados Unidos, apunto el dedo en su cara y digo: «"Vosotros contribuisteis a que este [ataque terrorista] ocurriera".»[38]

Del mismo modo, James Dobson, el líder de Focus on the Family, demostró con qué rapidez puede un clérigo metamorfosearse en perro de presa político. Durante las elecciones de 2004, en un mitin en apoyo de un candidato republicano al Senado, afirmó que solo los republicanos defienden los valores cristianos. Dijo de un importante senador demócrata, Patrick Leahy: «No sé si odia a Dios, pero sí que odia al pueblo de Dios».[39]

Creo que es importante explicar el defecto fundamental de los argumentos básicos de estos fanáticos. El único tema que vende esta coalición es una herejía estadounidense, una filosofía política muy trabajada que contradice los principios sobre los que se fundaron los

Estados Unidos de América. Una vez más, he aquí lo que interpretan al revés: en Estados Unidos, creemos que Dios dotó a los individuos de derechos inalienables; no creemos que Dios haya dotado a George Bush, o a cualquier otro líder político, del derecho divino a ejercer el poder. De hecho, en Estados Unidos creemos que es una blasfemia afirmar que el Creador del universo haya decidido apoyar a un partido político concreto.

Esta tentación histórica de los fanáticos religiosos de subordinar el gobierno de la ley a su fervor ideológico se expresa mejor con las palabras que el autor de la obra *Un hombre para la eternidad* pone en boca de su héroe, sir Tomás Moro. Cuando el fanático yerno de Moro propone prohibir cualquier ley en Inglaterra que signifique un obstáculo para su persecución del demonio, Moro contesta: «Y cuando la última ley fuera eliminada y el demonio se volviera hacia ti, ¿dónde te esconderías, Roper, con todas las leyes desaparecidas? Este país está plantado de leyes de costa a costa, leyes humanas, no divinas, y si las talas, y tú eres el hombre que quiere hacerlo, ¿crees que podrías tenerte en pie contra los vientos que soplarían entonces?».[40]

Muchas leyes y principios constitucionales han sido talados en los últimos años. Para dar otro ejemplo, los que desean debilitar la separación entre la Iglesia y el Estado han intentado minar la independencia del poder judicial y llenar los tribunales de jueces reaccionarios que no comparten la cautela estadounidense a la hora de establecer dogmas religiosos en la ley. Con este fin, estos fanáticos han intentado eliminar del Senado la norma que decreta una mayoría absoluta para concluir el debate sobre la confirmación de jueces. El fanatismo con que han atacado el imperio de la ley me recuerda al yerno de Tomás Moro. La norma del Senado existe desde hace más de doscientos años para proteger la discusión ilimitada. Hablaré de la importancia del filibusterismo como herramienta democrática en el capítulo 8, pero vale la pena comentar ahora cómo impide a quienes ostentan el poder gobernar solo mediante la fe.

A veces, el filibusterismo ha sido utilizado con propósitos perversos en la historia de Estados Unidos, pero ha sido empleado con mucha más frecuencia para proteger los derechos de una minoría. De hecho, ha sido citado con frecuencia como modelo para otras naciones que se esfuerzan por conciliar los rasgos mayoritarios de la democracia con un respeto constitucional para los derechos de las minorías.

Irónicamente, el senador de Georgia Johnny Isakson informó durante un discurso en el Senado que había preguntado a un líder kurdo de Irak si le preocupaba que la mayoría chií arrasara a la minoría. Isakson dijo con orgullo que el líder kurdo había contestado: «Oh, no, tenemos un arma secreta: el filibusterismo».[41]

Con el fin de talar este refugio ocasional de un sinvergüenza, la secta derechista propuso acabar con la dignidad e independencia del propio Senado, reducir su poder y acelerar un declive de su importancia que ya estaba muy avanzado.

Lo que convierte a su fanatismo en algo tan peligroso para nuestro país es su voluntad de causar graves daños a nuestra democracia, con el fin de satisfacer su ansia de que un solo partido domine las tres ramas del gobierno e instaurar el dogma como política.

Aspiran, nada más y nada menos, que al poder absoluto. Su gran proyecto es un ejecutivo todopoderoso que utilice una legislatura debilitada para modelar a su imagen y semejanza un poder judicial obediente. Pretenden acabar con la separación de poderes. En lugar del sistema actual, quieren establecer un sistema en el que el poder esté unificado al servicio de una ideología restringida que sirva a un restringido conjunto de intereses.

El poder es la clave para comprender la manipulación cínica de la fe y el asalto a la razón. Con el tiempo, esta administración ha centrado cada vez más su atención en impulsar este círculo vicioso, y lenta pero incesantemente, su necesidad de más y más poder se ha convertido en su único objetivo. El amor al poder por el poder es el pecado original de esta presidencia.

Como Aristóteles dijo acerca de la virtud, el respeto por el imperio de la ley es indivisible. Y mientras permanezca indivisible, también lo hará nuestro país. Pero si alguno de los partidos políticos importantes se siente alguna vez seducido por esta ansia de poder, hasta el punto de abandonar este principio unificador, el tejido de nuestra democracia se rasgará.

3

La política de la riqueza

La riqueza de las naciones de Adam Smith y la Declaración de Independencia de Estados Unidos se publicaron el mismo año. En ambas, se consideraba a los hombres como unidades de juicio independiente, capaces de tomar decisiones sobre la base de la información libremente disponible, y el resultado colectivo era la distribución más justa de riqueza posible (en el caso de la primera obra, trabajo) y de poder político (en el caso de la segunda).

Capitalismo y democracia compartían la misma lógica interna: se daba por entendido que los mercados libres y la democracia representativa funcionaban mejor cuando los individuos tomaban decisiones racionales, tanto si compraban o vendían propiedades, como si aceptaban o rechazaban propuestas. Ambas obras daban por sentada la existencia de una esfera pública definida por la palabra impresa, a la que todas las personas que sabían leer y escribir podían acceder por igual. Y ambas tenían un enemigo en común: gobernantes despóticos capaces de utilizar el poder de manera arbitraria para confiscar propiedades y restringir la libertad.

La estructura interna de la libertad es una doble hélice: un aspa, la libertad política, sube en espiral en conjunción con la otra aspa, la libertad económica. Pero ambas aspas, aunque entrelazadas, deben permanecer separadas con el fin de que la estructura de la libertad conserve su integridad. Si la libertad política y la libertad económica han sido hermanas en la historia de la libertad, es el incestuoso apareamiento de la riqueza y el poder lo que supone la amenaza más grave para nuestra democracia. Si la riqueza puede intercambiarse fácilmente por poder, la concentración de cualquiera de las dos puede doblar el potencial de corrupción de ambas. Entonces, la hélice desciende en espiral hacia combinaciones enfermizas de poder político y económico concentrados.

Esto es lo que ha sucedido a lo largo de la historia de la humanidad. Una y otra vez, la riqueza y el poder se han concentrado en manos de unos pocos que consolidan y perpetúan su control a expensas de la mayoría. Esta pauta imperfecta ha aparecido bajo muchas variantes, y ha sido interrumpida por raras y memorables excepciones, entre ellas los antiguos atenienses y la breve república romana.

La fundación de Estados Unidos representó la más esperanzadora desviación de esa pauta. Por primera vez en la historia, un gran número de individuos poseían el poder de utilizar el conocimiento de manera regular para mediar entre la riqueza y el poder. Y como la única fuente de poder legítima de Estados Unidos era el consentimiento de los gobernados, la riqueza no se trocaba por poder político.

La derivación del poder justo del consentimiento de los gobernados dependía de la integridad del proceso de razonamiento mediante el cual se concede el consentimiento. Si el dinero y el engaño corrompen el proceso de razonamiento, el consentimiento de los gobernados se basa en premisas falsas, y cualquier poder derivado de esta manera es falso e injusto. Si el consentimiento de los gobernados se consigue mediante la manipulación de sus temores, o mediante fraudulentas afirmaciones de que existe una guía divina, la democracia se empobrece. Si la suspensión de la razón provoca que una parte significativa de la ciudadanía pierda la confianza en la integridad del proceso, la democracia puede entrar en crisis.

Si los ciudadanos ya no participan, aquellos que observan signos de corrupción o falta de lógica no tienen forma de expresar sus preocupaciones y llamar la atención de otros que, tras examinar las mismas pruebas, compartan su consternación. Ningún grupo de oposición crítica puede formarse entre individuos que están aislados entre sí, mirando a través de espejos de sentido único en habitaciones insonorizadas, gritando pero sin hacerse oír. Si un número considerable de ciudadanos deja de participar en su proceso, la democracia muere.

Nuestros Padres Fundadores estaban preocupados por los peligros de la concentración de riquezas. Incluso Alexander Hamilton, el gran conservador, escribió justo antes de la Convención Constitucional acerca de «la disposición real de la naturaleza humana» que podía conducir a la desgracia de la nueva nación: «Cuando la riqueza aumente y se concentre en pocas manos, cuando el lujo se imponga en la sociedad, la virtud será considerada en mayor grado un simple y elegante apéndice de la riqueza, y la tendencia será alejarse de los valores republicanos».[1]

El historiador romano Plutarco, cuyas historias conocían muy bien muchos de nuestros Padres Fundadores, había advertido de que «el desequilibrio entre ricos y pobres es la enfermedad más antigua y más grave de todas las repúblicas».

El fundador del capitalismo, Adam Smith, escribió en *La riqueza de las naciones* sobre las élites corruptas ricas y poderosas de la historia del mundo anteriores al nacimiento de la nueva era: «Todo para nosotros y nada para los demás parece haber sido la máxima abominable de los amos de la humanidad en todas las edades del mundo».[2]

Y por supuesto, el apóstol Pablo escribió en su carta a Timoteo: «El amor al dinero es la raíz de todo mal».

El doctor Samuel Johnson, que fue muy leído por nuestros Padres Fundadores, escribió en la década de 1750 que, en una república, la razón posee «el poder de advertirnos contra el mal».[3] Es esta actitud vigilante la que nuestros Padres Fundadores consideraban más vulnerable al atractivo seductor del poder. En palabras del contemporáneo de Johnson, Immanuel Kant, el filósofo europeo que más influyó en la Ilustración: «El disfrute del poder corrompe de manera inevitable el juicio de la razón y pervierte su libertad».

Tal como he observado en la introducción, la idea del autogobierno se hizo factible después de que la imprenta, y más adelante la Ilustración, distribuyera el conocimiento entre los individuos y creara un mercado de ideas basado en el imperio de la razón. Cuando las decisiones pueden debatirse con plena libertad, la razón empieza a desplazar a la riqueza como principal fuente de poder.

Cuando los actos de un gobierno están abiertos al examen de los ciudadanos, y sujetos a vigorosos debates y discusiones, es más difícil ocultar el uso corrupto del poder público para servir a intereses privados. Si el imperio de la razón es el patrón mediante el cual se evalúa todo uso del poder oficial, hasta los planes más complicados para abusar de la confianza de la sociedad pueden ser descubiertos y controlados por una ciudadanía bien informada. Además, cuando las ideas suben o bajan en función de su mérito, la razón suele conducirnos a tomar decisiones que reflejan la sabiduría del grupo tomado en su conjunto.

Pero solo la razón no es suficiente. Tiene que existir un foro público accesible a todos, en cuyo seno los individuos puedan comunicarse con plena libertad para dejar al descubierto la utilización del poder ilegítima e imprudente. Hannah Arendt, que escribió sobre el totalitarismo en el siglo XX, subrayó la importancia de la esfera pública para este proceso: «Los únicos remedios contra el uso incorrecto del poder público por individuos particulares residen en la esfera pública, en la luz que ilumina cada acto ejecutado dentro de sus límites, en la visibilidad a la que se exponen todos quienes entran».[4]

Si el foro no está abierto del todo, los que controlan el acceso se convierten en cancerberos. Si piden dinero a cambio de acceder, los que poseen más dinero tienen más facilidades para participar. Las buenas ideas de hombres y mujeres que no pueden permitirse el precio de la entrada ya no se hallan accesibles para ser analizadas. Cuando se impide el acceso a sus opiniones, la meritocracia de las ideas, que siempre ha sido el corazón de la teoría democrática, empieza a sufrir daños. La conversación democrática se escapa del imperio de la razón y puede ser manipulada.

Esto es justo lo que está ocurriendo en Estados Unidos. La sustitución de un mercado de las ideas basado en la prensa, fácilmente accesible, por una esfera basada en la televisión y de acceso restringido, ha conducido a una transformación radical de la naturaleza y el funcionamiento del mercado de las ideas en Estados Unidos.

Cuando solo los ricos pueden permitirse entrar en el foro principal, donde la mayoría de la gente recibe la información, los que pueden pagar el precio de admisión ejercen más influencia de manera automática. Sus opiniones llegan a ser más importantes que las opiniones de los demás. Entonces, las prioridades de la nación cambian.

Para citar solo uno de los muchos ejemplos, durante los últimos años la necesidad de eliminar los impuestos sobre sucesiones a las familias más ricas de Estados Unidos (una ínfima minoría, y los únicos contribuyentes que aún están sujetos a ello) ha sido tratada como si fuera una prioridad muchísimo más importante que la necesidad de proporcionar un mínimo acceso a la sanidad a decenas de millones de familias que, en la actualidad, no tienen la más mínima cobertura sanitaria.

Cuando la riqueza determina el acceso al foro público, provoca distorsiones similares en las campañas electorales. En el Estados Unidos actual, el candidato que reúne la mayor cantidad de dinero dominará la apariencia del discurso político utilizado por los votantes como base de su decisión.

La comunicación entre los candidatos a la presidencia y los votantes estadounidenses se basa casi por completo en anuncios televisivos de treinta segundos, carísimos espacios comprados por los candidatos con dinero donado por las élites, muchas de las cuales están interesadas en comprar resultados políticos específicos con sus contribuciones. Hay que obtener el dinero de quienes lo tienen. Los que tienen dinero se sienten motivados a donarlo a candidatos que prometen medidas postelectorales que agraden a sus contribuyentes, de los cuales depende todo en este sistema. Pero si muchos de los votantes supieran lo que va a pasar tras las elecciones, no les gustaría. No obstante, tanto candidatos como contribuyentes son capaces de hacer caso omiso de los verdaderos intereses de los votantes, porque ahora las opiniones de los votantes pueden manipularse mediante campañas publicitarias masivas, que a su vez pueden comprarse.

Más aún, en el conjunto del Congreso (tanto la Cámara de Representantes como el Senado), el papel preponderante del dinero en los procesos de reelección, combinado con la cada vez menor importancia de la deliberación y el debate razonados, ha producido una atmósfera que conduce a la corrupción institucionalizada. El escándalo en el que estuvo implicado Jack Abramoff fue solo la punta de un gigantesco iceberg que amenaza la integridad de toda la rama legislativa del gobierno. Ahora se están tomando medidas en el nuevo Congreso para limitar su amenaza, pero el problema de fondo sigue presente.

La reacción más habitual de los reformadores ha sido proponer nuevas leyes y regulaciones dirigidas a controlar las cantidades de dinero que individuos y grupos pueden donar a los candidatos, exigir más transparencia en las transferencias y prohibir ciertas formas, particularmente ofensivas, de esta corrupción institucionalizada.

No obstante, como el problema de fondo es la falta de participación efectiva del pueblo en la revisión y análisis de las decisiones y políticas de los congresistas electos, es fácil predecir que estas nuevas leyes y regulaciones también escaparán de un escrutinio eficaz, y serán transgredidas de manera rutinaria, si no en la letra, sí en el espíritu. Formas nuevas de abusos antiguos escapan al proceso legislativo y regulador de una forma tan flagrante, que parecía una broma absurda si no fueran las señales de una peligrosa espiral descendente de nuestra democracia.

Mientras los ciudadanos no sean capaces de utilizar la lógica y la razón como instrumentos con los que diseccionar y examinar ideas, opiniones, políticas y leyes, las fuerzas corruptas moldearán a su antojo esas políticas y leyes. Es la falta de participación pública lo que proporciona poder a los corruptos. Es el mutismo forzado de la opinión pública lo que impide a la gente unirse en un esfuerzo colectivo por conseguir que la razón vuelva a mediar entre la riqueza y el poder.

Cuando la sociedad se limita a ver y escuchar, sin participar, todo el ejercicio es fraudulento. Podría titularse *Democracia estadounidense: la película*. Parece casi real, pero su verdadero propósito es la presentación de una apariencia de democracia participativa, con el fin de producir una versión falsa del consentimiento de los gobernados. Sin poder analizar las propuestas presentadas, o explorar las facetas no reveladas de determinadas políticas, es fácil convencer a la opinión pública de que apoye y aplauda políticas perjudiciales para sus intereses.

Como los votantes todavía poseen el poder real de elegir a sus representantes, los que desean intercambiar dinero a cambio de poder deben hacerlo, en parte, pagando sofisticadas campañas de relaciones públicas que intentan moldear la opinión de millones de personas que se pasan el día viendo la televisión. A veces, da la impresión de que está teniendo lugar una auténtica conversación democrática, pero es unidireccional, desde los que han reunido dinero suficiente para comprar publicidad televisiva a los que ven los anuncios y poseen escasos medios eficaces de comunicarse en dirección opuesta.

La palabra «corrupción» viene del latín *corruptus*, que significa «romper o destruir». La corrupción destruye y rompe esa confianza que es tan esencial para la delicada alquimia que reside en el corazón de la democracia representativa. En su forma contemporánea, la corrupción casi siempre implica un apareamiento incestuoso de poder y dinero, y describe el intercambio de dinero por el mal uso del poder público. Da igual que el intercambio lo inicie la persona que tiene el dinero o la persona que ostenta el poder. Es el intercambio en sí la esencia de la corrupción. Da igual que el enriquecimiento particular sea en dinero o en su equivalente en influencia, prestigio, posición social o poder. El daño es causado por la sustitución fraudulenta de la razón por la riqueza, en lo tocante a la decisión de cómo ha de utilizarse el poder. Da igual que el uso adquirido del poder sea beneficioso para algunos o incluso para muchos. Es la deshonestidad de la transacción lo que contiene el veneno.

Cuando la razón ya no domina los procesos de toma de decisiones, pronto se hace mucho más vulnerable a determinados resultados por el uso del poder por el poder, y la tentación de la corrupción crece en consecuencia. No cabe duda de que en años recientes se han dado una serie de flagrantes ejemplos de corrupción y abuso descarado del poder público con fines particulares. Las actividades que más perjudican a la salud e integridad de la democracia estadounidense son sobre todo legales. Y todos los abusos tienen algo en común: los perpetradores han asumido que no le tienen miedo a la indignación pública, y que muy pocas personas se enterarán de sus fechorías.

Todos *dan por sentado* que la ciudadanía es ignorante. Bush no sería capaz de calificar a un proyecto de ley que aumenta la contaminación del aire como «la iniciativa de los cielos limpios» (o llamar a un proyecto de ley que aumenta sin ambages la tala de bosques nacionales «la iniciativa de los bosques sanos»), a menos que estuviera convencido de que la población nunca va a enterarse de la intención real de dichos proyectos.

Tampoco habría podido nombrar a Ken Lay, de Enron, para que desempeñara un papel determinante a la hora de elegir a dedo miembros de la Comisión Federal para la Regulación de la Energía (FERC) (las decisiones de Lay fueron transmitidas directamente al jefe de personal de la Casa Blanca, y todo indica que Lay participó en las entrevistas a candidatos), a menos que el presidente no estuviera convencido de que nadie prestaría atención a un oscuro aparato político como la FERC.[5] Después de que miembros de la FERC fueran nombrados, con la evaluación y aprobación personales del señor Lay, Enron continuó estafando a los abonados de California y otros estados sin el inconveniente de inspectores federales que intentaran proteger a los ciudadanos del proceder delictivo de la empresa.

Del mismo modo, esto explica por qué muchos de los cargos más importantes de la Agencia de Protección Ambiental (EPA) han sido ocupados cuidadosamente por abogados y grupos de presión que representan a los peores contaminadores de sus respectivas industrias, consiguiendo así que dichos contaminadores no sean molestados por los encargados de aplicar las leyes contra la contaminación excesiva.

Los zorros privados han sido puestos al mando de los gallineros públicos. Es asombroso que se haya seguido la misma pauta en muchas otras agencias y departamentos. Pero casi nadie se ha indignado, porque en nuestra democracia ya apenas existe el debate a dos bandas. Los árboles del bosque están cayendo a derecha e izquierda, pero da la impresión de que no hacen el menor ruido. Este comportamiento jamás habría podido producirse si existiera una ínfima posibilidad de que esta corrupción institucionalizada fuera revelada en un foro público, con consecuencias en el resultado de las elecciones.

Thomas Jefferson advirtió de que la concentración de poder en la rama ejecutiva conduciría a la corrupción, a menos que existiera un escrutinio eficaz y absoluto de los elegidos por el pueblo. Los cargos electos en el gobierno federal deberían ser apartados de los intereses comerciales más afectados por las decisiones de los elegidos. «Ocultos a los ojos de la gente —escribió—, pueden ser [los cargos federales] comprados y vendidos más en secreto, como en un mercado.»[6]

En la ideología de Bush se entrelazan las intenciones de las grandes multinacionales que le apoyan con los propósitos del gobierno que preside. Sus preferencias se convierten en la política de él, y su política se convierte en el negocio de ellos. La Casa Blanca está tan sometida a la coalición de intereses que la ha apoyado desde un punto de vista económico, que está convencida de que ha de darles todo lo que quieran y hacer todo lo que digan. Mientras al presidente Bush le gusta proyectar una imagen de energía y valentía, la verdad es que en presencia de sus contribuyentes económicos y partidarios políticos poderosos se le ve moralmente tímido (hasta el punto de que casi nunca les dice «no» a nada), con independencia de lo que el interés público pueda exigir.

Maquiavelo arrojó luz sobre este fenómeno hace cinco siglos en Florencia: «Un príncipe que haga valer su autoridad se siente obligado con frecuencia a no ser bueno. Pues cuando la clase, sea el pueblo, los soldados, los nobles o quien juzguéis necesario para vuestro apoyo, es corrupto, debéis adaptaros a su humor y satisfacerlo, en cuyo caso la conducta virtuosa solo conseguirá perjudicaros».[7]

Al igual que el nombramiento de grupos de presión de la industria para ocupar puestos clave en agencias que supervisan los resultados de sus antiguos patronos da como resultado una especie de corrupción institucionalizada, así como el abandono del cumplimiento de las leyes y regulaciones, la escandalosa decisión de conceder contratos en exclusiva sin oferta pública por valor de 10.000 millones de dólares a la anterior empresa del vicepresidente Cheney, Halliburton (que le pagaba cada año 150.000 dólares hasta 2005), ha convencido a muchos observadores de que la incompetencia, el amiguismo y la corrupción han tenido un papel significativo en socavar la política de Estados Unidos en Irak.

No es una coincidencia que las primeras auditorías de las enormes cantidades que pasan a través de las autoridades estadounidenses en Irak demuestre ahora que miles de millones de dólares asignados por el Congreso, así como los ingresos del petróleo iraquí, han desaparecido sin dejar rastro de adónde han ido a parar, a quién, para qué o cuándo. Las acusaciones de corrupción masiva se han generalizado.

El presidente ha rechazado las recomendaciones de los expertos en materia de antiterrorismo encaminadas a aumentar la seguridad interior, porque los principales contribuyentes de la industria química, la industria de materiales peligrosos y la industria nuclear se oponen a esas medidas. Aunque su propia Guardia Costera recomienda aumentar la seguridad en los puertos, se ha decantado por rechazar la recomendación, basándose en información que le han proporcionado los intereses comerciales que administran los puertos, que no desean los gastos e inconvenientes de implementar nuevas medidas de seguridad.

Asimismo ha socavado el programa Medicare con una nueva propuesta radical, preparada por las grandes empresas farmacéuticas, también grandes contribuyentes de su campaña. Ordenaron en secreto a la persona nombrada por Bush para dirigir Medicare, como averiguamos después del hecho, que ocultara al Congreso la verdad sobre la propuesta del presidente y su verdadero coste, hasta que el Congreso hubiera terminado la votación. Cuando cierto número de congresistas se mostraron reacios a apoyar la propuesta, los esbirros del presidente se burlaron de las normas del Congreso, alargando el período de votación de quince minutos durante más de dos horas, mientras intentaban sin el menor recato sobornar e intimidar a los miembros del Congreso que habían votado antes contra el presidente, obligándoles a cambiar su intención de voto en un número significativo para conseguir que la propuesta se aprobara por un estrecho margen. Volveré al engaño que supuso vender este programa al Congreso en el capítulo 4.

Esta y otras actividades dejan muy claro que la Casa Blanca de Bush representa un rumbo nuevo en la historia de la presidencia. En ocasiones, parece tan ansioso por complacer a sus contribuyentes y partidarios, que a veces da la impresión de que haría cualquier cosa por ellos, aunque fuera a expensas del interés general.

Cuando asumió el cargo, el presidente George W. Bush dijo: «Juro que no he entrado en la política para hacer mi agosto o el agosto de mis amigos».[8]

La crueldad esencial del juego de Bush es que presenta una serie asombrosamente egoísta y codiciosa de propuestas económicas y políticas, y después las recubre de una falsa autoridad moral, engañando así a muchos estadounidenses que albergan el deseo profundo y auténtico de hacer el bien en el mundo. De paso, convence a estos estadounidenses de que apoyen sin vacilar propuestas que perjudicarán a sus familias y comunidades.

Un número cada vez mayor de republicanos, incluidos algunos veteranos de la Casa Blanca de Reagan, e incluso el padre del movimiento conservador moderno, William F. Buckley Jr., expresan ahora sin disimulos su consternación por los sonados fracasos de la presidencia de Bush.

Estados Unidos ha sobrevivido a muchos ataques contra su integridad, y ha padecido dilatados períodos durante los cuales elevados niveles de corrupción pervirtieron los objetivos nacionales y distorsionaron el funcionamiento de la democracia. Pero en todos los ejemplos previos, el pueblo, la prensa, los tribunales y el Congreso restablecieron la integridad del sistema mediante el uso de la razón. Esto es diferente. El dominio absoluto de la política de la riqueza en la actualidad es algo nuevo.

Durante la Ilustración, cuando se dio con frecuencia primacía a la razón sobre la Iglesia y la monarquía, las dos tradicionales fuentes de valoración de la esfera pública (el sistema político y el sistema de mercado) se consideraban aliados filosóficos naturales.

Nuestros Padres Fundadores depositaron su fe en la capacidad de un pueblo libre de utilizar el poder de la razón para proteger la república contra el mal que más temían: una concentración de poder político que pudiera degenerar en tiranía. Se consideraba que el capitalismo funcionaba en una esfera separada por completo.

El dinero no era considerado un problema, porque en última instancia solo posee significado hasta el punto que los demás acuerden aceptarlo, a cambio de productos, servicios o comportamientos. En la nueva república estadounidense, era inconcebible que el poder pudiera comprarse con dinero. El poder se hallaba situado en una esfera diferente por completo, la esfera democrática, donde reinaba la razón.

La frontera entre las dos esferas había fluctuado durante un tiempo, y había sido origen de tensiones. De hecho, esta «falla» puede verse en el contraste entre la frase de Adam Smith «Vida, libertad y propiedad», y las famosas palabras de Jefferson en la Declaración de Independencia: «Vida, libertad y felicidad».

Casi dos años antes de la Declaración de Independencia, el Primer Congreso Continental había adoptado un precursor de la declaración, conocido como Declaración de Derechos Coloniales, en los que se utilizaba la frase «Vida, libertad y propiedad» (la frase «búsqueda de la felicidad» fue acuñada por primera vez en 1759 por el doctor Samuel Johnson).[9] Al comentar el primer borrador de Constitución de James Madison, Thomas Jefferson escribió en 1787 que tenía la intención de «insistir» en lograr una Declaración de Derechos que declarara «1. Libertad de religión; 2. Libertad de prensa; 3. Juicios con jurado en todos los casos; 4. Prohibición de monopolios en el comercio; 5. Prohibición de ejército regular».[10]

Esta preocupación por los «monopolios en el comercio» reaparecerá en repetidas ocasiones, y demostró que, pese a que democracia y capitalismo eran considerados complementarios, las contradicciones internas del «capitalismo democrático» existían desde un principio. La democracia empieza con la premisa de que todos los seres son creados iguales. El capitalismo empieza con la premisa de que la competencia producirá inevitablemente desigualdad, dependiendo de las diferencias de talento, laboriosidad y fortuna. Los dos sistemas de valores han sido las filosofías reinantes en dos esferas diferentes de la vida.

La «falla» que marcaba la frontera entre capitalismo y democracia ocasionó temblores durante los primeros años de la república. Muy en el fondo, presiones tectónicas mucho más poderosas se estaban formando. La esclavitud (pecado original de Estados Unidos) provocó una colisión entre los bordes duros como la roca de dos ideas («propiedad» y «libertad») que se empujaban mutuamente con fuerza casi igual. Pero en las últimas décadas del siglo XVIII, estas dos placas tectónicas daban la impresión de formar un sólido bloque de roca sobre el que podía basarse la república estadounidense.

Una de las primeras tensiones fue la exigencia de ser propietario para poder votar. John Adams escribió en una carta en 1776 que «el mismo razonamiento» que conducía a exigir la eliminación de esta exigencia conduciría a otras exigencias: «Surgirán nuevas reclamaciones. Las mujeres exigirán el voto. Los chicos [menores de veintiún años] pensarán que no se respetan sus derechos. Y cualquier hombre que no posea nada, exigirá una voz igual a las demás, en todas las decisiones de Estado. Tiende a confundir y destruir todas las distinciones, y rebajar todos los rangos a un nivel común».[11]

Tenía razón al predecir que seguirían otras exigencias, si bien estaba equivocado en su intento de oponerse a ellas por anticipado. Además, la lógica con la que Adams y los demás convertían la propiedad en un requisito para votar era débil. Como resultado, era inevitable que los potentes deseos de libertad espoleados por la independencia de Estados Unidos separaran estos dos conceptos.

Al principio, nuestros Padres Fundadores valoraban y destacaban el papel que la propiedad y la riqueza podían desempeñar en la promoción del autogobierno libre, pues garantizaban una base para la independencia de juicio de los ciudadanos. No consideraban la riqueza *per se* algo malo.

Al contrario, reconocían que la riqueza, hasta cierto punto, era una fuerza positiva para asegurar la libertad política. Más aún, una corriente de opinión del protestantismo, muy influyente en Estados Unidos, insinuaba que la prosperidad podía ser una señal con la que Dios había marcado a su poseedor, por ser uno de los pocos elegidos para ir al cielo.

Cuando los revolucionarios norteamericanos se rebelaron contra el rey inglés, reconocieron en las propiedades mutuas un distintivo de pensamiento independiente y un incentivo para coaligarse. Estaban casi tan preocupados por la imposición de impuestos injustos y la amenaza del rey a sus propiedades, como por la amenaza a su libertad. Como escribió Jefferson en la Declaración de Independencia: «Y para apoyar esta Declaración, con firme confianza en la protección de la Divina Providencia, nos entregamos mutuamente como garantía nuestras vidas, nuestras fortunas y nuestro sagrado honor».

Al fin y al cabo, la «aristocracia rural» de la América colonial estaba formada por los herederos de los nobles y mercaderes que habían redactado la Carta Magna medio milenio antes. Incluso entonces, la independencia económica del rey había espoleado el deseo de más libertad política.

La exigencia de ser propietario para tener derecho al voto era, en un sentido, una manifestación más de la desconfianza de los Padres Fundadores hacia la concentración de poder. Un individuo que no poseía nada tenía que depender de otros, estaba influido por otros, y por lo tanto, no era capaz de basar su voto en razonamientos que no estuvieran contaminados por el ejercicio del poder económico sobre su juicio. Esto reflejaba la idea contemporánea de cómo había emergido la libertad política de la Edad Media. Los individuos que habían amasado suficientes propiedades para sentir cierto grado de independencia de la monarquía eran lo bastante clarividentes para gobernarse por la luz de la razón.

Los Padres Fundadores reconocían que la propiedad era un indicador, si bien impreciso, de competencia en el mundo y de raciocinio, las cualidades que uno desea en una confederación de pensadores independientes, cuyo juicio colectivo formaría la base del autogobierno.

Era inevitable, sin embargo, que la lógica de la democracia apartara a un lado la exigencia de tener propiedades para votar. El más famoso y demoledor argumento fue el de Benjamin Franklin, que explicó con mucha sencillez la necesidad de ampliar el sufragio más allá de los propietarios:

> Hoy, un hombre posee un asno por valor de cincuenta dólares y tiene derecho a votar, pero antes de las siguientes elecciones el asno muere. En el ínterin, el hombre ha adquirido más experiencia, su conocimiento de los principios del arte de gobernar, así como de la

> humanidad, es más extenso, y por lo tanto está mejor cualificado para elegir debidamente a sus gobernantes... pero el asno ha muerto y el hombre no puede votar. Ahora, caballeros, les ruego que me informen, ¿a quién pertenece el derecho de sufragio? ¿Al hombre o al asno?[12]

Por desgracia, ni la lógica ni la moralidad fueron suficientes para disipar el corrupto significado de «propiedad» que se hallaba en el corazón de la esclavitud. La esclavitud era una burla viviente de los principios de la democracia. La inclusión de la odiosa cláusula de las «tres quintas partes» en la Constitución original de Estados Unidos subrayó la ceguera moral de los Padres Fundadores del país en lo tocante a la esclavitud. Aunque sancionada por la Constitución de 1789, era un ejemplo de la corrupción de la democracia con la aplicación de un «derecho» de propiedad inmoral.

La posterior decisión de Abraham Lincoln de emancipar a los esclavos, en plena guerra civil causada por la esclavitud, llegó después de una larga historia de movimiento abolicionista. Casi un siglo después, el movimiento pro derechos civiles de mediados del siglo XX, al igual que el movimiento abolicionista de un siglo antes, luchó por la plena libertad política de los afroamericanos, utilizando el lenguaje y los símbolos de la lucha de Moisés por liberar a los judíos de la esclavitud hace tres mil años.

La resonancia natural de su mensaje llegó no solo debido al predominio en Estados Unidos de la tradición judeocristiana, compartida por judíos y afroamericanos, y no solo porque el movimiento era una continuación de la misma lucha que acabó con la esclavitud cien años antes en Estados Unidos. Llegó también porque teníamos muy claro que la libertad política y la libertad económica están entrelazadas.

Durante el cataclismo de la guerra civil, Estados Unidos se partió de manera violenta, debido sobre todo al problema de la esclavitud. La línea de división no era solo entre el Norte y el Sur, sino entre aquellos que deseaban perfeccionar la lógica de la democracia, y los que insistían en una perversión del capitalismo y combatían por conservar el derecho de poseer otros seres humanos. El «capitalismo democrático», tal como se había entendido antes en Estados Unidos, ya no era la base rocosa sobre la que se había fundado la nación, sino dos enormes monolitos separados que se partían y estrellaban con violencia el uno contra el otro. Cuando triunfó la libertad, se destruyó el mercado de compraventa de seres humanos.

La victoria trascendental de Lincoln por la libertad del espíritu humano salvó la república. Pero con el fin de ganar la guerra, Lincoln se vio obligado a apoyarse en corporaciones que producían municiones, transportaban tropas por ferrocarril y concentraban la fuerza industrial del Norte contra la economía básicamente agraria del Sur. Durante el proceso, Lincoln eliminó muchas restricciones que habían mantenido a raya el poder de las corporaciones durante las siete primeras décadas de la república.

En 1821, más de una década antes de que abandonara la presidencia, Thomas Jefferson había expresado preocupación por lo que él consideraba un peligro agazapado: «Nuestro país está tomando ahora un curso tan constante que muestra el camino que lo conducirá a la destrucción, a saber: primero la consolidación del poder, y después la corrupción, su consecuencia necesaria. El motor de la consolidación será el poder judicial federal; las otras dos ramas, los instrumentos corrompidos y los corruptores».[13]

Haciéndose eco de las palabras de Jefferson, el presidente Andrew Jackson advirtió contra los peligros del excesivo poder de las corporaciones, diciendo que suscitaba la cuestión de «si el pueblo de Estados Unidos va a gobernarse mediante representantes elegidos por sus sufragios imparciales, o si el dinero y el poder de una gran empresa se utilizarán en secreto para influir en su opinión y controlar sus decisiones».[14]

Pese a tales preocupaciones, articuladas de maneras distintas por varios de nuestros primeros presidentes, el papel de las empresas estuvo todavía limitado hasta la guerra civil. Lincoln percibió los peligros que estaba espoleando, y observó en 1864:

> Puede que nos congratulemos por el hecho de que esta guerra cruel esté llegando a su fin [...] pero veo que una crisis se aproxima en un futuro cercano, lo cual me angustia y me hace temblar por el

> bien de mi país. Como resultado de la guerra, las corporaciones han sido entronizadas, y a ello seguirá una era de corrupción en los lugares privilegiados, y el poder monetario del país procurará prolongar su reinado a base de incidir en los prejuicios de la gente, hasta que toda la riqueza se concentre en unas pocas manos y la república sea destruida. Siento en este momento más angustia por la seguridad de mi país que nunca, incluso en plena guerra. Ojalá Dios nos conceda que mis sospechas carezcan de base.[15]

Los temores de Lincoln, por supuesto, no carecían de base. Tan solo veintidós años después, los «poderes monetarios» sobre los cuales había advertido lograron una decisión en el Tribunal Supremo que ha sido interpretada desde entonces de maneras que pervierten el propósito de la Decimocuarta Enmienda, cuya intención era conferir a los antiguos esclavos todos los derechos individuales que la Constitución garantizaba a las «personas».[16]

La decisión del Tribunal Supremo *Santa Clara County v. Southern Pacific Railroad* (1886) ha sido citada durante décadas (sobre todo desde la victoria conservadora de 1980), con el fin de defender la propuesta de que las corporaciones son, desde un punto de vista legal, «personas», protegidas así por la Decimocuarta Enmienda. Fue uno de los muchos acontecimientos que señalaron la ascensión del poder empresarial en las esferas tanto política como económica de la vida estadounidense. A finales del siglo XIX, los «monopolios en el comercio» que Jefferson había querido prohibir en la Declaración de Derechos eran monstruos hechos y derechos, que aplastaban la competencia de los pequeños comerciantes, sangraban a los granjeros con costes de transporte exorbitantes y compraban políticos en todos los niveles del gobierno.

En el medio siglo transcurrido entre la guerra civil y el principio de la Primera Guerra Mundial, la transformación del trabajo y la economía contribuyó, junto con otros muchos factores, a preparar el escenario para varios movimientos sociales cuyo objetivo era utilizar el poder político para paliar los abusos y problemas padecidos por la clase obrera en la era industrial. La creciente importancia de la fabricación en serie y los transportes ferroviarios dispararon la emigración masiva desde las granjas a las fábricas. La nueva concentración de riqueza en manos de industriales contribuyó, junto con otros muchos factores, a un empeoramiento de las depresiones cíclicas, que obraban un efecto más trágico en familias que dependían más de los salarios que cuando habían trabajado en la granja. Estas dificultades, combinadas con los abusos (como la falta de seguridad de quienes trabajaban con máquinas potentes y mortíferas; los niños obligados a trabajar en industrias, minas, fábricas y otros entornos insalubres; nuevas amenazas para la salud y la seguridad, derivadas de la fabricación en serie y la manipulación de alimentos y medicamentos; el trato abusivo de los patronos, y la comida poco sana), formaron una lista de reivindicaciones compartidas por un gran número de trabajadores.

Pese a los abusos relacionados con los monopolios, la concentración de riqueza y la corrupción de los políticos, el foro público de Estados Unidos todavía estaba abierto y accesible a los individuos, muchos de los cuales exigían con elocuencia y firmeza nuevas leyes que limitaran dichos abusos. Upton Sinclair, Ida Tarbell y los demás periodistas reformistas que recibieron la etiqueta de «escarbadores de vidas ajenas» consiguieron despertar la conciencia de Estados Unidos con su letra impresa, porque la letra impresa aún era el medio principal de comunicación en todas las parcelas de la vida estadounidense.

El movimiento progresista de la primera década del siglo XX dio voz y fuerza legal a un creciente deseo de mejorar estos males. Como los reformadores todavía eran capaces de utilizar la razón para mediar entre la riqueza y el poder, la línea divisoria entre democracia y capitalismo empezó a retroceder en favor de la democracia. Theodore Roosevelt, dos semanas antes de convertirse en presidente, en el otoño de 1901, después del asesinato del presidente William McKinley, dijo: «Las inmensas fortunas individuales y corporativas, las inmensas combinaciones de capital que han marcado el desarrollo de nuestro sistema industrial, crean nuevas condiciones, y se precisa un cambio en la antigua actitud del Estado y la nación hacia la propiedad».[17]

A mitad de su segundo mandato, después de ganar muchas batallas contra los monopolios en aras del interés público, Roosevelt dijo en abril de 1906: «Detrás del gobierno visible se halla entronizado un gobierno invisible que no debe lealtad a nadie y no reconoce ninguna responsabilidad hacia el pueblo. Destruir este gobierno invisible, denunciar la blasfema alianza entre la corrupción económica y la corrupción política, es la principal tarea del estadista de nuestros días».[18]

Todos los movimientos reformistas que iniciaron su andadura durante las primeras décadas del siglo XX se basaban en el imperio de la razón. Siguiendo la tradición de Thomas Paine, los reformistas plasmaron con lógica precisa una descripción de los abusos que veían, los sufrimientos resultantes y la necesidad de una acción gubernamental que impusiera remedios que el mercado no quisiera impulsar en el futuro. El público lector, tras asimilar estas historias apasionantes, les proporcionó fuerza política cuando las repitió a sus representantes elegidos, exigiendo que se aprobaran nuevas leyes.

A finales del siglo XIX, la revolución industrial, la urbanización y las nuevas conexiones que comunicaban el Este con el Oeste y el Norte con el Sur, incluidos los ferrocarriles y las líneas telegráficas, se contaban entre las fuerzas que condujeron a la aparición de un mercado popular y estimularon la consolidación de cadenas de periódicos de alcance nacional, como la de Hearst. La «prensa amarilla» introdujo algunos de los peores abusos en la historia del periodismo, apelando a los más bajos instintos de los estadounidenses, con frecuencia burdas invenciones. Si bien la competencia entre los periódicos de casi todas las ciudades era mucho más exacerbada que hoy, el papel de los panfletistas y la prensa independiente ya había empezado a disminuir, comparado con el creciente poder de las cadenas de diarios.

Pronto, no obstante, la naturaleza del foro público de Estados Unidos iba a cambiar de una manera todavía más drástica con la llegada del primer medio de comunicación electrónico: la radio.

Mientras la prensa permitía que la opinión pública participara en la conversación nacional (mediante cartas, panfletos y periódicos), la radio era algo nuevo: un medio de comunicación unilateral que entregaba instantáneamente la misma información, o «contenido», a todos los hogares que contaran con un receptor dentro de una amplia zona. Como observó el profesor de sociología Paul Starr en su libro *The Creation of the Media*, las emisoras nacionales de radio que habían conseguido dominar casi todos los mercados en la década de 1930, la NBC y la CBS, llegaban a todos los hogares de la nación.[19]

La radio se diferenciaba no solo en que era un medio unidireccional, sino en que permitía a los líderes políticos, y a quienes podían retransmitir, entrar en hogares de oyentes que vivían a miles de kilómetros de distancia. Fue esta segunda característica lo que permitió a la radio crear la «audiencia de masas». La radio permitía al locutor saltarse instituciones tradicionales como partidos políticos, sindicatos y asociaciones, y comunicarse directamente con el oyente. Cualquiera capaz de retransmitir podía reunir millones de familias cada noche.

El impacto social de esta tecnología revolucionaria fue muy diferente en Estados Unidos del que tuvo en el resto del mundo. En Estados Unidos, los defensores de la democracia insistieron en que debían ponerse limitaciones al nuevo medio. La «regla de la igualdad de tiempo» aseguraba que los partidos políticos y los candidatos a la presidencia recibieran la misma cantidad de tiempo en antena. La doctrina de la imparcialidad aseguraba que se incluyeran en la programación los diferentes puntos de vista, y la «norma del interés público» exigía que se concedieran licencias con el interés público como principal prioridad, so pena de perder la licencia a manos de otros si no lo hacían.

En el resto del mundo, sobre todo en naciones sin una larga tradición democrática, la radio se instaló sin los métodos de protección introducidos en Estados Unidos. Más aún, la atmósfera política en gran parte del mundo era muy inestable durante el período de entreguerras.

La victoria estadounidense en la Primera Guerra Mundial había contribuido a la prosperidad económica de la década entre el final de la guerra y el principio de la Gran Depresión. Pero Alemania había perdido la guerra y estaba sufriendo el impacto económico punitivo del Tratado de Versalles. El malestar resultante preparó el escenario para una transformación radical, así como la combinación de ambas esferas, la económica y la política.

La Primera Guerra Mundial fue testigo del fin de las casas reales de Rusia, Alemania y el Imperio austrohúngaro. Los ecos de la antigua

Roma podían oírse en la transferencia de poder del káiser y el zar (ambos títulos derivados de César), y la caída del último imperio pluriestatal de Europa, una pálida imitación del poder que había sido Roma. Y por supuesto, entre los escombros de la desesperada y derrotada Austria caminaba un artista frustrado, perverso y lleno de odio, que llegaría a considerarse el heredero del Sacro Imperio Romano, al que bautizó como Primer Reich, y el imperio alemán del káiser, al que llamó Segundo Reich.

En 1922, menos de cinco años después del armisticio que concluyó la Primera Guerra Mundial, Iósiv Stalin fue nombrado secretario general del Partido Comunista de la recién formada Unión de Repúblicas Socialistas Soviéticas, y el líder del nuevo Partido Fascista de Italia, Benito Mussolini, fue nombrado primer ministro de un gobierno de coalición. Medio año antes, Adolf Hitler había sido nombrado presidente del nuevo Partido Nacionalsocialista de Alemania.

Los tres tardarían años en consolidar su poder. Cada uno movilizó apoyo para su maligna ideología totalitaria, y para ello utilizó el nuevo medio de comunicación que había debutado en el escenario mundial en 1922: la radio.

El totalitarismo aparecía en tres proyectos diferentes: el nazismo y el fascismo eran primos hermanos del comunismo. Aunque los dos primeros consideraban al tercero su enemigo mortal, los tres se apoyaban en la propaganda radiofónica para instituir un control estatal absoluto sobre el poder político y económico. Pese a sus diferencias doctrinales, el resultado fue el mismo en todos los regímenes totalitarios: se eliminaron de un plumazo la libertad y los derechos individuales.

Sin la aparición de la radio, es dudoso que estos regímenes totalitarios hubieran logrado la obediencia de las masas del modo que lo hicieron. Como diría más tarde Joseph Goebbels, ministro de Propaganda de Hitler: «No nos habría sido posible conquistar el poder o utilizarlo como lo hemos hecho sin la radio [...]. La radio es el intermediario más influyente e importante entre un movimiento espiritual y la nación, entre la idea y el pueblo».[20]

De manera similar, el historiador italiano Gianni Isola, que estudió la consolidación del poder de Mussolini, escribió: «La radio nació en Italia bajo el fascismo, y el fascismo la utilizó desde el principio con fines propagandísticos».[21] Marco Palla, otro estudioso italiano que escribió sobre Mussolini, añade: «El efecto de la presencia ubicua del Estado gracias a la radio debió de ser más influyente que cualquier otro instrumento de propaganda».

La propaganda se convirtió en una ciencia, pero el concepto se remonta a la Contrarreforma, un período en que la Iglesia católica prestó nueva atención a mejorar la eficacia de sus esfuerzos de persuasión, dirigidos a ganarse los corazones y las mentes de los europeos que se habían convertido en gran número al protestantismo. Tal vez por ese motivo, la palabra «propaganda» no posee el mismo significado peyorativo en Europa que en Estados Unidos.

Pero sí entendemos la palabra, así como el fenómeno que representa, como algo nuevo en el siglo XX. Y ver la maestría de Goebbels al utilizar la propaganda nos permitió comprender lo siniestra que puede llegar a ser. ARBEIT MACHT FREI (EL TRABAJO NOS HACE LIBRES), el letrero que había a la entrada de los campos de exterminio nazis, simboliza los usos perversos que los nazis introdujeron en la persuasión psicológica.

La comunicación basada en la psicología fue desarrollada por otro austríaco de la generación de Hitler, Edward Bernays, sobrino de Sigmund Freud. Bernays adaptó las intuiciones revolucionarias de su tío para crear la ciencia moderna de la persuasión masiva, que no se basa en la razón, sino en la manipulación de sentimientos e impulsos inconscientes. Bernays, considerado el padre de las relaciones públicas, abandonó Austria mucho antes de la llegada de los nazis al poder y emigró a Estados Unidos, donde se convirtió en publicitario comercial e inició una transformación similar de la persuasión política.

La combinación de las relaciones públicas basadas en la psicología con los medios de comunicación electrónicos condujo a la propaganda moderna. La razón fue desplazada, no solo por la sustitución de la prensa por la radio, sino también por la ciencia de las relaciones públicas como principal lenguaje de comunicación en el foro público, tanto con fines políticos como comerciales.

Uno de los primeros éxitos de Bernays estuvo relacionado con su trabajo para la American Tobacco Company, cuando entrevistó a psicoanalistas con el fin de descubrir el motivo de que las mujeres de la década de 1920 no fumaran cigarrillos. Tras conocer su opinión de que las mujeres de aquella época consideraban los cigarrillos símbolos fálicos del poder masculino, y por consiguiente inapropiados para las mujeres, Bernays contrató a un grupo de mujeres para que se vistieran y actuaran como sufragistas. Desfilaron por la Quinta Avenida de Nueva York en una manifestación a favor de los derechos de la mujer, y cuando llegaron los fotógrafos de los diarios, encendieron cigarrillos y los calificaron de «antorchas de libertad». La estrategia consiguió romper la resistencia de las mujeres a los cigarrillos.[22]

Logró una segunda victoria para otra empresa, Betty Crocker. Bernays descubrió que las mujeres no compraban preparados en polvo para hacer pasteles porque les avergonzaba obsequiar a sus maridos con un pastel que comportara tan poco trabajo. Bernays recomendó cambiar la fórmula para que fuera necesario añadir un huevo fresco, y de nuevo, la estrategia funcionó. Las mujeres consideraron que habían hecho suficientes méritos para recibir alabanzas por su trabajo, y los preparados empezaron a venderse sin parar.

El socio comercial de Bernays, Paul Mazur, comprendió el significado más amplio de las nuevas técnicas de persuasión masiva. «Hemos de cambiar el deseo de cultura de Estados Unidos —dijo Mazur—. La gente tiene que ser adiestrada para desear, para querer cosas nuevas, incluso antes de haber consumido por completo las antiguas. Hemos de modelar una nueva mentalidad. El deseo del hombre ha de eclipsar sus necesidades.»[23]

«La publicidad es el repiqueteo de un palo dentro de un cubo de basura», reza la célebre cita de Orwell. En medio de palabras grandilocuentes, vale la pena recordar de qué estamos hablando.

Lo que tendría que haber sido más inquietante de la introducción de estas nuevas técnicas era la amenaza que suponían para la lógica interna del capitalismo. La mano invisible de Adam Smith estaba dando paso a hilos de marionetas invisibles, manipulados por mercachifles que ahora eran capaces de fabricar la demanda.

Como he observado en la introducción, John Kenneth Galbraith demostró hace más de cincuenta años el poder absoluto de la publicidad masiva electrónica, la cual, cuando está alimentada con suficiente dinero, era capaz de crear una demanda artificial de productos que los consumidores ignoraban necesitar o querer. La distorsión de la demanda que lleva a cabo la publicidad complica cuando menos la metáfora de la mano invisible de Adam Smith. Esta distorsión amplifica las contradicciones internas entre capitalismo y democracia (estas contradicciones son mucho menos manifiestas que entre comunismo y democracia. Se dice que Galbraith bromeó diciendo: «Bajo el capitalismo, el hombre explota al hombre. Bajo el comunismo, es justo lo contrario»).

Otra consecuencia de la nueva importancia de la publicidad masiva electrónica en el mercado es que, en la actualidad, existen muchas industrias en Estados Unidos en las que la competencia está limitada a las empresas que han concentrado riqueza suficiente para lanzar grandes campañas de promoción. La calidad intrínseca del producto en cuestión, así como su precio, todavía importan mucho, por supuesto, pero la aptitud de los nuevos competidores, incluidos los pequeños empresarios, de triunfar repentinamente sobre la competencia con una ratonera mucho mejor se ha reducido de manera radical. La concentración resultante de riqueza corporativa en manos de un número menor de empresas más grandes ha ido paralela a la concentración de poder político en manos de un número menor de personas.

Como resultado, existen poderosos motivos, para quienes desean amasar enormes ganancias mediante la corrupción, que les impulsan a encontrar formas de suspender o interrumpir el imperio de la razón como patrón por el que se medirá su comportamiento. Pero ni siquiera el estafador más ambicioso habría podido imaginar que el imperio de la razón pudiera ser debilitado, como fuerza dominante en el foro público, de la forma en que lo ha sido después de la transición del foro basado en la prensa a un foro electrónico basado en los medios.

Como era inevitable, Bernays también empezó a aplicar sus intuiciones a la venta de ideas políticas. «Si comprendemos el mecanismo y los motivos de la mente colectiva —dijo—, ¿no será posible controlar y reglamentar a las masas a nuestro capricho sin que se den cuenta? La práctica reciente de la propaganda ha demostrado que es posible, al menos hasta cierto punto y dentro de unos límites.»[24]

En 1922, cuando el mundo estaba empezando a enterarse de la existencia de la radio, de Mussolini, de Hitler y de Stalin, Walter Lippmann fue el primero en proponer que los partidarios de la democracia debían adoptar también las técnicas de la propaganda, si bien no utilizó esa palabra. Empleó, en cambio, una expresión que, para mí, es todavía más escalofriante: «La fabricación del consenso». De este lema se apropiaron más tarde los contrarios a su filosofía, entre ellos el profesor de lingüística del MIT Noam Chomsky, que más tarde lo utilizó como título de uno de sus libros, *Manufacturing Consent*.

Aunque tenía buenas intenciones, Lippmann se mostró cínico en su análisis, elitista en su prescripción y poco realista sobre el perjuicio que causaría a la democracia el que una «clase gobernante especializada» tomara las decisiones definitivas, y después las vendiera a la gente con propaganda. Eso es precisamente lo que pasó con la invasión de Irak.

«Saber cómo crear el consenso alterará todos los cálculos políticos y modificará todas las premisas política —dijo Lippmann—. Como resultado de una investigación psicológica, combinada con los modernos medios de comunicación, la práctica de la democracia ha doblado una esquina. Se está produciendo una revolución, muchísimo más significativa que cualquier variación de poder económico.»[25]

En la década siguiente, el presidente Franklin Delano Roosevelt utilizó la radio para comunicarse, pasando por encima de directores de periódicos y otros intermediarios, con el fin de imprimir un cambio radical en la frontera entre democracia y capitalismo, cuando apoyó públicamente el programa del New Deal.

Pero las restricciones legales impuestas a la radio en Estados Unidos impidieron que fuera pasto de la cínica manipulación política que se daba en muchos países de Europa, Asia, América Latina y África.

Estas restricciones fueron eliminadas durante la administración Reagan, en aras de la «libertad de expresión», y los resultados han sido desastrosos. Nuestros Padres Fundadores jamás habrían podido imaginar que el mercado de las ideas cambiara de una forma tan profunda, que el «consentimiento de los gobernados», el origen del poder político legítimo en una democracia, se convirtiera en un artículo de consumo.

Y la radio, por supuesto, fue la precursora de un medio infinitamente más poderoso, la televisión.

Como he observado en la introducción, la televisión también es un medio unidireccional. Los individuos reciben pero no envían, escuchan pero no hablan, les dan información pero no la comparten, no hacen comentarios que los demás puedan escuchar. Por lo tanto, de manera automática, su capacidad de utilizar las herramientas de la razón, como participantes en la conversación nacional, queda paralizada.

Hay toda una serie de consecuencias relacionadas con este cambio en la naturaleza del foro público, y esta vez no hunde sus raíces en el impacto sobre las percepciones, el impacto sobre el funcionamiento del cerebro, o el equilibrio interno entre razón, miedo y fe. Esta vez hunde sus raíces en las realidades económicas de la física del medio. Como hasta hace poco ha sido un sistema centralizado, exige grandes inversiones de capital para controlar o comprar al mismo tiempo la producción de la programación, y para distribuirla desde un solo punto a cientos de millones de personas. Esto ha conducido a que las grandes fortunas controlen la programación y distribución de la televisión.

Además, el número de voces en los medios está disminuyendo, al tiempo que crece la influencia de aquellos a quienes se escucha. Este proceso de cambio de propiedad está ya tan avanzado, que ha alarmado incluso a miembros republicanos conservadores del Congreso, de forma que se han sumado a miembros del Partido Demócrata para oponerse a los esfuerzos de la Comisión Federal de Comunicaciones (FCC), con el fin de salvar del monopolio al mundo de la comunicación.

Para la primera generación de emisiones televisivas, la física del medio incluía la dependencia del espectro electromagnético para la distribución y separación de un canal de los demás por suficientes longitudes de onda, de modo que el resultado neto era una grave escasez de frecuencias disponibles apropiadas para la distribución. Dos consecuencias se desprenden de esta física. Una, la escasez significaba que solo unas pocas frecuencias o canales podían ser utilizadas por cada zona geográfica individual. Dos, el gobierno debía decidir a quién se le concedía el privilegio de usar estos escasos recursos y según qué criterios.

La economía de las emisiones influyó en las tres generaciones siguientes de distribución de televisión: cable, satélite e internet. En cada caso, el propósito específico y la física del sistema de distribución influyeron en la estructura económica del sistema. Con respecto a la distribución por cable, este era un monopolio natural, en el sentido de que una instalación eléctrica o una red de telefonía terrestre es un monopolio natural. Como es en interés de la comunidad que se limita el número de cables y líneas sujetas a postes de madera en toda la comunidad, o enterradas debajo de las calles, la economía de una instalación la empuja hacia un monopolio natural.

Por consiguiente, aparecen los mismos dos puntos vulnerables a la corrupción. Uno, se necesitan ingentes cantidades de riqueza para construir, mantener y poner en funcionamiento dicho sistema. Dos, se necesita influencia política para recibir la bendición gubernamental necesaria para ser el único monopolista natural, y se necesitan indulgencias gubernamentales para todas las elecciones políticas que se derivan de los criterios utilizados para tomar esa decisión. De manera similar, en el caso de la distribución por satélite, el coste de poner satélites en órbita limita notablemente el número de empresas capaces de permitírselo.

Algunos albergan la esperanza de que internet, este tercer sistema de distribuir televisión, aporte a la larga cambios radicales en la forma de crear y distribuir la televisión. Esto lo examinaré más a fondo en el capítulo 9, «Una ciudadanía bien conectada».

Así, una de las aglomeraciones de poder más evidentes y peligrosas se ha formado en los medios, donde poderosos conglomerados han utilizado su riqueza para conseguir más poder y, en consecuencia, más riqueza. Las limitaciones físicas y económicas para acceder a la televisión en particular causó que este resultado fuera casi inevitable. Cuesta comprender cómo en el espacio de una generación ha cambiado tanta propiedad de medios. Hoy, es raro ver un negocio informativo familiar, orgulloso de su independencia y de una tradición periodística que ha sobrevivido durante más de seis generaciones. Esos negocios han sido engullidos hoy por multinacionales, cuyas obligaciones consisten en cumplir las expectativas de Wall Street, antes que las expectativas de los Padres Fundadores de contar con una ciudadanía bien informada.

Ahora que las multinacionales pueden dominar la expresión de opiniones que inundan las mentes de los ciudadanos, y elegir selectivamente ideas amplificadas hasta tal punto que ahogan a otras que, sea cual sea su validez, no cuentan con patrocinadores ricos, el resultado es un golpe de Estado *de facto* que se ha impuesto al imperio de la razón. La codicia y la riqueza se reparten el poder en nuestra sociedad, y ese poder es utilizado a su vez para aumentar y concentrar más riqueza y poder en manos de unos pocos. Si esto les parece demasiado estridente, les invito a seguir leyendo, mientras analizo casos concretos.

4

Las mentiras útiles

Los dos últimos siglos han demostrado la superioridad de las economías de libre mercado frente a las centralizadas, y la superioridad de la democracia frente a otras formas de gobierno que concentran el poder en manos de unos pocos. En ambos casos, la raíz de esa superioridad se encuentra en el flujo abierto de la información.

Thomas Jefferson creía que la comunicación libre era la clave del éxito del experimento estadounidense: «Lo que esperamos que acabe demostrando el hecho de que el hombre puede gobernarse mediante la razón y la verdad. Nuestro primer objetivo, por consiguiente, debe ser el de abrirle todos los caminos hacia la verdad».[1] Adam Smith, que describía la sabiduría colectiva de los mercados libres como «la mano invisible», también opinaba que el flujo libre de información era esencial para la eficacia del capitalismo. Cuando todos los individuos pueden acceder libremente a la información, y cuando esta fluye sin impedimentos por el sistema político o económico, las decisiones importantes no las toma siempre el mismo grupo reducido de personas. En lugar de ello, la capacidad de emitir juicios se reparte ampliamente por todo el sistema, de modo que cada individuo pueda contribuir a la sabiduría colectiva.

Las decisiones que se toman de este modo suelen ser mejores que las que toma cualquier grupo más reducido, que es inherentemente más vulnerable a los peligros que conlleva la información limitada y las peticiones especiales. La democracia participativa, debido a su naturaleza abierta y a su obligación de dar cuentas, contribuye a reducir al mínimo los errores que puedan cometerse al tomar decisiones que afectan a la política nacional.

La nueva ciencia de la teoría de la información nos proporciona una manera de entender por qué la democracia —como el capitalismo— es más eficaz en la toma de buenas decisiones a medida que pasa el tiempo. Hace unos años, un científico informático amigo mío, Danny Hillis, intentó explicarme con mucha paciencia el funcionamiento de un superordenador gigantesco en paralelo, diciendo que los primeros ordenadores dependían de un procesador central rodeado por un campo de memoria. Para hallar la solución a un problema concreto, la CPU enviaba una pregunta al banco de memoria para recuperar los datos, llevándolos luego al centro para su procesamiento. Entonces el resultado se almacenaba en la memoria. Este proceso requería tres viajes de ida y vuelta, lo cual consumía un tiempo precioso y generaba un calor perjudicial para la máquina.

El gran avance en la arquitectura informática, el paso al sistema en paralelo, consistió en dividir la potencia de la CPU y distribuirla por todo el campo de memoria bajo la forma de muchos «microprocesadores» más pequeños e independientes; cada uno de ellos está situado en la porción del campo de memoria que procesa. Cuando hay que realizar una tarea, todos los procesadores funcionan al mismo tiempo, y cada uno de ellos procesa una pequeña parte de la información; entonces, todas las partes aisladas de la respuesta llegan al centro al mismo tiempo, donde se recomponen. El resultado: un viaje, menos tiempo, menos energía, menos calor.

La metáfora del sistema en paralelo, o «la inteligencia distribuida», nos proporciona una explicación de por qué nuestra democracia representativa es superior a un sistema gubernamental dirigido por un dictador o un rey. Mientras los regímenes totalitarios dependen de un «procesador central» que dicte todas las órdenes, las democracias representativas dependen del poder y de la visión de una serie de personas repartidas por toda la sociedad, cada una de las cuales está justo en el sector social que más le interesa.

En el caso del capitalismo de libre mercado, la toma de decisiones aún está más descentralizada. La economía de la Unión Soviética se desmoronó porque se fundamentaba en un procesador central que debía tomar todas las decisiones económicas, y este no funcionaba muy bien. Las innovaciones se quedaban obsoletas y la corrupción echó raíces. La economía norcoreana sigue dependiendo de un procesador central, y hoy día su población pasa hambre. Pero las economías capitalistas distribuyen el poder entre aquellos situados lejos del centro, como empresarios y consumidores, que toman sus propias decisiones independientemente unos de otros, y la sabiduría acumulada vincula la oferta con la demanda y responde con eficacia a ambas.

Por poner un tercer ejemplo, muchas de las últimas técnicas procedentes del mundo de la administración descansan en los mismos principios de la distribución de datos, aunque no se les llame así. Al distribuir los datos, la información y la responsabilidad entre los trabajadores de primera línea, las empresas se están transformando, sirviendo mejor a sus clientes y generando mayores beneficios.

Para que estos ejemplos tengan éxito, dependen de la misma arquitectura básica. En lugar de insistir en que todas las decisiones se tomen en un mismo lugar, el poder se distribuye ampliamente por toda la organización. La porción de la respuesta que tiene cada individuo se monta luego como parte de una conclusión colectiva. Dentro del capitalismo, se llama oferta y demanda; en la democracia representativa, se llama autodeterminación. En cada caso, es esencial que todos los individuos participantes compartan algunas características básicas; por ejemplo, la libertad de obtener una información que fluya sin obstáculos por todo el sistema.

El reto de cualquier organización no es simplemente establecer estas condiciones, sino también fomentarlas y mantenerlas. No hay un mejor ejemplo de cómo se hace esto que la Constitución de Estados Unidos, con su sistema de controles y equilibrios y su estructura diseñada para preservar la creatividad del autogobierno, incluso después de más de doscientos años. En cierto sentido, nuestra Constitución es el software que guía el funcionamiento de un sistema paralelo masivo que sirve para procesar las decisiones políticas.

Sin embargo, el papel que desempeña la información en nuestra democracia se ha transformado profundamente debido al nuevo predominio de la televisión sobre el mensaje escrito. La naturaleza unilateral del medio televisivo (al menos tal y como se ha estructurado hasta el momento), unida al número relativamente pequeño de cadenas de televisión y a la creciente concentración de la propiedad, han hecho que quienes ostentan el poder político sientan la tentación de buscar un control más firme sobre la información relativa a sus actividades, que llega hasta la audiencia estadounidense por medio de las noticias televisivas.

Todos los ocupantes recientes de la Casa Blanca —incluyendo la administración bajo la que presté mis servicios— han prestado más atención a la información divulgada por el gobierno, y se han sentido tentados a intentar controlar la impresiones que se forman en las mentes de los estadounidenses. Lamentablemente, durante la administración actual, esta tentación ha provocado un aumento radical del secretismo, un ataque decidido contra la integridad de los descubrimientos científicos que podría mermar el esfuerzo por parte de la administración de intimidar y silenciar a los portadores de cualquier información que pudiera usarse para desafiar las decisiones que ha tomado la Casa Blanca.

Y lo que es peor, la Casa Blanca que gobierna ahora el país se ha involucrado en una campaña constante y sin precedentes para engañar a las masas, sobre todo en lo referente a la política de Irak. El engaño activo por parte de quienes tienen el poder imposibilita prácticamente la deliberación genuina y el debate profundo por parte del pueblo. Cuando nuestro gobierno miente al pueblo, debilita la capacidad que tiene Estados Unidos para tomar decisiones colectivas correctas sobre nuestra república.

Ahora que se va haciendo evidente el alcance de este fiasco histórico, es importante comprender cómo una democracia tan grande ha podido cometer una serie de errores tan espantosos. Además, es evidente que la forma anormal y antiamericana que tiene la administración de abordar el secretismo, la censura y el engaño masivo y sistemático es la principal explicación de cómo ha sucedido tamaña catástrofe en nuestro país.

Cinco años después de que el presidente Bush presentara sus motivos para invadir Irak, está claro que prácticamente todos los argumentos que presentó se basaban en mentiras. Si nosotros, como ciudadanos, hubiéramos sabido entonces lo que sabemos ahora sobre Irak, es posible que la lista de errores trágicos fuera más corta. El presidente ha optado por obviar —y de hecho, a menudo, por silenciar— estudios, informes y datos que contradecían la versión falseada que él intentaba introducir en las mentes de los estadounidenses.

En lugar de ello, la administración ha optado por centrarse en mentiras útiles presentadas como llamamientos superficiales, emocionales y manipuladores que son indignos de la democracia estadounidense. Este grupo ha explotado los temores del pueblo para beneficio de unos grupos políticos determinados, y sus miembros se han presentado como valientes defensores de nuestro país mientras que lo que sucede realmente es que, en lugar de fortalecer nuestra nación, la debilitan.

El presidente nos dijo que la guerra era su última opción. Ahora es evidente que fue lo que quiso siempre. Su ex secretario del Tesoro, Paul O'Neill, confirmó que Irak fue «el punto A» en la primera reunión del Consejo de Seguridad Nacional de Bush, justo diez días después de su toma de posesión: «Todo giraba en torno a encontrar el modo de hacerlo».[2]

Nos dijeron que el presidente permitiría que el sistema internacional actuase con todos los medios que pudiera, pero ahora sabemos que solo toleró que ese sistema actuase durante un breve tiempo como concesión a su secretario de Estado y para guardar las apariencias.

El primer motivo que se nos dio para comenzar la guerra fue destruir las armas de destrucción masiva de Irak, que por supuesto quedó demostrado que nunca existieron. Ahora sabemos, gracias a la información que ha proporcionado Paul Wolfowitz, el que fuera subsecretario de Defensa, que este motivo se eligió después de que un análisis meticuloso de la opinión pública estadounidense demostrase que era el único argumento que podía resultar eficaz para convencer a los votantes de que respaldasen una invasión.[3]

Fue como si la Casa Blanca Bush hubiera adoptado la recomendación de Walter Lippmann: decidir de antemano qué política quería seguir, y luego pergeñar una campaña de persuasión propagandística para las masas, para «fabricar» el consenso del pueblo, que así asentiría a lo que «la clase gobernante especializada» ya había decidido hacer.

Como si estuviera todo planificado —y no cabe duda de que lo estaba; la campaña PR estuvo muy bien organizada—, numerosos portavoces gubernamentales empezaron a emitir comunicados a los medios de comunicación nacionales sobre un «hongo nuclear» que podría amenazar a las ciudades de Estados Unidos a menos que invadiéramos Irak, para impedir que Sadam Husein proporcionara una bomba atómica al mismo grupo terrorista que ya nos había atacado con graves consecuencias.[4]

Al país se le dijo que Sadam había comprado tecnología para enriquecer uranio, y que andaba buscando yacimientos en África.[5] Al parecer, el gobierno fue totalmente inmune a cualquier sentimiento de vergüenza o de contrición cuando se demostró que las pruebas que nos proporcionaron para respaldar ambas afirmaciones eran claramente falsas.

Imagine por un momento que usted es el presidente de Estados Unidos. Imagine, además, que está participando en una sesión conjunta del Congreso delante de la televisión, en un programa en directo, hablando precisamente en el día del año en que la Constitución ordena al presidente dirigirse directamente al Congreso y la nación para informar sobre el Estado de la Unión; en esa ocasión, toca un punto importante sobre la guerra y la paz. Después de su discurso, los expertos en proliferación nuclear de la Unión Europea anuncian públicamente que el documento que le habían dado era un fraude.

Por supuesto, eso es lo que pasó. El presidente Bush dijo al pueblo estadounidense que disponía de pruebas documentales de que Sadam Husein estaba buscando torta amarilla de uranio en Nigeria, de lo que se desprendía, según él, que lo hacía claramente con el propósito de enriquecer uranio para la fabricación de bombas nucleares. Entonces pidió al país que imaginase lo horrible que sería si una de aquellas bombas elaboradas con torta amarilla explotara formando un «hongo nuclear» y destruyese una ciudad estadounidense. Pero dos semanas después, el director de la agencia de las Naciones Unidas que se encarga de estudiar la proliferación de armas nucleares, el ganador del premio Nobel de la Paz Mohamed El Baradei, emitió un comunicado revelando al mundo que el documento que había usado el presidente Bush para fundamentar ese emotivo discurso era una falsificación.[6]

Si usted hubiera sido presidente, si hubiera participado en una sesión conjunta del Congreso y hubiera pronunciado un discurso que escucharon mil millones de personas en directo en todo el mundo, y si hubiera presentado a esta enorme audiencia pruebas cruciales para defender la opción de ir a la guerra, para descubrir más tarde que el documento no solo era falso, sino que estaba *falsificado* adrede, ¿no le daría vergüenza? ¿Insistiría en buscar al responsable de haberle facilitado un documento falseado? ¿Tendría algún interés en imaginar quién había falsificado el documento y por qué? ¿Y de averiguar cómo había llegado a sus manos? ¿Y por qué le animaron a que se basara con tanta fuerza en él durante el discurso sobre el Estado de la Unión? ¿No le remordería la conciencia por haber presentado una mentira tan grande a la nación que había puesto su confianza en usted?

Sir Arthur Conan Doyle escribió una de sus famosas historias detectivescas de Sherlock Holmes cuya clave estaba en la frase «El perro no ladró». En este caso, la Casa Blanca ni siquiera ha gruñido sobre quién falsificó el documento que cayó en manos del presidente de Estados Unidos y que se usó delante de las cámaras de la televisión nacional. Además, sorprendentemente, parece que a día de hoy a la Casa Blanca le da lo mismo quién fuera el agente del fraude. Cuatro años después, aún no se ha responsabilizado a nadie del engaño.

En el mismo discurso sobre el Estado de la Unión, Bush afirmó también que los inspectores de armas de la Unión Europea habían descubierto que Sadam Husein había adquirido unos tubos especiales de aluminio que se usaban para enriquecer el uranio de las bombas atómicas. Pero numerosos expertos del Departamento de Energía, y de otros sectores de la comunidad de inteligencia nacional, estaban seguros de que la información que había transmitido a nuestro país el presidente era completamente errónea. En Estados Unidos, los auténticos expertos en el enriquecimiento de uranio están en Oak Ridge, en el estado de Tennessee, de donde procedo, y donde ese proceso se ha realizado en numerosas ocasiones. Ellos me dijeron, en aquel entonces, que en su opinión no había ni una sola posibilidad de que los tubos en cuestión fueran destinados al proceso de enriquecimiento. Sin embargo, me confesaron que en las instalaciones de Oak Ridge sentían miedo a hacer ningún comunicado público que discrepara de las afirmaciones que hizo el presidente Bush delante del pueblo estadounidense.

En casi todos los casos, los datos que usó la Casa Blanca para defender su caso se exageraron para superar cualquier límite, se tergiversaron y se malinterpretaron. En todos los casos, cuando se cuestionó la evidencia, quedó de manifiesto un desinterés manifiesto por conocer la verdad. Por el contrario, fue patente la insistencia inflexible en llevar a cabo políticas preconcebidas sin tener en cuenta las pruebas. Primero el veredicto, luego el juicio.

Como resultado del informe de la Comisión del 11-S, ahora sabemos que, pocas horas después de los atentados del 11 de septiembre de 2001, el secretario Rumsfeld se afanaba en buscar la manera de relacionar a Sadam Husein con el atentado. Disponemos del testimonio jurado del director de la unidad antiterrorista de la Casa Blanca, Richard Clarke, que el día después del atentado, el 12 de septiembre, afirmó que el presidente quería relacionar los atentados con Sadam. Además, Clarke dijo lo siguiente en el programa de noticias *60 Minutes*:

> El presidente me llevó a toda prisa a un cuarto con un par de personas más, cerró la puerta y me dijo: «Quiero que descubra si Irak ha hecho esto» [...]. Yo le dije: «Señor presidente, eso ya lo hemos hecho. Hemos estado trabajando en este asunto. Lo hemos observado con una mente abierta. Señor presidente, no hay relación alguna». Él se volvió hacia mí y me dijo: «Irak. Sadam. Descubra si existe un vínculo» [...]. Nos reunimos todos los expertos del FBI y de la CIA. Todos estuvieron de acuerdo con nuestro informe, y lo enviamos al presidente; el asesor o subdirector de seguridad nacional lo rechazó. «Respuesta equivocada. Pruebe de nuevo.» [...]. Y no creo que él, el presidente, lea informes cuya respuesta no le guste.[7]

Eso fue el día después de los atentados, y el presidente no preguntó nada sobre Osama bin Laden. No le preguntó nada sobre al-Qaeda al señor Clarke, el máximo experto veterano del contraterrorismo que trabajó para presidentes tanto demócratas como republicanos. No preguntó nada sobre Arabia Saudí ni sobre ningún otro país que no fuera Irak.

Cuando Clarke respondió a esa primera pregunta diciendo que Irak no era responsable de los atentados, sino que era al-Qaeda, el presidente insistió en centrarse en Irak. Por tanto, aquel primer día después del peor atentado de la historia de Estados Unidos en nuestro país, Clarke se pasó el tiempo, en su calidad de responsable en materia de contraterrorismo de la Casa Blanca, intentando descubrir un vínculo entre los atentados y alguien que no tenía absolutamente nada que ver con ellos. Esto no es una crítica que puede hacer quien ya sabe lo que pasó. Eso es lo que pensaba el presidente mientras planificaba la respuesta de Estados Unidos a esos atentados. No fue una lectura desafortunada de las pruebas disponibles, que forjó una relación entre al-Qaeda e Irak, sino la decisión voluntaria de establecer ese vínculo, tanto si existían pruebas que lo respaldasen como si no.

Cuando se estaba preparando para invadir Irak, el presidente Bush dio repetidas veces la clara impresión de que Irak era aliado y copartícipe en los actos del grupo terrorista que los había atacado, al-Qaeda. De hecho, no mucho después de los atentados del 11-S, el presidente Bush tomó la decisión de empezar a mencionar a Osama bin Laden y a Sadam Husein en la misma frase, recitando un mantra cínico destinado a unirlos para siempre en la mente de la ciudadanía. Usó repetidas veces esta técnica, de un modo sumamente disciplinado, para crear la falsa impresión en las mentes de los estadounidenses de que Sadam Husein era el responsable del 11-S.

En un comentario que algunos encuadran dentro del archivo titulado «Bromas que revelan cosas serias», el presidente Bush dijo: «Verán, en mi línea de trabajo hay que repetir las cosas una y otra vez hasta que la verdad penetra, como si dijéramos para que la propaganda llegue a su destino».[8]

Normalmente, Bush es bastante astuto a la hora de elegir sus palabras. En realidad, este recurso constante y cuidadoso del presidente constituye por sí solo una evidencia de que sabía bien que estaba contando una mentira maquiavélica y considerable, mareando la perdiz voluntariamente, una y otra vez, como si hubiera practicado el modo perfecto de eludir la verdad.

Hace casi dos mil quinientos años, Sócrates, uno de los primeros estudiosos concienzudos de la demagogia, dijo: «Por consiguiente, siempre que las personas se engañan y se forman opiniones alejadas de la verdad, es evidente que el error ha penetrado en sus mentes porque esa mentira tiene cierto parecido con la verdad».[9] Pero en ocasiones el presidente Bush y el vicepresidente Cheney se han apartado de sus palabras normalmente arteras y, en algún que otro momento de descuido, han recurrido a afirmaciones que no tenían parecido alguno con la realidad, sino que eran indudablemente mentiras flagrantes.

En otoño de 2002, el presidente Bush le dijo al país: «No se puede distinguir entre al-Qaeda y Sadam».[10] También dijo: «La verdadera amenaza a la que se enfrenta nuestro país es una red que sigue el modelo de al-Qaeda, a la que Sadam entrena y proporciona armas».[11] Al mismo tiempo, el vicepresidente Cheney repetía su afirmación de que «existen pruebas abrumadoras de que había una relación entre al-Qaeda y el gobierno iraquí».[12] En primavera, el secretario de Estado Colin Powell se presentó ante las Naciones Unidas (una participación que ahora dice que lamenta) afirmando que existía «un nexo siniestro entre Irak y la red terrorista al-Qaeda».[13]

Pero el presidente siguió rechazando todas las preguntas que le hacían sobre sus afirmaciones diciendo: «El motivo por el que sigo insistiendo en que existía un vínculo entre Irak y Sadam es porque existía una relación entre Irak y al-Qaeda».[14] Y siguió sin proporcionar prueba alguna.

Cuando los miembros de la administración Bush hubieron acabado su trabajo, las encuestas de opinión demostraron que la gente había captado el mensaje que el presidente quería; los estadounidenses estaban convencidos de que Sadam Husein era el responsable de los atentados del 11-S.

El mito de que Irak y al-Qaeda trabajaban juntos no fue el resultado de un error inocente e ignorante que cometió la Casa Blanca. El presidente y el vicepresidente ignoraron las advertencias claras, mucho antes de que empezase la guerra, de que lo que decían era falso; esas advertencias procedían de la Agencia de Inteligencia de Defensa del Pentágono y de la CIA, y se enviaron en informes secretos directamente a la Casa Blanca.[15] Mucho antes del inicio de la guerra, los oficiales de inteligencia situados en Europa habían dejado claro, a su vez, que ese vínculo era inexistente. «No hemos descubierto pruebas de que exista relación alguna entre Irak y al-Qaeda —dijo en 2002 uno de los máximos investigadores europeos sobre el terrorismo—. Si existieran esas relaciones, las habríamos descubierto, pero no hemos encontrado ni un solo vínculo significativo.»[16]

La propagación de este mito por parte de la Casa Blanca no fue precisamente un ejemplo de negligencia. Cuando las fuentes más autorizadas dicen a la administración, específica y repetidamente, que no existe un vínculo, pero luego, a pesar de todas las pruebas, esta sigue haciendo declaraciones osadas y confiadas ante el pueblo estadounidense, que consiguen que el 70 por ciento del país crea que Sadam Husein estaba relacionado con al-Qaeda y que fue el principal responsable de los atentados del 11-S, esto solo puede calificarse de engaño.

Esto fue lo que admitieron al menos algunos de los miembros del partido del presidente. El senador Chuck Hagel, que forma parte del Comité de Relaciones Exteriores, dijo a bocajarro: «Sadam no está aliado con al-Qaeda. No he visto ninguna información que me haga pensar que Sadam Husein está relacionado con al-Qaeda».[17] Pero estas voces, y otras, no detuvieron la campaña deliberada para engañar a Estados Unidos. A lo largo de varios años, el presidente y el vicepresidente usaron expresiones cuidadosamente meditadas para crear el temor de que al-Qaeda iba a recibir armas de Irak y, más tarde, para reforzar ese miedo.

Después de la invasión, una búsqueda exhaustiva de pruebas sobre el vínculo en cuestión no encontró ni una sola, y en agosto de 2003, los cargos de seguridad nacional y de inteligencia de la administración Bush se vieron obligados a admitir que las pruebas empleadas para crear esa conexión entre Irak y al-Qaeda contradecían las conclusiones de las agencias de inteligencia centrales.[18] «Llegamos a la conclusión de que Sadam nunca proporcionaría armas de destrucción masiva o información sobre ellas a al-Qaeda, porque son enemigos mortales —anunció Greg Thielmann, analista armamentístico que trabajó en la Oficina de Inteligencia e Investigación del Departamento de Estado—. Sadam hubiera considerado a al-Qaeda una amenaza, y al-Qaeda se hubiera opuesto a Sadam por considerarlo el tipo de gobierno secular que tanto aborrece».

Por tanto, cuando la Comisión bipartita del 11-S emitió su informe un año después, tras no haber descubierto pruebas creíbles de un vínculo entre Irak y al-Qaeda, esto no debió coger por sorpresa a la Casa Blanca. Sin embargo, en lugar de la transparencia que los estadounidenses necesitaban y merecían por parte de sus líderes, la Casa Blanca reafirmó su opinión de que sí existía una relación entre ambos grupos. Por ejemplo, el vicepresidente Cheney afirmó que probablemente él disponía de más información que la Comisión, y declaró: «Existía claramente una vinculación» que estaba respaldada por «una prueba indiscutible». Cheney formuló la siguiente pregunta: «¿Irak estuvo asociado con al-Qaeda en los atentados del 11-S? No lo sabemos».[19]

Tal y como escribió en cierta ocasión Thomas Pynchon: «Si logran que formules las preguntas equivocadas, no tienen que preocuparse por las respuestas».[20]

Pero parece ser que, finalmente, la administración sí se está preocupando por ellas. El vicepresidente Cheney abroncó al *New York Times* por osar imprimir un titular que decía EXPERTOS NO HALLAN VÍNCULOS AL-QAEDA-IRAK,[21] que en aquellos momentos era una afirmación rotunda de lo evidente. Amontonando una mentira sobre otra, Cheney dijo entonces que «no existe una división fundamental, aquí y ahora, entre lo que dijo el presidente y lo que dijo la Comisión».[22] Incluso intentó negar que él hubiera sido responsable de ayudar a crear la falsa impresión de que existía una conexión entre al-Qaeda e Irak.

Como debe ser, esta entrevista acabó diseccionada en *The Daily Show with Jon Stewart*. Stewart emitió un vídeo donde se veía a Cheney negando rotundamente haber dicho que los representantes de al-Qaeda y de la inteligencia iraquí se reunieron en Praga. Entonces, Stewart congeló la imagen y emitió el preciso videoclip en el que Cheney había dicho exactamente lo contrario de lo que dijo en el primero. Lo atrapó en vídeo diciendo una mentira flagrante. En ese momento, Stewart dijo, dirigiéndose a la imagen congelada de Cheney en la pantalla del televisor: «Es mi deber informarle de que tiene usted el culo al aire».[23]

Incluso el secretario Rumsfeld, que tuvo acceso a todos los datos de que disponía el presidente Bush y que pudieran tener relación con el supuesto vínculo entre al-Qaeda y Sadam Husein, cuando se vio sometido a las repetidas e insidiosas preguntas de los periodistas admitió finalmente: «Por lo que a mí respecta, no he visto ninguna prueba firme que vincule a ambas partes».[24]

Ahora sabemos que el ayudante de Rumsfeld, Douglas Feith, organizó una operación «de inteligencia» separada y paralela dentro del Pentágono que se usó para facilitar al presidente información manipulada sin conocimiento de la CIA y de los demás centros profesionales de búsqueda de datos y de análisis del gobierno estadounidense.[25]

La Casa Blanca tenía un gran interés político en hacer que el pueblo estadounidense siguiera pensando que Husein estaba confabulado con Bin Laden. No se atrevían a admitir la verdad por temor a quedar como idiotas tras sumir a nuestro país en una guerra temeraria e innecesaria contra una nación que no suponía ninguna amenaza para nosotros. Los estadounidenses que aún creen que existe un vínculo —y, sorprendentemente, aún son muchos— siguen respaldando con firmeza la decisión que tomó el presidente de invadir Irak. Pero los que aceptan la verdad de que ese vínculo era inexistente han dejado rápidamente de respaldar la guerra en Irak y la decisión de iniciarla.

Esto es comprensible, dado que si Irak no tuvo nada que ver con los atentados del 11-S, y no tuvo relación alguna con la organización que lanzó esos ataques, eso quiere decir que el presidente nos metió en una guerra que no era nuestra, que más de tres mil soldados estadounidenses han muerto y muchos miles más han resultado heridos, y que muchos miles de iraquíes han muerto o han resultado heridos innecesariamente.

La mentira sobre la conexión entre al-Qaeda e Irak fue también la clave que justificó la toma de poder constitucional del presidente. A fin de cuentas, esta administración solo busca el poder. Mientras su mentira, colosal y extravagante, siguiera siendo un hecho demostrado en la opinión pública, la mayoría de los ciudadanos consideraban que el presidente Bush estaba justificado para suspender muchas libertades civiles cuando mejor le pareciera. Además, podía seguir tergiversando la realidad política que sufría el pueblo estadounidense.

¿Es posible que Bush y Cheney creyeran de verdad las afirmaciones falsas que presentaron al pueblo estadounidense y a nuestros aliados? En una ocasión Leonardo da Vinci escribió: «El mayor engaño que padecen los hombres es el de sus propias opiniones».[26] El periodista de investigación I.F. Stone escribió en *In a Time of Torment*: «Todos los gobiernos mienten, pero los países cuyos mandatarios fuman el mismo hachís que distribuyen están abocados al desastre».[27] Si Bush y Cheney creían realmente en aquel vínculo que tanto afirmaron, a pesar de todas las pruebas en su contra que se les expusieron entonces, ese hecho por sí solo, a la luz de las pruebas disponibles, les inhabilitaría para dirigir nuestro país. Por otro lado, si sabían la verdad y mintieron, flagrante y repetidamente, ¿no es acaso peor todavía? ¿Son demasiado crédulos o demasiado farsantes?

En 2004, el ex gobernador republicano de Minnesota, ya fallecido, Elmer Andersen, anunció en Minneapolis que por primera vez en su vida había decidido oponerse a un presidente titular de su partido porque Bush y Cheney, y cito sus propias palabras, «se creen su propio cuento. Ambos escupen falsedades con fervor evangelizador». Atribuyó su cambio de opinión a «la versión distorsionada y claramente fraudulenta de la amenaza que suponen las armas de destrucción masiva» que vendía el presidente Bush. «La sede de los terroristas —añadió—, era Afganistán. Irak no tuvo ninguna relación con este acto terrorista, no era una amenaza grave para Estados Unidos, como afirmó este presidente, y no existía ningún vínculo, tal y como es evidente ahora, entre ese país y un armamento de cierta consideración».[28]

Después de la tragedia de Vietnam, el ejército estadounidense se comprometió a aprender todo lo posible de la experiencia en el sudeste asiático, lo cual fue una actitud loable. Usando la lógica y la razón para diseccionar todos y cada uno de los errores cometidos, nuestros oficiales militares organizaron una transformación histórica de las fuerzas armadas. La primera guerra del Golfo y la intervención en Bosnia fueron algunos de los éxitos derivados de aplicar las lecciones aprendidas en Vietnam a un enfoque nuevo y mucho más eficaz sobre la estrategia militar.

Lamentablemente, el Pentágono se vio obligado a renunciar a muchas de esas lecciones durante sus preparativos para invadir Irak. Por ejemplo, ahora sabemos que el grueso de la fuerza invasora estadounidense fue muy inferior a la recomendada por los expertos militares. En febrero de 2003, antes de que empezase la guerra, el jefe de personal militar, el general Eric Shinseki, dijo al Congreso que la ocupación requeriría el envío de varios centenares de miles de soldados, pero la Casa Blanca ya había decidido de antemano que era mejor enviar un ejército mucho más reducido. En lugar de dedicarse a debatir razonablemente este tema, reprendieron a Shinseki por discrepar de su decisión preconcebida, aunque él era un experto y ellos no.

Los otros generales y almirantes captaron el mensaje y dejaron de mostrarse en desacuerdo con la Casa Blanca. Shinseki tenía razón, por supuesto, y la mayor parte de los oficiales militares situados en los escalafones superiores del Pentágono sabían que la tenía. Pero el proceso de toma de decisiones no permitía diferencias de opinión. Como resultado de ello, la política por la que se optó no fue fruto de la deliberación colectiva.

Durante su esfuerzo para convencer al Congreso de que respaldara su decisión de preparar una invasión, el presidente Bush prometió que, si llevaba a nuestro país a la guerra, solo lo haría basándose en los planes mejor trazados posibles. Ahora sabemos que, en lugar de eso, y como contraste radical a lo que nos dijo en su momento, se metió en la guerra sin haberlo pensado mucho y, ciertamente, sin prepararse para las secuelas de la guerra, que ahora, trágicamente, ya han reclamado más de tres mil vidas estadounidenses y muchas decenas de miles de iraquíes.

Un grupo reducido de hombres de la administración —muchos de los cuales habían eludido hacer el servicio militar de jóvenes— sustituyeron su opinión por la de los oficiales militares de la nación, conduciendo a nuestro país a cometer un error catastrófico. Su conclusión de que solo sería necesaria una pequeña fuerza invasora se fundamentaba en la misma hipótesis errónea que les llevó a no preparar un plan para llevar a cabo la ocupación de Irak después de la invasión. Asumieron que los soldados estadounidenses serían recibidos con los brazos abiertos por los iraquíes, que les lanzarían guirnaldas de flores, y que esos mismos iraquíes pronto crearían mercados libres y una democracia sana y plenamente funcional.

Por supuesto, lamentablemente, esta suposición también era un craso error. Ahora sabemos, gracias a la CIA, que se llevó a cabo un análisis exhaustivo y autorizado sobre las consecuencias probables de la invasión —realizado mucho antes de esta— que predecía con gran precisión el caos, el resentimiento de la población iraquí y la creciente probabilidad de que se produjera una guerra civil. Ese informe se le entregó al presidente.

Ahora sabemos que ese error de cálculo también se podía haber evitado fácilmente. Pero la información que podía haberlo prevenido no se facilitó. Dos meses antes de que empezara la guerra de Irak, el presidente Bush recibió informes secretos, detallados y exhaustivos, que le advertían de que el resultado probable de la invasión estadounidense de Irak sería un aumento del respaldo al fundamentalismo islámico, profundas divisiones en la sociedad iraquí, un alto grado de conflicto interno violento, y una guerra de guerrillas contra las fuerzas estadounidenses.

Sin embargo, a pesar de estos análisis, el presidente Bush optó por no hacer caso de las advertencias y ocultar la información, mientras al mismo tiempo seguía vendiendo al pueblo estadounidense un punto de vista propio de Pollyanna, absurdo y basado en fuentes más que cuestionables y claramente tendenciosas, entre las que se contaba un criminal convicto y conocido estafador, Ahmed Chalabi.

La administración Bush incluyó a Chalabi entre su personal y durante el discurso sobre el Estado de la Unión le concedió un asiento justo al lado de la primera dama, Laura Bush. Luego lo llevaron a Bagdad a bordo de un jet militar acompañado por una fuerza de seguridad privada. Sin embargo, al año siguiente la administración decidió que en realidad Chalabi era un espía de servicio de Irán, que se había pasado todo ese tiempo engañando al presidente mediante datos ficticios y predicciones falsas. Ahora Chalabi es un oficial de alto rango en el nuevo gobierno de Bagdad.[29]

Ya se ha vuelto una costumbre que el presidente Bush se fíe de intereses especiales, como el que representaba Chalabi, para obtener información básica sobre las políticas que son importantes para esos intereses. ExxonMobil, por ejemplo, parece haber sido su fuente de información más fiable sobre la crisis ecológica. Las empresas químicas son sus fuentes más fiables sobre si determinados productos son o no perjudiciales para el medio ambiente. Las principales compañías farmacéuticas son sus consejeros más preciados sobre los riesgos para la salud de los nuevos fármacos. Considera a las empresas aseguradoras como la fuente más segura de datos sobre cualquier política que les afecte. Y así sucesivamente.

Y entonces, sorprendentemente, el presidente parece fiarse más de lo que le dicen esos intereses especiales que de la información objetiva que han preparado para él analistas independientes que tienen la misión de proteger el interés público. Dado que su ideología le enseña que desprecie el concepto mismo de «interés público», prefiere confiar en unos datos tendenciosos que han reunido fuentes de fiabilidad dudosa —como Chalabi— que tienen un interés privado en el resultado de una política concreta. En realidad, lo que ha hecho el presidente ha sido buscar la verdad en labios de los embusteros.

Una amplia investigación publicada en los periódicos Knight Ridder descubrió la asombrosa verdad de que, incluso cuando empezó la invasión de Irak, no existía literalmente *ningún plan* para el período de posguerra. En realidad, en vísperas de la guerra, cuando la exposición formal del plan estadounidense para los mandos militares y los oficiales de inteligencia se acercaba ya a su conclusión, el archivo que describía el plan del presidente Bush para la fase de posguerra llevaba la etiqueta «Pendiente de entrega», porque, sencillamente, no existía.[30]

Tres semanas después de la invasión, un periodista preguntó al teniente general William Wallace, comandante de las V Cuerpo del ejército, el segundo oficial militar estadounidense más importante destinado a Irak, cuáles eran los planes para después de finalizada la invasión. Sorprendentemente, la respuesta de Wallace fue: «Bueno, vamos trabajando en función de lo que va pasando».

Ahora sabemos, gracias a Paul Bremer, la persona a quien eligió el presidente Bush para encargarse de la política estadounidense en Irak inmediatamente después de la invasión, que este no cesó de decir a la Casa Blanca que había muy pocas tropas en territorio iraquí para garantizar el éxito. Sin embargo, al mismo tiempo que Bremer transmitía a la Casa Blanca este punto de vista, el presidente Bush afirmaba ante el pueblo estadounidense que teníamos soldados más que suficientes en Irak, y que confiaba en la opinión de los líderes estadounidenses en Bagdad, que aseguraban que no eran necesarias más tropas.[31]

Mientras el caos y la violencia en Irak iban en aumento y eran cada vez más evidentes para cualquiera que mirase las noticias de la televisión, el presidente Bush hizo todo lo posible por reducir al mínimo la importancia de los análisis oficiales de la inteligencia nacional que sugerían que su política en Irak se estaba viniendo abajo y que los acontecimientos se escapaban a su control. Bush describió ese análisis riguroso y formal diciendo, en sus propias palabras, que era un puñado de «meras conjeturas».[32]

También nos hemos enterado, gracias al *Washington Post*, de que al mismo tiempo que el presidente afirmaba falsamente ante el pueblo estadounidense que estaba haciendo todo lo posible para proporcionar el equipo y los suministros necesarios a los soldados que sus comandantes afirmaban que estos necesitaban, el máximo comandante militar en Irak, el teniente general Ricardo Sanchez, suplicaba desesperada y repetidamente una respuesta a su solicitud de más equipo y más protección corporal, entre otras cosas, para proteger a las tropas enviadas a ese país. Además, escribió que, bajo estas circunstancias, las unidades del ejército a las que él comandaba «se esforzaban solo por mantener un promedio relativamente reducido de preparación».[33]

También nos dijeron que nuestros aliados se unirían a nosotros formando una coalición masiva de modo que no tuviéramos que soportar solos la carga. Y, por supuesto, ahora la soportamos prácticamente solos. Más del 90 por ciento de los soldados no iraquíes son estadounidenses, y los contribuyentes estadounidenses han pagado ya más de 700.000 millones por una guerra que ha durado mucho más que nuestra participación en la Segunda Guerra Mundial, desde Pearl Harbor hasta el Día de la Victoria en Europa.[34]

Bush también afirmó que nunca se le había pasado por la cabeza controlar los yacimientos petrolíferos iraquíes en beneficio de los productores estadounidenses. En lugar de ello, insistió, entraba en guerra para eliminar una amenaza inminente contra Estados Unidos. Pero una vez más las pruebas demuestran claramente que esa amenaza inminente no existía, y que Bush lo sabía en aquel momento, o al menos se lo habían comunicado aquellas personas que estaban en disposición de saberlo.

Además, actualmente disponemos de muchísimas pruebas más de las que estaban disponibles en el momento de la invasión para sugerir que es probable que los suministros de petróleo iraquíes tuviesen un papel mucho mayor en la decisión general de la administración de lo que nadie pudo percibir en aquel momento. Por ejemplo, ahora sabemos, gracias a un documento fechado solo dos semanas después de la toma de posesión de Bush, que a su Consejo de Seguridad Nacional se le ordenó que «combinase» sus análisis de las políticas operativas hacia los «estados delincuentes» (incluyendo Irak) con las «actuaciones relativas a la captura de nuevos yacimientos petrolíferos y de gas natural y de los ya existentes», una operación secreta encomendada a la Energy Task Force de Cheney.[35]

Ahora sabemos gracias a los documentos obtenidos en el proceso organizado contra ese grupo de trabajo de Cheney —mediante la curiosa combinación del grupo conservador Judicial Watch y del Sierra Club— que uno de los documentos sometidos al análisis de ese equipo laboral durante aquel mismo período fue un mapa de Irak muy detallado, donde no figuraba ninguna de las ciudades, ninguno de los lugares habitados, pero que mostraba la localización exacta de todos y cada uno de los yacimientos petrolíferos que se conocían en ese país; mapas en los que líneas discontinuas delimitaban sectores que valía la pena explotar; un mapa que, en palabras de un periodista canadiense, parecía el cartel de un carnicero donde se detallan los mejores cortes de vacuno precisamente mediante líneas de puntos.[36]

La administración ha librado una intensa batalla en los tribunales durante más de seis años para seguir negando al pueblo estadounidense el derecho a conocer qué intereses particulares y qué partidos políticos aconsejaron al vicepresidente Cheney su forma de diseñar la nueva política energética. Sabemos que Ken Lay estuvo involucrado en vetar a los candidatos de la Comisión Federal para la Regulación de la Energía, y ya hemos visto algunas de las pruebas de lo que hizo Enron para esquivar a los responsables de esa política. Pero lo que todavía no sabemos es quién se reunió con Cheney para debatir sobre qué hacer con las reservas petrolíferas iraquíes.

Ahora sabemos que el propio Cheney, mientras dirigía Halliburton, hizo numerosos negocios con Irak, a pesar de que este país en aquel momento estaba sometido a las sanciones de la ONU. También sabemos que en 1999 Cheney afirmó en un discurso público en el Instituto del Petróleo de Londres, más de un año antes de ser vicepresidente, que, en su opinión, durante los diez años siguientes el mundo necesitaría cincuenta millones más de barriles de petróleo diarios.

«¿De dónde lo vamos a sacar?», preguntó Cheney, y luego, respondiendo a su propia pregunta, dijo: «En Oriente Próximo, que posee dos tercios del petróleo mundial al precio más bajo posible, es donde se encuentran las reservas definitivas».[37]

Entonces, en la primavera de 2001, cuando el vicepresidente Cheney presentó el plan energético nacional de la administración, que habían creado en secreto las empresas y unos grupos de presión política a los que todavía se niega a identificar, el informe incluía esta declaración: «El golfo Pérsico será uno de los objetivos prioritarios de la política energética internacional de Estados Unidos».[38]

Aquel mismo año, Bush combinó su política energética nacional con su política exterior hacia los estados delincuentes como Irak. Más adelante, en ese mismo verano, en una de las fases más extravagantes del proceso político de Bush, Richard Perle, antes de que le obligasen a dimitir debido a una acusación de conflicto de intereses de su cargo como presidente del Defense Policy Board, solicitó una presentación a la junta a cargo de un analista de la Rand Corporation que recomendaba que Estados Unidos se plantease la conquista militar de los yacimientos petrolíferos de Arabia Saudí.[39]

La junta no adoptó esa recomendación. Pero algunos cínicos creían que el petróleo desempeñaba un papel fundamental en el punto de vista y la política de Bush sobre Irak, creencia que más adelante quedó reforzada cuando fue evidente que una de las pocas instalaciones en todo el país que quedó en manos de las tropas estadounidenses después de la invasión fue el Ministerio del Petróleo de Irak. El Museo Nacional Iraquí, con sus tesoros arqueológicos de valor incalculable que databan de los inicios de la civilización humana; las instalaciones eléctricas tan esenciales para mantener el estándar de vida de los ciudadanos iraquíes durante la ocupación que estaba a punto de iniciarse; escuelas, hospitales y ministerios de todo tipo... todo se dejó en manos de los saqueadores.

Además, a principios de 2007, el gobierno que Estados Unidos contribuyó a crear en Bagdad introdujo una legislación redactada en Washington que concedía a las empresas petrolíferas estadounidenses y británicas los principales derechos para la explotación de las reservas petrolíferas masivas de Irak.[40] En el capítulo 7 analizaré estas leyes con mayor profundidad.

Los malos juicios históricos que condujeron a la tragedia de la invasión de Irak por parte de los estadounidenses se pudieron haber evitado fácilmente. El control arrogante de la información por parte de la administración, así como el engaño de proporciones descomunales al que se sometió al pueblo estadounidense con objeto de obtener la aprobación de una política deshonesta, condujeron al error estratégico más importante de toda la historia de Estados Unidos. Pero el perjuicio que han causado a nuestro país no queda limitado a la mala distribución de los recursos militares, económicos y políticos. Ni siquiera se limita a la pérdida de vidas humanas y de tesoros históricos. Cada vez que un dirigente nacional dedica una energía incalculable al esfuerzo de convencer al pueblo estadounidense de una mentira, desgarra el tejido que compone la democracia y la creencia en la integridad fundamental de nuestro autogobierno.

Lamentablemente, Irak no es el único apartado en el que la Casa Blanca ha recurrido al engaño para lograr que se aprueben políticas radicalmente nuevas, y donde la información que ha ido apareciendo más tarde demuestra que en realidad el presidente disponía de análisis procedentes de fuentes de información fiables que contradecían directamente lo que él estaba anunciando al pueblo estadounidense. En prácticamente todos los casos, ahora es evidente que la información que el presidente rechazó era la más precisa. En cambio, el presidente optó por fiarse de una información que le proporcionaron fuentes que a menudo tenían un interés directo —económico o de otro tipo— en la política radicalmente nueva por la que abogó el presidente; más tarde, esa información resultó ser falsa. Y en aquellos casos en los que se han implementado esas políticas, las consecuencias han perjudicado al pueblo estadounidense, a menudo de una manera catastrófica.

Los tipos de actividades antinaturales y antidemocráticas que ha practicado esta administración con miras a aumentar su poder han conllevado asimismo un uso sin precedentes del secretismo. Un ex consejero de la Casa Blanca, John Dean, escribió recientemente: «Bush y Cheney nos han hecho volver a la época de Nixon. En esta Casa Blanca, que ha sido la que más ha recurrido al secretismo en la historia de Estados Unidos, todos los negocios gubernamentales se filtran mediante un proceso político».[41]

John F. Kennedy dijo en una ocasión: «La propia palabra "secretismo" resulta repugnante dentro de una sociedad libre y abierta; y nosotros, como pueblo, nos oponemos inherente e históricamente a las sociedades secretas, los juramentos secretos y los procedimientos secretos».[42] Pero en 2003, el *U.S. News & World Report* tuvo que decir lo siguiente sobre la Casa Blanca: «La administración Bush ha envuelto encubierta pero eficazmente en un manto de secretismo numerosas operaciones críticas del gobierno federal, impidiendo que se escudriñen sus propios asuntos y alejando del terreno público una información importante sobre la salud, la seguridad y las cuestiones medioambientales».[43]

Aparentemente, la ocultación de la información en la esfera pública parece estar motivada sobre todo por intereses políticos. Por ejemplo, han impuesto un velo de secretismo sobre los documentos relativos al gobierno de Bush durante los años en que fue gobernador de Texas.[44] No es plausible que esos documentos contuvieran muchas amenazas graves para la seguridad nacional. De igual manera, se ha ocultado información sobre las relaciones comerciales constantes entre el vicepresidente Cheney y la empresa que una vez dirigió, Halliburton.[45]

Para atajar las quejas de los gobernadores de nuestra nación sobre cuántos fondos recibirían según los programas federales, la administración Bush dejó de imprimir el principal informe presupuestario estatal.[46]

Cuando los despidos masivos fueron demasiado vergonzosos, esta administración lo solucionó limitándose a dejar de publicar el informe regular sobre el índice de despidos que los economistas y otros profesionales llevaban décadas recibiendo.[47]

La administración Bush ha eliminado más de seis mil documentos de las páginas web gubernamentales, entre ellos, por poner tan solo un ejemplo, un documento de la página web de la Agencia de Protección Ambiental (EPA), donde se proporcionaba a los ciudadanos una información esencial sobre cómo identificar los riesgos químicos cerca de los lugares donde viven sus familias.

Además, esta administración ha establecido una nueva exención que les permite no transmitir a la prensa y la opinión pública información importante en materia de salud, seguridad y medio ambiente, una información enviada al gobierno por las empresas; esto lo han hecho clasificándola como «infraestructura crítica».[48] Por ejemplo, últimamente se han hecho intentos para extraer numerosos documentos desclasificados de los Archivos Nacionales y reclasificarlos, incluso después de que ya lleven tiempo circulando en el ámbito público.[49]

Es sorprendente apreciar lo poco que reacciona la población ante cada nuevo esfuerzo para imponer controles más estrictos sobre la información de que disponen los ciudadanos de nuestra democracia.

Por ejemplo, durante el apogeo del escándalo en el que se vio envuelto Jack Abramoff, que pertenecía a un grupo de presión política y que fue condenado por delitos relacionados con el tráfico de influencias y la corrupción, a los periodistas de investigación que intentaban documentar los numerosos contactos entre Abramoff y la Casa Blanca, se les dijo que, si estos realmente existían, eran muy pocos, y que el presidente Bush ni siquiera conocía a Abramoff. La ingente cantidad de pruebas circunstanciales señalaban en la dirección opuesta, y una de las fuentes más claras de información para resolver esta controversia eran los registros de visita de la Casa Blanca, que están en manos del Servicio Secreto y que indican quién ha entrado en el edificio y cuándo lo ha hecho. La respuesta de la Casa Blanca a las peticiones de acceso a esos registros consistió en llegar a un compromiso según el cual se hizo pública parte de la información, pero no toda.

Entonces, sin notificarlo a la prensa ni a la opinión pública, la Casa Blanca obligó al Servicio Secreto a alterar su política habitual y, a partir de ese momento, todos los registros de visitas de la Casa Blanca serían confidenciales.[50]

Irónicamente, a uno de los principales expertos científicos sobre el tema del calentamiento global de la NASA, el doctor James E. Hansen, se le ha ordenado avanzar en la dirección opuesta y mantener un registro cuidadoso de todos sus visitantes, que debe presentar a la administración, de tal modo que esta pueda conocer y controlar sus análisis sobre el calentamiento global. A Hansen también se le ha ordenado que no hable con miembros de la prensa, aunque parece ser que esa orden no ha servido de mucho.

En un esfuerzo para enturbiar el consenso evidente de la comunidad científica sobre el tema del calentamiento global, la Casa Blanca también orquestó cambios importantes y borró partes de un informe de la EPA, cambios tan básicos que la agencia dijo que se avergonzaba de usar el lenguaje que pretendían imponerles sus jefes políticos de la Casa Blanca. Las advertencias científicas sobre las consecuencias catastróficas del calentamiento global incontrolado fueron censuradas por un delegado político de la Casa Blanca, Philip Cooney, que carecía de formación científica. A veces da la sensación de que estamos muy lejos de aquella época en que Jefferson podía escribir que «estaba convencido de que la ciencia es importante para la conservación de nuestro gobierno republicano, y que también es esencial para su protección contra los poderes extranjeros».[51]

George Deutsch, un joven de veinticuatro años que fue nombrado por Bush para entrar en la NASA, no solamente carecía de formación científica, sino que, en última instancia, fue obligado a dimitir porque había mentido al decir que tenía una licenciatura universitaria. Pero mientras estuvo en la NASA, siempre instruyó a los científicos a que se refiriesen al big bang como una *teoría* en lugar de como un hecho científico. El señor Deutsch, que era interino en la campaña de Bush y Cheney, comunicó mediante un informe dirigido a los científicos de la NASA que el big bang «no es un hecho probado, sino una opinión. Es mucho más que una cuestión científica, es un tema religioso».[52]

De hecho, hay una serie de cuestiones científicas que la administración Bush ha tratado como si fueran principalmente temas religiosos. Entre ellas se cuentan los temas de vida y muerte relacionados con la investigación de las células madre humanas. La subordinación de las mejores pruebas científicas a unas creencias motivadas por una ideología concreta, es una estrategia más para controlar la política mediante la tergiversación y la supresión de la mejor información disponible.

Tal y como escribió el poeta Thomas Moore a principios del siglo XIX: «Pero la fe, la fe fanática, que una vez estuvo unida a alguna mentira muy querida, se aferra a ella hasta el final».[53]

La administración también ha adoptado una nueva política sobre la Ley de Libertad de Información que induce activamente a las agencias federales a considerar a fondo todos los motivos potenciales para no revelar una información, con independencia de si esta revelación resultase perjudicial. En otras palabras, hoy día el gobierno federal rehúsa activamente satisfacer cualquier solicitud de información.

Al proteger estrechamente la información sobre su propia conducta, los miembros de esta administración están deshaciendo un elemento fundamental del gobierno estadounidense, la necesidad de dar cuentas, porque mientras los actos del gobierno sean secretos este no puede ser considerado culpable de nada. El gobierno para el pueblo y por el pueblo debería ser transparente *con* el pueblo. Sin embargo, la administración Bush ha intentado privar a la opinión pública de la información necesaria para tomar decisiones, encubriendo muchas políticas bajo el velo del secretismo. De hecho, no recuerdo que ninguna otra administración haya llevado a cabo este abuso persistente y sistemático de la verdad, ni la institucionalización de la falta de honradez como parte rutinaria de su política.

Existen numerosos casos en los que la administración ha encubierto información de la esfera pública cuando los hechos en cuestión no respaldaban su postura. Por ejemplo, durante el intento que hizo la administración para convencer al Congreso de que introdujese el programa sobre los beneficios derivados de los medicamentos de Medicare, muchos en la Cámara de Representantes y en el Senado mostraron su preocupación por el precio y el diseño del programa. Pero en lugar de participar en un debate abierto basado en los datos reales, la administración ocultó los hechos y evitó que el Congreso escuchase el testimonio del principal experto de la administración que había reunido información que demostraba antes de la votación que, realmente, el cálculo del coste real era muy superior al de las cifras que el presidente dio al Congreso.[54]

Privado de esa información, y creyendo los números que se le habían presentado, el Congreso aprobó el programa. Trágicamente, en la actualidad esa iniciativa se está viniendo abajo por todo el país, mientras la administración apela a las grandes compañías de seguros para que voluntariamente lo solucionen.

El director de Medicare, Thomas Scully, fue obligado a dimitir en diciembre de 2003 al ser acusado de haber amenazado a uno de sus actuarios para que ocultase el verdadero coste del programa que estaba siendo debatido por el Congreso. Después de supervisar la expansión más amplia conocida del programa federado durante tres décadas, y de marcharse por la puerta de atrás, Scully se convirtió en un cabildero de las empresas sanitarias.[55]

La intimidación del actuario de Medicare no fue, lamentablemente, un caso aislado. Los esfuerzos que hizo la administración para controlar el flujo de información sobre la política han incluido un esfuerzo sistemático para intimidar a numerosos individuos cuyos conocimientos y exposiciones de los hechos podrían socavar la política de la Casa Blanca.

Christine Todd Whitman, ex directora de la EPA, dijo que cuando expuso un punto de vista diferente sobre la política medioambiental, los burócratas de la Casa Blanca intentaron intimidarla para que guardase silencio. Según un periodista, ella comentó: «En las reuniones, yo preguntaba si había algunos datos que respaldasen nuestro punto de vista, y solo por eso me acusaron de deslealtad».[56]

La CIA solicitó a Joe Wilson, ex embajador en Irak, que viajase a Nigeria para investigar la hipótesis de que Sadam Husein había estado buscando torta amarilla de uranio. Él dijo que no había descubierto indicios de esa actividad, y presentó sus conclusiones a la agencia. Mucho después, cuando leyó las afirmaciones de la Casa Blanca que sostenían que Sadam estaba buscando torta amarilla, Wilson intentó averiguar en qué se basaba la conclusión a la que había llegado la Casa Blanca, y descubrió que esos fundamentos eran inexistentes. Entonces, Wilson escribió una columna para el *New York Times* describiendo lo que él consideraba la verdad. Inmediatamente, la Casa Blanca inició una campaña para intimidar a Wilson y, violando la ley federal, hizo pública la identidad de la esposa de Wilson, una agente de la CIA involucrada en operaciones secretas. Tanto Wilson como su esposa, Valerie Plame, se dieron cuenta de inmediato de que el objetivo de los ataques personales contra ellos era el de intimidar a otros que pudieran estar en desacuerdo con la Casa Blanca y su política.

La Casa Blanca intentó también hacer extensibles sus esfuerzos para manipular las impresiones del pueblo estadounidense mediante una campaña para intimidar a los medios de comunicación, con objeto de que presentasen una imagen más favorable de la administración. Poco después de los atentados del 11-S, el ex secretario de prensa Ari Fleischer respondió a las críticas por parte de la retórica de la administración sobre el terrorismo advirtiendo que los comentaristas «deben tener cuidado con lo que dicen».[57] Cuando a la Casa Blanca no le gustó la forma de presentar las noticias de la CBS, el presidente se dedicó a escenificar un gesto de intimidación montando una secuencia en la que se le veía realizando su trayecto diario desde el Despacho Oval hasta la limusina que le aguardaba, mientras llevaba debajo del brazo, bien visible para las cámaras, un ejemplar de un libro escrito por un conservador de derechas y que acusaba a la CBS de tener graves prejuicios.

Dan Rather, ex presentador de la CBS, dijo que la atmósfera posterior al 11-S impidió a los periodistas formular al gobierno «las preguntas más difíciles de todas». Rather llegó hasta el punto de comparar los esfuerzos de la administración para intimidar a la prensa con la técnica del «collar de fuego» propia del apartheid sudafricano. Aunque admitió que se trataba de una «comparación obscena», añadió: «Siempre tienes miedo de que te pongan el collar; que te metan la cabeza en ese neumático ardiendo que es la falta de patriotismo».[58]

Christiane Amanpour, de la CNN, dijo: «Creo que a la prensa se le puso un bozal, y creo que los propios periodistas contribuyeron a ello. Lamento tener que decirlo, pero está claro que la televisión y, quizá hasta cierto punto, mi cadena, se sintió intimidada por la administración».[59]

El columnista del *New York Times* Paul Krugman fue uno de los primeros periodistas que expuso la tergiversación constante de los hechos por parte del presidente. Krugman escribió: «No pasemos por alto el papel que desempeña la intimidación. Después del 11-S, si alguien pensaba en decir algo negativo sobre el presidente [...] ya podía esperar que los gurús de derechas y sus publicaciones hicieran todo lo posible por arruinar su reputación».[60] Bush y Cheney han sembrado adrede la confusión, intentando al mismo tiempo castigar a los periodistas que supongan una amenaza para la perpetuación de esta.

El poder ejecutivo contemporáneo ha tomado la costumbre de intentar controlar e intimidar a las nuevas organizaciones, desde la PBS hasta la CBS, pasando por *Newsweek*. Contrataron a actores para que hicieran comunicados de prensa falsos y pagaron a los periodistas y a los columnistas que estuvieron dispuestos a aceptarlo a cambio de que les hicieran quedar bien. Cuando en momentos cruciales necesitaron que les echaran una mano, adquirieron la costumbre de llamar a un pseudoperiodista, Jeff Gannon, a quien la Casa Blanca había otorgado credenciales de prensa aunque en realidad trabajaba para una página web propiedad de un delegado de Texas del Partido Republicano. Por supuesto, Jeff Gannon había trabajado también como escolta. La ironía estriba en que uno de los intentos de Gannon (cuyo verdadero nombre era James D. Guckert) para hacer quedar bien al presidente Bush se produjo inmediatamente después de que un periodista de verdad formulase una pregunta acerca de los pagos que había efectuado la administración Bush al columnista Armstrong Williams por haber creado una cortina de humo para la propaganda favorable de sus políticas, vendiéndolas como noticias independientes y objetivas.[61] Cuando el presidente acabó de contestarle, señaló rápidamente a Gannon y le dijo: «Usted dirá». Entonces Gannon hizo una crítica implacable de los líderes democráticos dentro de la Cámara de Representantes y del Senado, y preguntó al presidente: «¿Cómo va a trabajar con personas que parecen haberse divorciado de la realidad?». Buena pregunta.

Es magnífico que la conversación del presidente con un «periodista» contribuyese a desviar la atención de los esfuerzos destinados a investigar el creciente grado de corrupción en la interacción entre una prensa libre y los cargos públicos. Viene a ser una versión en directo de las escenas falsas en los anuncios de campañas políticas, cuando unos actores pretenden ser «ciudadanos objetivos» que expresan su apoyo al candidato cuyos partidarios han pagado ese anuncio. Estas imitaciones sintéticas de la democracia, como el retrato que hace Gannon de lo que es un periodista, sirven para desviar la atención pública de la actual traición del verdadero proceso democrático.

También han pagado a actores que hacen comunicados de prensa grabados en vídeo, y a algunos comentaristas que estaban dispuestos a dejarse sobornar por hacer propaganda del gobierno.[62] Y casi cada día, con la ayuda de sus aliados radiofónicos de la derecha, lanzan verdaderos escuadrones de correos digitales para aplastar a cualquier periodista que consideren que está criticando al presidente.

Estas tácticas van destinadas a facilitar el proceso de engañar al pueblo. Tal y como escribió en cierta ocasión el juez Hugo L. Black en una cita que marcó historia: «La prensa estaba protegida para que pudiera poner al descubierto los secretos del gobierno e informar al pueblo. Solo si la prensa es libre y tiene capacidad ilimitada de acción, será eficaz para revelar el engaño gubernamental. Y entre las responsabilidades esenciales de una prensa libre se cuenta el deber de advertir a cualquier sector del gobierno que no debe engañar a la gente».[63]

En 2002, la administración Bush incluso propuso un programa destinado a estudiar a la ciudadanía, que consistía en nombrar a millones de estadounidenses para que espiasen a sus vecinos. Nacido del Departamento de Justicia, el Sistema de Información y Prevención del Terrorismo, o TIPS, se diseñó para animar a ciertos estadounidenses —personas que tenían acceso a muchos hogares, como carteros, fontaneros y transportistas— a contar al gobierno lo que observaban en su día a día. El Congreso desmontó el programa poco después de que se propusiera, pero a pesar de todo se pusieron en práctica algunos de sus elementos, como el hecho de escuchar conversaciones secretas de algunos ciudadanos estadounidenses sin permiso judicial.

Esta administración pretende guardar su trabajo en secreto mientras existe de manera paralela un acceso amplio e ilimitado a la información personal sobre los ciudadanos estadounidenses. Bajo la pretensión de proteger la seguridad nacional, los miembros de la administración han obtenido nuevos poderes para sonsacar información a los ciudadanos y mantenerla en secreto. Sin embargo, al mismo tiempo se niegan a revelar información esencial en la lucha contra el terrorismo.

Ha sido precisamente ese papel forzado de las ideas en el sistema político estadounidense lo que ha animado a la Casa Blanca a imponer vigorosamente un secreto sin precedentes sobre sus actividades y a intentar controlar el flujo de información, para en consecuencia poder controlar el resultado de todas las decisiones importantes que todavía están en manos del pueblo. En lugar de aceptar nuestra tradición de apertura y de responsabilidad, esta administración ha optado por gobernar mediante una autoridad incuestionable.

Con demasiada frecuencia, a esta administración le duele la verdad; es decir, le duele que el pueblo estadounidense la conozca. En consecuencia, a menudo ha intentado tranquilizarse privando al pueblo estadounidense del acceso a una información a la que tiene derecho.

Se supone que, por lo general, un gobierno de y para el pueblo está abierto al escrutinio público, mientras que la información privada de los ciudadanos debe estar protegida por norma de la intrusión gubernamental. Esta administración ha puesto patas arriba la premisa fundamental de nuestra democracia. Y al final, sus ataques contra nuestros principios democráticos básicos nos han hecho menos libres y nos han arrebatado nuestra seguridad.

5

El ataque contra el individuo

Del mismo modo que la frontera entre la «esfera económica» y la «esfera política» ha ido variando con el paso del tiempo, tal y como veíamos en el capítulo 3, los límites entre «el individuo» y «la nación» también se han trazado de formas distintas en diversas sociedades y momentos históricos. La nueva tecnología de la información, la imprenta, que permitió a los individuos usar el conocimiento como fuente de influencia, condujo a un nuevo reconocimiento del papel de los individuos, y a un nuevo respeto por ellos. Podríamos decir que la idea de la dignidad del individuo adquirió un nuevo significado con la nueva accesibilidad a la información que llegó en los albores de la imprenta. Sin las palabras escritas —y el conocimiento transmitido a las masas por medio de ellas, que se alfabetizaron—, no habría Declaración de Derechos en Estados Unidos que protegieran la libertad y la dignidad de las personas.

De una forma muy parecida a como la revolución de la información del último cuarto del siglo XX transformó la economía al sustituir la inventiva por las materias primas (el valor total de todo lo que se producía en Estados Unidos creció en un 300 por ciento entre 1950 y 2000, mientras que el volumen de toneladas siguió siendo el mismo),[1] la revolución de la información que comenzó a finales del siglo XV fue sustituyendo, en la economía política europea, la fuerza de las armas por la del pensamiento.

En cuanto pudieron transmitirse fácilmente pensamientos complejos de un individuo a la gran mayoría —y en cuanto otros pudieron recibirlos sin dificultad y, potencialmente, estar de acuerdo con ellos—, de repente cada persona gozó de la posibilidad de tener voz y voto en el poder político de las masas. Por consiguiente, el flujo libre de información confirió a cada persona una mejor posición social —independientemente de su clase social o de su riqueza— desde la que exigir una medida de dignidad igual a la de todos los demás, y capacitó a los individuos en el análisis del uso que hacían del poder quienes estaban en el gobierno.

Como resultado de ello, mientras los individuos tuvieron acceso al foro público en términos iguales —o casi iguales— a los de quienes ostentaban la riqueza o el poder, pudieron ejercer un poder político, y el Estado les consideró dignos de respeto. Lo cierto es que, en la época de la revolución americana, el poder del Estado se entendía como legítimo solo cuando se derivaba del consentimiento de los individuos en cuyo nombre se ejercía. Era como si cada persona tuviera derecho a ondear simbólicamente la bandera legendaria que llevaron los marinos reunidos por el Congreso Continental en 1775, y que decía: NO ME PISES.

Hoy día, por el contrario, los estadounidenses en la era de la televisión no disponen de los mismos medios para llamar la atención —y provocar el acuerdo— de sus conciudadanos ni siquiera sobre la opinión expresada con la mayor elocuencia posible. A diferencia de la serpiente amenazadora con trece cascabeles que figuraba en la bandera de hace más de dos siglos, los ciudadanos estadounidenses del siglo XXI ya no parecen ser tan respetados por su gobierno.

Por supuesto, hace dos siglos los afroamericanos, los nativos americanos y las mujeres no eran considerados dignos de respeto. Y en realidad, el acceso al foro público estaba mucho más abierto a las élites que gozaban de educación que al ciudadano de a pie. A pesar de que en el siglo XVIII había mucha gente que sabía leer y escribir, el analfabetismo suponía una barrera para muchas personas, como lo sigue siendo para numerosos estadounidenses de nuestros tiempos.

A pesar de todo, debido a la supremacía de la televisión sobre la prensa, y a la infancia prolongada de internet en sus inicios como serio competidor para la televisión, hemos perdido temporalmente aquel lugar de reunión en el foro público, donde las ideas poderosas de determinados individuos tienen el potencial suficiente para alterar las opiniones de millones, provocando cambios políticos importantes. Lo que ha surgido en su lugar es un foro público muy distinto, en el que a los individuos se les halaga constantemente, pero donde raras veces se les escucha. Cuando el consentimiento del gobierno lo manufacturan y manipulan comerciantes y propagandistas, la razón desempeña un papel muy reducido.

Cada mes que pasa, internet proporciona nuevas oportunidades a los individuos para que recuperen el papel histórico que tuvieron en la democracia de Estados Unidos. Los blogs, por ejemplo, empiezan a funcionar como técnica para controlar y equilibrar la información imprecisa que facilitan los medios de comunicación. Además, la creciente distribución de videoclips breves por internet está convenciéndonos de que, al final, la televisión se considerará un medio de transición entre la era de la imprenta y la de internet. A pesar de esto, por el momento, la televisión sigue siendo el medio más poderoso con diferencia. La similitud de los mensajes destinados a las masas, cuidadosamente pensados, así como la ausencia de una interacción genuina, socavan y corroen el individualismo. Como resultado, la dignidad de los individuos en la sociedad estadounidense ha perdido posiciones.

Aparte de esto, el reducido papel que desempeñan los individuos en la conversación nacional estadounidense ha venido acompañado por una pérdida de respeto hacia los *derechos* de las personas, sobre todo durante la administración Bush-Cheney.

Por ejemplo, el presidente Bush ha declarado que tiene el poder inherente —y hasta ahora inaudito— de detener y encarcelar a cualquier ciudadano estadounidense al que considere un peligro para nuestro país, sin orden de detención, sin notificarle los cargos que le imputan y sin informar siquiera a su familia de que ha sido encarcelado. El presidente afirma tener la capacidad de sacar a un ciudadano de la calle y mantenerle entre rejas indefinidamente —incluso durante el resto de su vida—, denegando a ese ciudadano el derecho a hacer una llamada telefónica o a consultar un abogado; esa persona no tiene derecho ni siquiera a decir que el presidente o sus agentes han cometido un error y han metido en la cárcel a la persona equivocada.

Según el presidente, lo único que es necesario para hacer que esto sea legal, es que él tilde al ciudadano de «combatiente enemigo ilegal». Esas son las palabras mágicas. Si el presidente decide, por su cuenta, que esas palabras definen con precisión a alguien, esa persona puede ser encarcelada de inmediato y quedar incomunicada todo el tiempo que desee el presidente, sin que un tribunal tenga derecho a decidir si los hechos justifican o no su encarcelación. Estas son medidas que el presidente ha anunciado, y que ahora mismo se están debatiendo en los tribunales, pero por el momento con un éxito más bien moderado.

Ahora bien, si el presidente comete un error o alguien que trabaja para él le facilita información equivocada, y encierran a una persona inocente, es prácticamente imposible que el prisionero demuestre su inocencia, porque no puede hablar ni con un abogado, ni con sus familiares ni con nadie. Ni siquiera tiene derecho a saber de qué crimen concreto se le acusa. Por tanto, el presidente puede arrebatar de inmediato a cualquier estadounidense ese derecho constitucional a la libertad y a la búsqueda de la felicidad, que según nuestra forma de pensar anticuada pensábamos que era «inalienable», y hacerlo, además, sin que ninguna rama gubernamental analice los hechos.

Para aquellas personas que están bajo custodia federal y que consiguen disfrutar de representación legal, la administración actual ha emitido una normativa que autoriza al secretario de Justicia a escuchar todas las conversaciones entre el acusado y su abogado, si el secretario, y solo él, sospecha que es necesario. Esta normativa elude cualquier proceso existente destinado a obtener una vista judicial anterior a ese control, en los casos infrecuentes en que se permitía en el pasado. Ahora, la persona detenida por los federales tiene que asumir que el gobierno puede estar escuchando todas las consultas que haga a sus abogados.[2]

En su famoso libro *El proceso*, Franz Kafka escribió sobre un reo ficticio, «K.», que se encontraba en una situación inquietantemente parecida a la de un prisionero de la administración Bush-Cheney:

> K. no debía olvidar el hecho de que el proceso no era público; si el tribunal lo considera necesario, puede hacerlo público, pero la ley no prescribe la publicidad. De ahí que las actas del tribunal, principalmente el texto de la acusación, sean inaccesibles al acusado y a su defensa. Por ello, en general, no se sabe, o no se sabe muy bien, contra qué dirigir el primer memorial. Esto explica que, propiamente, solo por casualidad pueda contener algo importante para el caso. Solo más tarde se pueden redactar memoriales realmente acertados y probatorios, cuando, en el transcurso de los interrogatorios al acusado, surgen con mayor claridad los distintos puntos de la acusación y la fundamentación de los mismos, o bien es posible adivinarlos. En estas condiciones, la defensa se encuentra, naturalmente, en una posición muy desfavorable y difícil. Pero también esto es intencionado. En realidad, la defensa no está permitida de hecho por la ley, sino simplemente tolerada [...]. Por ello, en un sentido estricto, no existen abogados reconocidos por el tribunal; todos los que comparecen ante él en calidad de abogados lo hacen en el fondo como pobres picapleitos.[3]

Tal y como dijo en cierta ocasión Winston Churchill: «El poder que tiene el gobierno para meter a un hombre en la cárcel sin formular ninguna acusación conocida por la ley, y en especial para negarle el juicio de sus semejantes, es aborrecible en gran medida, y constituye el fundamento de todos los gobiernos totalitarios, ya sean nazis o comunistas».[4]

Recientemente, el Tribunal Supremo ha discrepado de esa extravagante pretensión de la administración de disponer de un poder extralegal, pero el presidente ha recurrido a unas maniobras legales que, hasta el momento, han impedido que el Tribunal frene adecuadamente ese abuso de poder.

En realidad, lo que sucede es que esta administración no parece estar de acuerdo en que el reto de conservar la libertad democrática no puede afrontarse mediante la renuncia a valores estadounidenses esenciales. Lo increíble es que esta administración ha intentado comprometer los derechos más preciados que Estados Unidos ha defendido en el mundo durante más de doscientos años: el buen hacer de la justicia, el trato igualitario bajo la ley, la dignidad del individuo, la imposibilidad de que se le investigue y se le detenga sin causas probadas y el derecho del individuo a que el gobierno no le vigile sin motivo.

Por ejemplo, cuando se fundó Estados Unidos, los ciudadanos individuales estaban amparados por la Declaración de Derechos frente a todo tipo de investigación y de detención irrazonables. Durante los dos primeros siglos de existencia de nuestro país, si la policía quería registrar la casa de alguien, debían ser capaces de convencer a un juez independiente para que les otorgase una orden de registro, y entonces (con raras excepciones) tenían que llamar a la puerta y gritar: «¡Abra!». Si la persona no abría rápidamente la puerta, la policía tenía derecho a tirarla abajo.[5] Además, si se llevaban algo de la vivienda, debían dejar una lista donde se detallara todo lo que habían cogido. De ese modo, si todo era un lamentable error (como sucede a veces), la persona podía ir a reclamar sus pertenencias.[6]

Pero ahora todo eso ha cambiado. Desde hace unos pocos años, a los agentes federales se le ha concedido una nueva autoridad mediante la Ley Patriota, que les permite efectuar «registros secretos» en casos no relacionados con el terrorismo. Pueden entrar en su casa sin que usted lo sepa —tanto si usted está en ella como si no— y esperar meses antes de anunciarle que le hicieron esa visita. Estos registros no tienen por qué tener nada que ver con el terrorismo. Cualquier violación de la ley, por pequeña que sea, puede darles pie a colarse en su casa.[7] Además, la nueva ley permite eludir fácilmente el antiguo requisito de una orden de registro; los agentes no tienen más que decir que registrarle a usted la casa puede tener cierta relación (aunque sea remota) con la investigación de algún agente o de un poder extranjero.[8] Entonces pueden acudir a otro tribunal —secreto—, que de momento solo ha rechazado cuatro órdenes de registro de las más de dieciocho mil que le han sido presentadas.[9]

En un discurso pronunciado en la sede central del FBI, el presidente Bush fue incluso más lejos, y propuso que el fiscal general tuviera derecho a autorizar esas actuaciones especiales mediante una orden administrativa, sin necesidad de que un tribunal emitiera una orden de registro.[10]

Aquí va otro cambio reciente en nuestras libertades civiles: ahora, si lo desea, el gobierno federal tiene derecho a enterarse de cuáles son todas las páginas web que usted visita, y hacer una lista de todas las personas a las que envía correos electrónicos o que se los envían a usted, así como de todas las personas a las que llama por teléfono o que le llaman; y ni siquiera tiene que aducir causas probables de que usted haya cometido una infracción. El gobierno tampoco tiene que informar a ningún tribunal de lo que está haciendo con esa información. Además, hay muy pocas salvaguardas que impidan al gobierno leer el contenido de los correos que usted envía.[11]

La verdad es que la administración actual también pretende tener derecho a leer el correo que usted recibe gracias al servicio postal (y, por tanto, a escuchar todas sus llamadas telefónicas) siempre que le apetezca. Los cargos públicos prometen no hacerlo a menos que tengan buenos motivos para ello. Pero son ellos quienes, por su cuenta, deciden qué constituye un buen motivo, y no necesitan disponer del permiso de un juez. Esto sorprende a todos los que conocemos bien la Constitución estadounidense. Los tribunales siempre han reconocido la autoridad presidencial inherente en aquellas emergencias infrecuentes en que se deban realizar investigaciones y registros que, de otro modo, requerirían una orden judicial. La diferencia estriba en que este presidente pretende disponer del derecho a entrar en su casa, pinchar su teléfono y leer su correspondencia cuando mejor le parezca y, además, hacerlo con regularidad, en el caso de numerosísimos estadounidenses, y a gran escala.[12]

Siempre que alguien que critica esta práctica señala que constituye un recorte de los derechos individuales que la Constitución confiere a los estadounidenses, esta administración le acusa de «respaldar el terrorismo». Pero cada vez hay más estadounidenses, de ambos partidos políticos, que han manifestado su preocupación por que la política de Bush sirva para sentar un precedente, de modo que los futuros presidentes puedan violar por norma los derechos individuales protegidos en la Constitución.

Muchos temen que, si nadie desafía el patrón que ha iniciado esta administración, este pueda convertirse en parte permanente del sistema estadounidense. Algunos conservadores, que tienen sus principios, han indicado que conferir poder ilimitado a este presidente podría significar que el próximo también goce de él. Además, son muy conscientes de que el siguiente en ocupar ese cargo podría ser alguien cuyos valores y creencias ellos no compartiesen.

Mientras estuvo bajo control republicano, el Congreso de Estados Unidos introdujo una ley que clarificaba los procedimientos que la rama ejecutiva debía seguir para proteger la privacidad de las cartas repartidas mediante el servicio postal. Pero el presidente, en el momento en que firmó la ley, envió un comunicado escrito enfatizando su propia autoridad independiente para inspeccionar cartas privadas sin orden judicial alguna.

Tal como escribió James Madison, el principal redactor de la Constitución: «Los casos en que la libertad de las personas se coarta por medio del acoso gradual y secreto de quienes están en el poder son mucho más numerosos que los producidos mediante usurpaciones repentinas y violentas».[13]

O, por citar otro de los cambios —y, gracias a los bibliotecarios, la ciudadanía tiene más conocimiento de este—, la Casa Blanca se ha arrogado el derecho de enviar al FBI a cualquier biblioteca y solicitar la ficha de todo aquel que la haya frecuentado, obteniendo una lista de lo que lee cada persona, diciendo sencillamente que esa información es relevante para una investigación llevada a cabo por el servicio de inteligencia. Han llegado a usurpar el poder de obligar a los bibliotecarios a guardar silencio sobre una de estas peticiones, porque si no corren el riesgo de que los encarcelen; aunque un tribunal sentenció que este silenciamiento era inconstitucional, y desde entonces el Congreso lo ha modificado. De forma similar, el FBI puede exigir los archivos de bancos, universidades, hoteles, hospitales, empresas de tarjetas de crédito y muchos otros tipos de compañías.[14]

La administración también ha pretendido tener el derecho de realizar investigaciones sobre la economía y los antecedentes de una persona, y de recopilar otros datos sobre cualquier individuo que el gobierno considere «digno de investigación» (lo cual quiere decir cualquiera a quien considere sospechoso), incluso sin que medie evidencia alguna de conducta delictiva.[15]

La administración también ha autorizado a los agentes del FBI a asistir a reuniones en iglesias, concentraciones, reuniones políticas y cualquier otra actividad ciudadana abierta al público, simplemente por propia iniciativa de los agentes, lo cual rebate una política que tiene décadas de antigüedad y que exigía justificar ante determinados supervisores que semejante actuación tenía una relación probable con una investigación legítima.[16]

Tal y como sabemos ahora, han pillado a la rama ejecutiva de nuestro gobierno investigando en las vidas privadas de muchísimos ciudadanos estadounidenses, y sus miembros han afirmado sin tapujos que tienen el derecho unilateral de seguir haciéndolo sin tener en cuenta la ley que formuló el Congreso para evitar semejantes abusos. Ese respeto es obligatorio para que pueda restaurarse la fuerza de la ley.

¿Por qué debe alarmarnos esa actuación? Recordemos que, durante los últimos años de su vida, la línea telefónica del doctor Martin Luther King Jr. estuvo pinchada ilegalmente, y él fue solo uno de los cientos de miles de estadounidenses cuyas comunicaciones privadas fueron interceptadas por el gobierno durante esa época. El FBI, en privado, definió a King como «el líder negro más peligroso e influyente del país»,[17] y prometía «hacerle bajar del pedestal».[18] El gobierno llegó incluso a intentar destruir su matrimonio y quiso chantajearle para que se suicidara.

Esta campaña continuó hasta que el doctor King fue asesinado. De hecho, lo que ayudó al Congreso a implementar nuevas restricciones estatutarias sobre las intervenciones electrónicas fue precisamente el descubrimiento de que el FBI había realizado una campaña prolongada y exhaustiva de vigilancia electrónica destinada a infiltrarse en los asuntos internos de la Southern Christian Leadership Conference, enterándose de los detalles más íntimos de la vida del doctor King.

El resultado de este y de otros abusos fue la Ley de Vigilancia e Inteligencia Exterior (FISA), que se redactó expresamente para garantizar que los datos obtenidos en la vigilancia de extranjeros por parte de los agentes federales se hicieran llegar a un juez imparcial que determinara si existía o no una base firme para proseguir con la investigación. Yo voté a favor de esa ley durante mi primer mandato en el Congreso, y durante casi treinta años el sistema ha demostrado ser un medio factible y valioso para otorgar cierto grado de protección a los ciudadanos, permitiendo al mismo tiempo que sigan realizándose este tipo de investigaciones.

De repente, en diciembre de 2005, los estadounidenses descubrieron algo tremendo: que a pesar de esa ley tan venerable, la rama ejecutiva ha estado espiando a una ingente cantidad de estadounidenses durante más de cuatro años, e inmiscuyéndose en numerosísimas llamadas telefónicas y correos electrónicos «dentro de las fronteras de Estados Unidos», sin disponer de órdenes de registro ni de ninguna autoridad legal nueva.

Durante la época en que esas intromisiones fueron secretas, el presidente hizo todo lo posible por convencer al pueblo estadounidense en más de una ocasión de que, por supuesto, para que un gobierno espíe a los ciudadanos de nuestro país necesita un permiso judicial y que, faltaría más, esas garantías constitucionales seguían vigentes.[19]

Las afirmaciones tranquilizadoras del presidente resultaron ser falsas para todos menos para él. Además, en cuanto la prensa descubrió ese programa de espionaje doméstico, el presidente no solo confirmó que la historia era cierta, sino que declaró que no tenía intención de acabar con esa invasión de la privacidad a gran escala.

Actualmente, aún tenemos mucho que aprender acerca de otra declaración más reciente que se produjo poco después del cambio de control del Congreso, que afirmaba que la Casa Blanca empezaría a obedecer a la FISA. Pero la imposición del secreto a todos los procesos legales no resulta precisamente tranquilizadora. Y lo que ya sabemos sobre esa vigilancia electrónica omnipresente nos lleva a la ineludible conclusión de que el presidente de Estados Unidos ha estado violando la ley repetidas veces sin cesar.[20]

El fiscal general del Estado Gonzales escribió que la administración aún cree que el programa es legal, pero que ahora han acudido al tribunal de la FISA y que un juez ha establecido normas que garantizan «la celeridad y la agilidad necesarias» para combatir el terrorismo. Ni Gonzales ni los funcionarios del Departamento de Justicia han revelado detalles sobre las reglas que ha impuesto el tribunal, argumentando que los detalles estaban clasificados como secretos, de modo que no está claro si la FISA concede a la administración autorizaciones en casos individuales, o bien le ha otorgado una autoridad más general. El modo en que la administración ha gestionado este tema encaja con su tendencia a reducir las controversias haciendo pequeñas concesiones en su práctica, pero sin renunciar al principio general que subyace en ella.

Los hombres del presidente no tienen pelos en la lengua cuando hablan de las leyes estadounidenses. El fiscal general admitió abiertamente que «el tipo de vigilancia» que ahora sabemos que ha estado realizando exige una orden del tribunal a menos que la autorice un estatuto. Está claro que la FISA no autoriza lo que ha estado haciendo la Agencia de Seguridad Nacional (NSA), y que nadie dentro de o fuera de la administración afirma que sí lo hace. Lo más increíble es que la administración afirma que esa vigilancia quedó autorizada implícitamente cuando el Congreso votó para aprobar el uso de la fuerza contra quienes nos atacaron el 11 de septiembre.[21]

Este argumento no se sostiene, y se enfrenta a numerosos hechos vergonzosos. Primero, otra admisión por parte del fiscal general Alberto Gonzales: él admite que la administración ya sabía que el proyecto de la NSA estaba prohibido por la legislación vigente, y que consultaron con algunos miembros del Congreso para ver si podía cambiarse el estatuto. Gonzales afirma que en la administración le dijeron que eso era improbable.[22] Por tanto, resulta increíble que la administración declare más tarde que la Autorización del Uso de la Fuerza Militar autorizaba implícitamente el proyecto de la NSA. Segundo, cuando se estaba debatiendo la autorización, los miembros de la administración intentaron plasmarla con unas palabras que les hubieran autorizado a usar la fuerza militar dentro de Estados Unidos, y el Congreso no estuvo de acuerdo. El senador Ted Stevens (R-AK) y el congresista Jim McGovern (D-MA), entre otros, hicieron algunas declaraciones durante el debate de la autorización que claramente reafirmaban que esta nunca se aplicaría dentro de las fronteras de nuestro país.[23]

Lo que ha llevado a nuestra república al borde de un desgarrón peligroso en el tejido de la democracia ha sido la falta de respeto que tiene la administración por la Constitución estadounidense. Esa falta de respeto encarnada en las infracciones masivas de la ley forma parte de una estructura más amplia de aparente indiferencia hacia la Constitución, indiferencia que resulta más que preocupante para millones de estadounidenses de ambos partidos políticos.

Thomas Paine, cuyo panfleto titulado *El sentido común* contribuyó a poner en marcha la revolución americana, describió sucintamente la alternativa de nuestro país. Él dijo que aquí procurábamos que «la ley gobierne».[24] El cumplimiento vigilante al imperio de la ley fortalece nuestra democracia y también nuestro país. Garantiza que quienes gobiernan lo hacen dentro de nuestro marco constitucional, lo cual significa que nuestras instituciones democráticas desempeñan un papel indispensable en la conformación de la política y en la determinación de la dirección en que avanza nuestro país. Esto supone que los ciudadanos de esta nación son quienes, en última instancia, deciden el camino que sigue, y no los cargos ejecutivos que trabajan en secreto y sin limitaciones.

El imperio de la ley nos hace más fuertes al garantizar que las decisiones serán probadas, estudiadas, revisadas y examinadas por los procedimientos de gobierno destinados a mejorar la política. Además, ese conocimiento de que serán examinadas evita que nadie se pase de la raya, y controla la acumulación de poder.

Por la misma regla de tres, cuando nadie pone cortapisas al poder y cuando quienes lo ostentan no tienen que rendir cuentas a nadie, este incurre casi inevitablemente en errores y abusos. En ausencia de una responsabilidad rigurosa, florece la incompetencia. Se fomenta y se recompensa la falta de honradez.

Por ejemplo, en enero de 2006, el vicepresidente Cheney intentó defender el espionaje de los ciudadanos estadounidenses por parte de la administración aduciendo que, si hubieran puesto en marcha ese programa antes del 11-S, habrían detectado los nombres de algunos de los secuestradores de los aviones.[25]

Lo trágico es que, aparentemente, él todavía no se ha enterado de que, bastante antes del 11-S, los miembros de la administración disponían de los nombres de al menos dos de los secuestradores, y además tenían información que les podría haber conducido fácilmente a la identificación de los otros participantes. Sin embargo, debido a su incompetencia para utilizar esa información, nunca se usó para proteger al pueblo estadounidense.

De hecho, había una gran cantidad de información disponible antes del 11-S que, seguramente, podría haberse empleado para evitar aquella tragedia. Un análisis reciente elaborado por la Markle Foundation (que trabaja con datos procedentes de una empresa de software que recibió capital de riesgo de una compañía patrocinada por la CIA) demuestra esto de una forma sorprendente:

- A finales de agosto de 2001, Nawaf Alhazmi y Jalid Almidhar compraron billetes para volar en el vuelo 77 de American Airlines (el que se estrelló en el Pentágono). Compraron los billetes usando sus verdaderos nombres. En aquel momento los nombres figuraban en una lista de vigilancia del Departamento de Estado/INS llamada TIPOFF. A los dos hombres los buscaba el FBI y la CIA como sospechosos de terrorismo, en parte porque les habían visto en una reunión de terroristas celebrada en Malaisia.
- Si se hubiesen confrontado con la lista de TIPOFF, estos dos nombres habrían coincidido exactamente. Pero ese hubiera sido tan solo el primer paso. Entonces se podrían haber realizado más comprobaciones de datos.
- Al buscar direcciones en común (la información sobre direcciones postales está ampliamente disponible, incluso en internet), los analistas habrían descubierto que Salem Alhazmi

(que también compró un billete para el vuelo 77 de American Airlines) usó la misma dirección que Nawaf Alhazmi. Lo que es más importante, hubieran descubierto que Mohamed Atta (vuelo 11 de American Airlines, torre norte del World Trade Center) y Marwan al-Shehhi (vuelo 175 de United Airlines, torre sur del World Trade Center) utilizaron la misma dirección postal que Jalid Almidhar.

- Una vez identificado Mohamed Atta como posible asociado del terrorista buscado Almidhar, los analistas podrían haber añadido a su lista los números de teléfono de Atta (información también disponible públicamente). Al hacerlo, habrían identificado a otros cuatro secuestradores (Fayez Ahmed, Mohand Alshehri, Wail Alshehri y Abdulaziz Alomari).
- Más próximos al 11 de septiembre, si se hubiera hecho una nueva comprobación de la lista de pasajeros comparándola con una lista de vigilancia de la INS menos importante (la que detecta visados caducados), habrían identificado a Ahmed Alghamdi. Por medio de él, una serie de correlaciones sencillas hubiera conducido a la identificación de los otros secuestradores, que embarcaron en el vuelo 93 de United Airlines (que se estrelló en Pensilvania).[26]

Este análisis de la Markle Foundation demuestra claramente que se disponía de todos los datos en bruto necesarios para evitar los atentados del 11-S. En el capítulo siguiente explicaré cómo los agentes más importantes del FBI y de la CIA conocían la existencia de buena parte de esta información, y a pesar de eso, aunque intentaron llamar la atención de la Casa Blanca, sus burócratas les pusieron todo tipo de trabas.

Hablando sin rodeos, lo que necesitamos es un análisis mejor y a tiempo. El mero hecho de acumular más datos en bruto y prácticamente irrelevantes no solo no mejorará las cosas, sino que es posible que perjudique el proceso. Tal y como dijo uno de los máximos tecnólogos de seguridad del país, Bruce Schneier: «Estamos buscando una aguja en un pajar. Añadir más paja no nos llevará necesariamente a ninguna parte».[27]

En otras palabras, la recopilación masiva de datos personales de cientos de millones de personas dificulta aún más proteger al país de los terroristas, y por tanto debería de recortarse en la medida de lo posible.

Por supuesto, ha habido otras épocas en la historia de Estados Unidos en que la rama ejecutiva se arrogó nuevos poderes que, más adelante, se vio que eran excesivos y equivocados. Nuestro segundo presidente, John Adams, introdujo las infames Leyes sobre Extranjeros y Sedición), e intentó silenciar y encarcelar a sus críticos y a sus adversarios políticos.

Cuando su sucesor, Thomas Jefferson, eliminó aquellos abusos de poder, dijo: «Los principios esenciales de nuestro gobierno [...] forman la brillante constelación que ha avanzado delante de nosotros y que ha guiado nuestros pasos por un tiempo de revolución y de reformación [...]. Si nos alejamos de ellos en momentos de error o de alarma, démonos prisa en volver sobre nuestros pasos y en retomar el camino que nos lleva hacia la paz, la libertad y la seguridad».[28]

Nuestro mayor presidente, Abraham Lincoln, suspendió el *habeas corpus* durante la guerra civil. Algunos de los peores abusos conocidos anteriores a los que ha perpetrado la administración actual los cometió el presidente Woodrow Wilson durante y después de la Primera Guerra Mundial, con las famosas cazas de brujas del «Red Scare» y Palmer. El internamiento en campos de los japoneses nacidos en Estados Unidos, que tuvo lugar durante la Segunda Guerra Mundial, marcó el punto más bajo del respeto por los derechos individuales a manos del poder ejecutivo. Luego vinieron los abusos de McCarthy durante la guerra fría. Y durante la guerra de Vietnam, el famoso programa COINTELPRO formó parte integral de los abusos que padecieron el doctor King y miles de personas más.

Pero en cada uno de estos casos, cuando el conflicto y la confusión pasaban, el país recuperaba su equilibrio y asimilaba las lecciones aprendidas. Después de cada uno de esos períodos de excesos, como nación nos sentimos avergonzados e intentamos compensar los abusos; en algunos casos lo hemos hecho mediante remuneraciones en metálico, en otros mediante disculpas, promulgando nuevas leyes y nuevas protecciones. Y aunque esta vez aún no hemos llegado a ese período de arrepentimiento y de expiación, es evidente que hace tiempo que estamos sumidos en una de esas épocas de excesos lamentables.

El ex juez del Tribunal Supremo William Brennan hizo un comentario sobre este ciclo cuando escribió: «Cada vez que ha concluido una crisis de seguridad, Estados Unidos se ha dado cuenta, arrepentido, de que la abrogación de las libertades civiles era innecesaria. Pero se ha mostrado incapaz de no repetir el mismo error cuando ha llegado la siguiente crisis».[29]

También tenemos motivos para preocuparnos de que lo que estamos experimentando ahora mismo ya no sea la primera parte de un ciclo recurrente, sino más bien el principio de algo nuevo. De entrada, la administración prevé que esta guerra dure hasta el fin de nuestras vidas. Por tanto, se nos dice que las circunstancias de amenaza nacional que otros presidentes han utilizado para justificar sus arrogaciones de poder van a eternizarse. Algunos han manifestado la opinión de que, con el tiempo, la situación empezará a parecerse a la «guerra» contra las drogas; es decir, que se convertirá en una lucha más o menos permanente que forme parte importante de nuestra agenda legislativa y de seguridad a partir de este momento. Si pasa eso, entonces cabe preguntarse cuándo morirá de muerte natural esta limitación de nuestras libertades (o si morirá).

Aparte de esto, llevamos varias décadas siendo testigos de la lenta pero constante acumulación de poder en manos del presidente. Dentro de un marco mundial de armas nucleares y tensiones propias de la guerra fría, el Congreso y el pueblo estadounidense aceptaron que la administración fuera ampliando cada vez más el círculo de actividad de espionaje y contraespionaje, y que distribuyera nuestras fuerzas armadas por todo el planeta. Un juez del Tribunal Supremo, Felix Frankfurter, escribió en un caso de ese Tribunal en 1952: «La acumulación peligrosa del poder no se produce de un día para otro. Se produce, aunque lentamente, a partir de la fuerza generadora que tiene la indiferencia incontrolada hacia las restricciones que limitan incluso la pretensión más desinteresada de autoridad».[30]

En aquel caso, el presidente Harry Truman se enfrentaba a una disputa con los propietarios de las acerías más grandes de todo el país, en medio de la guerra de Corea, que cada vez iba a peor. En una ampliación excesiva del poder presidencial, Truman declaró que el gobierno estadounidense sería el encargado de controlar esas acerías. Pero el tribunal le impidió poner en práctica ese proyecto, basándose en una legislación anterior redactada por el Congreso y que establecía normativas sobre este tema.

Un tercer motivo para preocuparse de que estemos siendo testigos de una discontinuidad y no de una regresión del círculo recurrente es que las nuevas tecnologías de vigilancia (que ya hace mucho que anticiparon novelistas como George Orwell y otros profetas del «Estado policial») están más extendidas ahora que en cualquier otro momento de la historia. Estas confieren al gobierno una nueva y poderosísima capacidad de reunir y analizar ingentes cantidades de información, analizándola en busca de signos de espionaje. Esto aumenta de forma significativa la vulnerabilidad de la privacidad y de la libertad de muchísimas personas inocentes. Además, tiene el potencial de alterar el equilibrio de poder entre el aparato estatal y la libertad del individuo de maneras tan sutiles como profundas.

Por otra parte, estas tecnologías no solo las usa el gobierno ampliamente, sino también empresas y otras entidades privadas. Esto es importante a la hora de evaluar lo que estipula la Ley Patriota para tantas empresas —sobre todo en la industria financiera—, que deben elaborar anualmente millones de informes para el gobierno, donde detallen las actividades sospechosas de sus clientes. También incide en la nueva flexibilidad que se ha otorgado a las compañías para que compartan la información relativa a sus clientes.[31]

El cuarto motivo de preocupación es que la amenaza de otros atentados terroristas es demasiado real, y los esfuerzos concertados por parte de las organizaciones terroristas para adquirir armas de destrucción masiva crean un imperativo real para ejercer los poderes de la rama ejecutiva con rapidez y agilidad; del mismo modo que la aparición de armas nucleares e ICBM (misiles intercontinentales) creó un nuevo imperativo práctico en la guerra fría, que alteró el equilibrio de la responsabilidad por la guerra entre el Congreso y el presidente. Además, en realidad existe un poder inherente conferido por la Constitución al presidente, que le permite actuar unilateralmente para proteger a la nación de una amenaza repentina e inmediata, y es imposible definir con precisión, en términos legales, cuándo cabe usar ese poder y cuándo no. Por ejemplo, si, en un caso aislado —o incluso en un número reducido de casos—, al presidente se le presenta la oportunidad de detener a un individuo porque tiene motivos sobrados para pensar que este va a perjudicar gravemente a Estados Unidos o a sus ciudadanos, tiene el poder inherente de actuar basándose en esa información. Como vicepresidente, yo mismo recordé este punto al presidente Clinton cuando tuvo la ocasión de detener a un terrorista de al-Qaeda que estaba planeando un ataque contra el país. El presidente siguió mi consejo, aunque el individuo al que intentamos capturar logró escapar.

Pero existe una enorme diferencia entre el ejercicio de ese poder presidencial inherente en casos excepcionales y el esfuerzo para instituir, en secreto, una nueva estructura masiva y permanente que, claramente, supera los límites establecidos en la Constitución. La existencia de ese poder inherente no se puede usar para justificar una apropiación flagrante y excesiva del poder que hace años que dura, y que provoca un grave desequilibrio en la relación entre la rama ejecutiva y las otras dos ramas gubernamentales.

Hay un último motivo para preocuparse de que estemos pasando por algo más que un ciclo de apropiación excesiva del poder y arrepentimiento ulterior. Esta administración ha obtenido el poder como consecuencia de una teoría legal que intenta convencernos de que esta concentración excesiva del poder en manos del presidente es exactamente lo que pretendía nuestra Constitución.

Por supuesto, eso es mentira. Si nuestros Padres Fundadores vieran las circunstancias en las que se encuentran sus descendientes y tuvieran que evaluar nuestra forma de administrarlas ahora, a principios del siglo XXI, estoy seguro de que se quedarían atónitos al ver las pretensiones de nuestra administración.

No cabe duda de que, tras los atentados del 11 de septiembre, seguimos enfrentándonos a nuevos desafíos, y que debemos hacer todo lo posible por proteger a nuestros compatriotas. Pero para proteger a los estadounidenses de los atentados terroristas no tenemos por qué saltarnos la ley o sacrificar nuestro sistema de gobierno. De hecho, hacerlo nos debilita y nos hace más vulnerables.

Además, a menudo suele pasar que el poder ejecutivo, engañado por la búsqueda del poder ilimitado, responde a sus propios errores proponiendo, reflexivamente, que se le conceda un poco más de poder. Con frecuencia, esta misma petición se usa para enmascarar la responsabilidad por los errores cometidos en el uso del poder.

Algunos de los peores abusos de los individuos a manos de la administración actual se produjeron cuando los inmigrantes árabes que viven en Estados Unidos fueron acosados durante las semanas posteriores a los atentados del 11-S. Ese ultraje colectivo perjudicó a nuestra seguridad de diversas maneras importantes.

Pero, primero, aclaremos qué pasó: esto fue poco más que un truco publicitario barato y cruel del que por entonces era fiscal general, John Ashcroft. El único crimen que había cometido más del 99 por ciento de los hombres —casi todos ellos de origen árabe— que fueron detenidos había sido quedarse en el país más tiempo del que permitían sus visados, o cualquier otra transgresión de poca monta, todo ello mientras intentaban alcanzar el sueño americano, como tantísimos otros inmigrantes. Pero se les utilizó como cabezas de turco en el esfuerzo por parte de la administración para dar la impresión de que habían atrapado a un buen número de tipos sospechosos. Muchos de ellos recibieron un trato espantoso y abusivo.

Reflexionemos sobre este ejemplo que estudió a fondo el que fuera columnista del *New York Times*, Anthony Lewis:

> Anser Mehmood, un paquistaní que había estado en el país más tiempo del permitido por su visado, fue arrestado en Nueva York el 3 de octubre de 2001. Al día siguiente, unos agentes del FBI le hicieron un interrogatorio breve, diciéndole luego que él ya no les interesaba. Después le pusieron esposas en las manos y los pies, una

cadena que le rodeaba la cintura, y se lo llevaron al Metropolitan Detention Center de Brooklyn. Allí, otros guardias le pusieron otro par de esposas en las manos y en los pies. Uno de ellos lanzó a Mehmood contra una pared. Los guardias le obligaron a bajar corriendo por una larga rampa, mientras el acero le cortaba las muñecas y los tobillos. Este maltrato físico fue acompañado de numerosos insultos.

Después de dos semanas, permitieron a Mehmood hacer una llamada telefónica a su esposa. Ella no estaba en casa, y a Mehmood le dijeron que tendría que esperar otras seis semanas para volver a intentarlo. La primera vez que la vio después de su arresto habían transcurrido tres meses. Durante todo aquel tiempo estuvo encerrado en una celda sin ventana, en confinamiento solitario, con dos fluorescentes que estaban encendidos todo el día. Al final, le acusaron de usar una tarjeta de la Seguridad Social que no era válida. Fue deportado en mayo de 2002, casi ocho meses después de su detención.[32]

La tradición religiosa que comparto con Ashcroft incluye esta enseñanza de Jesús: «Todo lo que le hagáis a uno de estos pequeños, a mí me lo hacéis».[33]

Y no nos equivoquemos: el lamentable trato al que la administración sometió a muchos de estos inmigrantes vulnerables ha creado un profundo resentimiento y ha perjudicado esa cooperación que tanto necesitan las comunidades de inmigrantes en Estados Unidos y la que esperan de los servicios de seguridad de otros países.

En lo que es, en cierto sentido, una jugada incluso más implacable, varios años después de que el Departamento de Justicia detuviera a más de mil doscientos individuos de origen árabe, sigue negándose a revelar los nombres de los detenidos, aunque prácticamente todos y cada uno de ellos han sido exonerados por el FBI de cualquier relación con el terrorismo. No existe ni una sola justificación por la que, en aras de la seguridad, se deban mantener en secreto esos nombres.[34]

La guerra es la violencia legitimada, pero incluso en medio de ella admitimos la necesidad de que haya reglas. Sabemos que en nuestras guerras nos hemos apartado de esas normas, a menudo como consecuencia de una ira espontánea que nace del calor de la batalla. Pero contamos con que nuestro presidente nos proteja de este tipo de violencia, no que cree el marco que la posibilita.

Podríamos esperar que el máximo representante político fuera el punto del que proviniese el resarcimiento y el cumplimiento de la ley. Ese era uno de los grandes orgullos de nuestro país: el liderazgo humano fiel a la ley. Sin embargo, lo que tenemos ahora es el resultado de unas decisiones que han tomado un presidente y una administración para quienes la mejor ley es la que no existe, siempre que esta amenace con limitar su voluntad política. Y en aquellos casos en que no pueden prevenir o eliminar las limitaciones de la ley, maniobran para debilitarla mediante la evasión, la demora, la búsqueda de los tres pies al gato, la obstrucción y la incapacidad de hacerla cumplir precisamente por parte de aquellos que juraron defenderla.

En 1999 se pidió al Tribunal Supremo de Israel que equilibrase el derecho de los prisioneros individuales y las grandes amenazas contra la seguridad nacional. Y la respuesta del tribunal fue: «Este es el destino de la democracia, dado que no todos los medios son aceptables para ella, y no puede recurrir a todas las prácticas que emplean sus enemigos. Aunque una democracia debe luchar a menudo con una mano atada a la espalda, a pesar de ello siempre conserva el máximo poder. La preservación del imperio de la ley y el reconocimiento de la libertad del individuo constituyen elementos importantes para comprender la seguridad. En última instancia, fortalecen el espíritu de un país y le permiten superar sus dificultades».[35]

La violación constante de las libertades civiles a manos de la administración Bush-Cheney también genera la falsa impresión de que estas violaciones son necesarias para tomar las máximas precauciones frente a otro ataque terrorista. Pero la simple verdad es que la inmensa mayoría de las violaciones no ha beneficiado en absoluto nuestra seguridad; por el contrario, la ha perjudicado. Y nos han estado empujando para que avancemos por el camino hacia el estilo de gobierno del «Gran Hermano» omnipresente, hacia los peligros que profetizó George Orwell en su novela *1984*, hasta un punto en que nadie pensó que fuera posible hacerlo en los Estados Unidos de América.

Entonces, ¿qué podemos hacer? Bueno, para empezar, nuestro país debería buscar una manera de detener de inmediato su política de arrestar indefinidamente a ciudadanos estadounidenses sin cargos y sin una orden judicial que respalde esa detención. Esta forma de actuar es incompatible con las tradiciones y con los valores estadounidenses, que tienen principios sagrados sobre el proceso legal pertinente y la separación de poderes.

No es casualidad que nuestra Constitución exija «un juicio rápido y público» en los procesos de acusación a presuntos criminales. Eso es lo que exigen los principios de la libertad y de la responsabilidad del gobierno, que es lo que hace que Estados Unidos sea un país único. El trato que da la administración Bush a los ciudadanos estadounidenses a los que define como «combatientes enemigos» es totalmente antiestadounidense.

En segundo lugar, los ciudadanos extranjeros retenidos en Guantánamo y en otros lugares en calidad de combatientes capturados deberían estar protegidos por Estados Unidos, respetando así el artículo 3 de la Convención de Ginebra, que prohíbe el asesinato, la mutilación, el trato cruel, la tortura y el trato humillante y degradante. El artículo 3 también prohíbe emitir sentencias y llevar a cabo ejecuciones sin un juicio previo, emitido por un tribunal constituido legalmente, y que conceda al reo todas las garantías judiciales que los pueblos civilizados reconocen como indispensables. Desde que se adoptó esa convención, se había seguido en todas las guerras (incluyendo la de Vietnam y la guerra del Golfo) menos en esta.

Si no ofrecemos esta protección, ¿cómo podemos esperar que las tropas estadounidenses capturadas en otros países sean tratadas con ese mismo respeto? Esto es algo que debemos a nuestros hijos e hijas que luchan para defender la libertad en Irak, en Afganistán y en otros lugares del mundo.

Además, la grandeza de nuestra nación se mide en función del modo en que tratemos a los más vulnerables. Las personas que viven en nuestro país sin nacionalizarse, y a las que el gobierno pretende detener, deben gozar de algunos derechos básicos. La administración debe dejar de abusar del así llamado «estatuto de testigos materiales».

Ese estatuto se pensó para retener brevemente a los testigos antes de que se les llamara a testificar ante un gran jurado. Esta administración lo ha empleado como pretexto para detener indefinidamente a una persona sin acusarla de nada, lo cual no está bien.

La Ley Patriota, junto con numerosos excesos, contenía unos pocos cambios necesarios en la ley. Además, no cabe duda de que muchos de los peores abusos cometidos contra el proceso judicial correcto y las libertades civiles que se están dando hoy día se producen gracias a leyes y órdenes ejecutivas que no son la Ley Patriota. A pesar de ello, esta ley ha resultado ser, en perspectiva, un trágico error, y se ha convertido en una especie de Resolución del golfo de Tonkín, confiriendo la bendición del Congreso al ataque del presidente contra las libertades civiles. El Congreso perdió una oportunidad de oro cuando votó para reautorizar esta ley, incluyendo sus postulados más criticables, introduciendo solo pequeños cambios; tendría que haberla sustituido por una nueva ley, más reducida y más eficaz.

La administración de nuestro país ha politizado el cumplimiento de la ley, como parte de su agenda para deshacer los cambios de la política gubernamental que produjo el New Deal y el movimiento progresista. Con miras a cumplir ese propósito, está recortando el cumplimiento de los derechos civiles, los derechos de la mujer, los impuestos progresivos, el impuesto estatal, el acceso a los tribunales, el sistema sanitario Medicare, entre otras muchas cosas. Incluso ha empezado a presionar a los abogados estadounidenses a jubilarse por motivos que, a ojos vista, son puramente políticos. En diversos casos que investigó el Congreso, algunos abogados estadounidenses que gozaban de gran estima por parte de miembros de los dos partidos, gracias a su tremenda competencia, fueron sustituidos por individuos cuyo único currículum aparente era su vinculación política con la Casa Blanca. Uno de ellos, David C. Iglesias, de Nuevo México, dijo que dos republicanos de ese estado (cuyos nombres no reveló) le presionaron para acusar a dos demócratas destacados antes de las elecciones a mitad de mandato de 2006. Él se negó a hacerlo, y la Casa Blanca aprobó su despido.[36]

Pero la manifestación más intolerable e inquietante de la situación tan grave en que han sumido a Estados Unidos estas políticas presidenciales es el tremendo horror que ha suscitado en la conciencia de nuestro país el tema de la tortura. Primero llegaron aquellas espantosas imágenes de Abu Ghraib, que documentaban las extrañas formas de abuso físico y sexual —e incluso de tortura y asesinato— cometidas por algunos de nuestros soldados contra prisioneros iraquíes, el 90 por ciento de los cuales, aproximadamente, eran inocentes de cualquier acusación.[37]

Como resultado directo de la planificación incompetente y del número inadecuado de tropas en Irak, nuestros jóvenes uniformados se encontraron en situaciones insostenibles. Por ejemplo, los reservistas asignados a las prisiones iraquíes fueron enviados a ellas sin haber recibido una formación previa o sin que nadie les supervisara, tras lo cual recibieron instrucciones de superiores que no pertenecían a su cadena de mando, los cuales les ordenaron «preparar» a los prisioneros para el interrogatorio.[38] Estos soldados se vieron inmersos en unas circunstancias confusas, porque en la cadena de mando se combinaban oficiales de inteligencia y responsables de la administración carcelaria, situación que aún resultaba más confusa debido a la mezcla de autoridades militares y civiles, algo sin precedentes en la historia. Es evidente que los soldados que cometieron esas atrocidades son responsables de sus actos. Pero ellos no son los responsables únicos de la vergüenza que ha caído sobre los Estados Unidos de América. No son ellos quienes crearon esa política y obligaron a su cumplimiento. La soldado Lynndie England no tomó la decisión de que Estados Unidos ya no se iba a regir por la Convención de Ginebra. El especialista Charles Graner no fue quien diseñó la amplia red de instalaciones estadounidenses en muchos países donde se retiene a prisioneros desnudos y ateridos de frío, a los que incluso se les tortura para obligarles a decir cosas que los procedimientos legales no les inducirían a decir.

Fue la Casa Blanca de Bush la que diseñó e insistió en la aplicación de las políticas que han puesto los cimientos para estas atrocidades. En realidad, el propio consejo legal del presidente le informó concretamente sobre este tema. Su secretario de Defensa y los secretarios adjuntos impusieron ese alejamiento cruel de las normas históricas estadounidenses, a pesar de las objeciones de los militares. Los miembros del departamento general del auditor de guerra, dentro del Departamento de Defensa, se preocuparon y enfurecieron tanto, y se opusieron hasta tal punto a esta política, que dieron un paso sin precedentes: acudir como grupo a buscar la ayuda de un abogado privado especializado en derechos humanos y que trabaja en Washington, D. C. Como colectivo, le dijeron: «Existe la intención calculada de crear una atmósfera de ambigüedad legal en lo tocante al maltrato de prisioneros de guerra».[39] El secreto en que se guarda este programa pone de manifiesto que sus autores saben que la cultura militar tradicional y su moral no respaldarían tales actividades, como tampoco lo haría la sociedad estadounidense ni la comunidad mundial. Por eso intentaron mantenerlo en secreto. Otra admisión implícita de las violaciones de las pautas de conducta establecidas es el proceso de enviar prisioneros a países que sienten menos repugnancia por la tortura, y a agentes privados que, aparentemente, no rinden cuentas a nadie.

El propio presidente Bush marcó la pauta para nuestra actitud hacia los prisioneros en su discurso sobre el Estado de la Unión en 2003. Comentó que en muchos países se ha arrestado a más de tres mil sospechosos de terrorismo. Y luego añadió: «Y muchos otros han tenido un destino diferente. Digámoslo así. Ya no son un problema para Estados Unidos ni para nuestros amigos y aliados».[40]

Prometió «cambiar el tono» en Washington, y lo cierto es que lo hizo para peor. Ahora sabemos que, trágicamente, pueden ser treinta y siete los prisioneros asesinados mientras estaban detenidos, aunque es difícil concretar una cifra precisa porque en muchos de los casos en los que se produjo una muerte violenta no se practicó la autopsia. Es despreciable que la administración culpe de sus malos actos a los miembros jóvenes de una unidad de reserva en Nueva York, afirmando que este patrón de conducta excesiva es obra de «algunas manzanas podridas» entre el personal militar.

El presidente Bush debería ofrecer una compensación no solo por dejar solos a los jóvenes soldados, que son culpables de lo que hicieron pero que, sin duda alguna, fueron obligados a meterse en esa ciénaga moral creada por las políticas de la Casa Blanca de Bush. Los agresores y sus víctimas entablaron esa relación debido a las decisiones que se tomaron en Washington, D. C. Esas decisiones tomadas por la administración Bush-Cheney fomentaron una conducta que impactó en la conciencia de los estadounidenses, y que arrastró el buen nombre de nuestro país por el fango de Abu Ghraib, la prisión donde Sadam Husein torturaba a sus reos.

Pero no nos equivoquemos: lo que se hizo en Abu Ghraib no solo perjudica a la reputación y a los intereses estratégicos de Estados Unidos, sino también a su espíritu. ¿Recuerdan la repugnancia que sentimos la primera vez que vimos esas imágenes? La tendencia natural era, primero, a rechazarlas con vehemencia, y luego a asumir que representaban una extraña e infrecuente aberración que se produjo debido a unas pocas mentes retorcidas o, como dijo el Pentágono, unas pocas «manzanas podridas».

Pero no mucho tiempo después, un estudio que realizó el ejército sobre la muerte y el maltrato de prisioneros en Irak y en Afganistán demostró que el maltrato era frecuente[41] y que lo había practicado un número importante de unidades militares repartidas por muchos puntos geográficos. Este patrón de maltrato no nacía, como es lógico, de unas cuantas mentes retorcidas de personas situadas en los escalafones más bajos de nuestro ejército. Nacía de la falta de ética y las políticas perversas de personas que ocupan los cargos más altos de nuestro país. Esto lo hicieron nuestros líderes y, encima, en nuestro nombre.

Esos horrores fueron la consecuencia predecible de una elección de políticas que surgió directamente del desprecio que siente esta administración hacia el imperio de la ley. Y la supremacía que andan buscando no solo es indigna de Estados Unidos, sino también un objetivo ilusorio por derecho propio. Nuestro mundo es inconquistable, porque el espíritu humano también lo es. Cualquier estrategia nacional basada en la búsqueda de la supremacía está condenada al fracaso, porque genera su propia oposición, y en el proceso crea enemigos para el candidato a gerifalte.

Seguramente recordarán aquel extraño y retorcido memorándum legal[42] de la administración que, en la práctica, intentaba justificar la tortura y, de alguna manera, respaldar legalmente unos actos de sadismo realizados en nombre del pueblo estadounidense, actividades que, según cualquier persona sensata, resultan ofensivas para la conciencia de la humanidad.

El escándalo originado por la revelación de aquel análisis legal obligó a la administración a prometer que retiraría el memorándum y que lo consideraría irrelevante y demasiado genérico, pero hoy día sigue sin haber admitido que las osadas afirmaciones que se hicieron en aquel documento —que decía que el presidente puede saltarse la ley— estaban equivocadas.[43]

Como es comprensible, al Congreso no le valieron esos intentos de eludir la responsabilidad, e introdujo la Enmienda McCain, evitando no solo lo que el memorándum considera tortura sino también «el trato cruel, inhumano y degradante» de los detenidos. A pesar de una amenaza de veto, las dos cámaras aprobaron la legislación con una mayoría aplastante y a prueba de vetos. En lugar de imponer el veto de todos modos, el presidente firmó la ley, pero al mismo tiempo emitió una declaración firmada en la que decía que él no estaría limitado por la nueva ley. La declaración sostenía que la Enmienda McCain se «elaboraría» para que fuera «coherente con» el poder del presidente como cabeza del poder ejecutivo unitario, y como comandante en jefe, y además lo haría a la luz «de las limitaciones constitucionales del poder judicial».

¿Seguimos torturando a prisioneros inocentes y, si es así, está bien que a nosotros, como estadounidenses, no nos subleve esta práctica? ¿Es correcto que no se discuta que este comportamiento execrable y medieval se esté llevando a cabo en nombre del pueblo estadounidense?

La administración debe revelar todas sus políticas de interrogatorios a reos, incluyendo las que emplean los militares en Irak y en Afganistán, y las que utiliza la CIA en los centros de detención operativos fuera de nuestras fronteras, así como todos los análisis relacionados con la adopción de tales políticas. Merecemos saber qué se hace en nuestro nombre y por qué.

Al realizar su análisis, los abogados de la administración llegaron a la conclusión de que el presidente, cuando actúa en su papel de comandante en jefe, está muy por encima de la ley, a la que es inmune. Al menos no nos cuesta adivinar qué dirían nuestros Padres Fundadores sobre esta teoría tan aberrante e impropia de nuestro país.

Aparte de esto, nadie se ha desdicho del amplio análisis relativo a los poderes del comandante en jefe que ellos han afirmado que posee. Y la existencia del memorándum al que antes he hecho referencia —que decía que el comandante en jefe tiene la potestad de ordenar cualquier técnica de interrogación destinada a obtener información— contribuyó, sin duda alguna, a la atmósfera que condujo a las atrocidades cometidas contra los iraquíes en Abu Ghraib. El presidente Bush recompensó al autor principal de este monstruo legal otorgándole un asiento en el Tribunal de Apelaciones estadounidense.[44]

Cuando le apetece, este presidente hace el papel de unificador y de sanador. Si realmente quisiera desempeñar esas funciones, habría condenado a Rush Limbaugh —uno de sus defensores políticos más importante—, que dijo en público que las torturas de Abu Ghraib fueron una maniobra brillante, y que las fotografías eran «pornografía estadounidense de la buena», y que los actos plasmados en ellas eran, simplemente, los de gente que se lo pasaba bien y tenía «que desfogarse».[45]

Cuando hablamos de tortura, las diferencias de grado son importantes. Los apologistas de lo que ha sucedido tienen algunas ideas que es necesario escuchar y entender con claridad. Es un hecho que toda cultura y todo sistema político se expresa, en ocasiones, mediante la crueldad. También es innegable que otros países han torturado y torturan de una forma más rutinaria y mucho más brutal que el nuestro.

George Orwell, en su novela *1984*, hablaba de un régimen totalitario ficticio basado en el de la Rusia soviética, y caracterizaba la vida bajo ese régimen como «una bota que pisa un rostro humano... para siempre».[46] Aquella era la cultura última de la crueldad, tan imbricada, tan orgánica, tan sistemática, que todos los que vivían en ella tenían miedo, incluso los que aterrorizaban a otros. Esos eran también la naturaleza y el grado de la crueldad estatal en el Irak de Sadam Husein. Sabemos estas cosas, y no tenemos que convencernos ni felicitarnos diciendo que nuestra sociedad es menos cruel que otras. No obstante, cabe destacar que hay muchas otras que son menos crueles que la nuestra. Lo que hagamos ahora, como reacción a las atrocidades documentadas como las que se cometieron en Abu Ghraib, determinará en gran medida quiénes somos a comienzos del siglo XXI.

Es importante tener en cuenta que, igual que los abusos sufridos por los prisioneros nacieron directamente de la política de la Casa Blanca de Bush, esa política, a su vez, no solo se originó en los instintos del presidente y de sus asesores, sino que encontró apoyo en las actitudes cambiantes de algunas personas de nuestro país, como respuesta a la rabia y al miedo generados por los atentados del 11 de septiembre. El presidente explotó y avivó esos temores, pero hubo otros estadounidenses, sensatos y reflexivos, que también los apoyaron.

Recuerdo haber leído algunos ensayos escritos con una gran sobriedad y que preguntaban públicamente si las prohibiciones contra la tortura eran relevantes o deseables o bien habían dejado de serlo. Este mismo malentendido grotesco de lo que realmente implica la tortura fue el responsable del tono del memorándum que redactó Alberto Gonzales, que el 25 de enero de 2002 escribió que los atentados del 11-S «hacen que las limitaciones estrictas de la Convención de Ginebra sobre el interrogatorio a enemigos prisioneros hayan quedado obsoletas, y que algunas de sus disposiciones resulten pintorescas».[47]

¿«Pintorescas»? ¿Es que el progreso de la civilización es una idea pintoresca? ¿Realmente es absurdo pensar que Estados Unidos seguirá liderando ese progreso? Aunque ya hace tiempo que hemos visto las fotos, que hemos escuchado las noticias, no podemos olvidarlas, forman parte de nosotros. Por tanto, la pregunta clave ahora es ¿qué vamos a hacer respecto a la tortura practicada en nuestro nombre?

¿Detenerla? Sí, por supuesto, pero eso supone exigir un conocimiento de todos los hechos, no taparlos como algunos afirman que hace la administración. Uno de los hombres que hizo saltar las alarmas en Abu Ghraib, el sargento Samuel Provance, dijo a los medios de comunicación que le castigaban por decir la verdad: «No cabe duda de que este asunto se está encubriendo. Siento que me castigan por ser honrado», dijo.[48]

El propio presidente echó la culpa de las espantosas consecuencias de su política a los jóvenes soldados, cabos y sargentos, que es cierto que, a título personal, son culpables de lo que hicieron, pero que está claro que no lo son de las políticas que condujeron a Estados Unidos a la catástrofe estratégica en Irak.

Además, ninguno de los oficiales del Pentágono o de la Casa Blanca responsables de esta traición horrenda y criminal a los valores estadounidenses ha sido llamado a dar explicaciones.

La comentarista de derechas Laura Ingraham dijo: «Al ciudadano estadounidense de a pie le gusta la serie *24*, ¿vale? Le gusta Jack Bauer, y le gusta *24*. Desde mi punto de vista, eso supone acercarse todo lo posible a un referéndum donde el pueblo estadounidense afirma que está bien usar tácticas brutales contra los terroristas de al-Qaeda».[49] ¡Qué bonito! Es un triste comentario sobre lo que pasa cuando ya no disponemos de un foro público en condiciones, donde los individuos puedan recurrir a la razón para exigir cuentas al gobierno. Nuestras opiniones sobre el bien y el mal se interpretan mediante las encuestas Nielsen.

Lo que es peor, según Jane Mayer, de *The New Yorker*, los DVD de la serie *24* se han vuelto muy populares entre los soldados estadounidenses destinados en Irak. Mayer citaba las palabras del que trabajara como interrogador del ejército, Tony Lagouranis, que dijo: «La gente ve la serie y luego entra en la sala de interrogatorios y hace lo mismo que ha visto en la tele».[50]

Los actos espeluznantes cometidos en Abu Ghraib y en otros lugares fueron consecuencia directa de la cultura de la impunidad, fomentada, autorizada e instituida por Bush y Rumsfeld en sus afirmaciones de que la Convención de Ginebra ya no era aplicable. Este tipo de abusos espantosos fue la consecuencia lógica e inevitable de la política y de las declaraciones de la administración. Para mí, el impacto que causó la evidencia contenida en las fotografías es tan fuerte como la revelación de que era una práctica habitual trasladar a los prisioneros cuando iban de visita miembros del Comité Internacional de la Cruz Roja para que no les pudieran entrevistar. Nadie puede sostener que *eso* fue obra de unas «pocas manzanas podridas». Aquello fue una política creada en la cúpula, con la intención directa de violar los valores estadounidenses que la administración pretendía defender.

Ese es el tipo de política que vemos y criticamos en lugares como China y Cuba. Además, ahora la administración ha marcado la pauta aplicable a los hombres y mujeres de nuestras fuerzas armadas la próxima vez que les hagan prisioneros. La administración debe considerarse responsable de eso.

Ahora está claro que las mentiras y el abuso imperdonable de la confianza después del 11-S condujeron a problemas en la cárcel, y ya nos hemos enterado de que esos mismos problemas se repitieron en muchas otras instalaciones penitenciarias construidas como parte de la red de campos secretos de prisioneros de la administración Bush; según la Cruz Roja, entre el 70 y el 90 por ciento de los prisioneros retenidos en ellos son inocentes.[51]

¿Qué pensaría Thomas Jefferson de ese argumento curioso y desacreditado que sostiene nuestro Departamento de Justicia actual, y que dice que el presidente puede autorizar una actividad equivalente a la tortura de prisioneros, y que cualquier ley o tratado que intente limitar ese trato en tiempos de guerra sería una violación de la Constitución?

Es tremendamente preocupante que la administración use con tanta frecuencia la palabra *supremacía* para describir sus objetivos estratégicos. Es preocupante porque la política estadounidense de la supremacía es repugnante para el resto del mundo, como lo fueron para nuestro país aquellas imágenes horribles de prisioneros iraquíes, desnudos e indefensos, tan «sometidos».

La supremacía es la supremacía. En realidad, la supremacía no es una política estratégica ni una filosofía política. Más bien es una ilusión seductora que tienta a los poderosos a saciar su sed de poder, llegando a un compromiso con sus conciencias. Y como siempre pasa tarde o temprano a quienes negocian con el diablo, descubren demasiado tarde que lo que han perdido en el trato es su propia alma.

Uno de los indicadores más claros de la inminente pérdida de intimidad entre la persona y su alma es la incapacidad de reconocer que los dominados también la tienen, que resulta difícil sobre todo si se deshumaniza a los indefensos, tratándolos como animales y degradándolos. Ha resultado especialmente impactante y terrible ver cómo esas maldades se llevaban a cabo en nombre de los Estados Unidos de América.

Aquellas fotografías de torturas y abusos sexuales nos llegaron inmersas en una oleada de noticias sobre el número creciente de víctimas mortales y sobre el caos patente en nuestra política en Irak, confusión que cada vez va a más. Pero, para comprender el fracaso de nuestra política general, creo que es importante centrarnos en lo que pasó exactamente en la prisión de Abu Ghraib, y preguntarnos si esos actos fueron o no representativos de los estadounidenses.

Como hemos visto, muchos de aquellos reos han muerto mientras los interrogaban profesionales que trabajan para la rama ejecutiva, y muchos otros padecen perturbaciones mentales o pérdida de su autoestima. En la famosa cárcel de Abu Ghraib, los investigadores que estudiaron el patrón de las torturas calcularon que más del *90 por ciento* de las víctimas eran inocentes de todas las acusaciones.

Esta vergonzosa aplicación del poder desbanca toda una serie de principios que nuestra nación ha respetado desde que el general Washington los enunció por primera vez durante la guerra de independencia, y que desde entonces habían observado todos los presidentes hasta ahora. Estas prácticas violan la Convención de Ginebra y la Convención contra la Tortura de las Naciones Unidas, por no mencionar nuestras propias leyes. De hecho, después de la Segunda Guerra Mundial, el gobierno estadounidense demandó a soldados extranjeros que habían torturado a tropas estadounidenses.

El presidente también ha dicho que tiene autoridad para disponer de los prisioneros que hayamos hecho, haciéndolos encarcelar e interrogar en nuestro nombre y entregándolos a regímenes autócratas que son tristemente conocidos por la crueldad de sus técnicas de tortura.

¿Será verdad que, dentro de nuestra Constitución, un presidente tenga semejante poder? Si la respuesta es que sí, entonces, siguiendo la teoría que respaldó semejantes actos, ¿hay alguna cosa que se pueda prohibir? Si el presidente tiene la autoridad inherente para espiar, encarcelar a ciudadanos porque los considera culpables de algo, secuestrar y torturar, ¿qué *no* puede hacer?

Después de analizar las pretensiones de la rama ejecutiva sobre estos poderes previamente no reconocidos, Harold Koh, decano de la Yale Law School, dijo: «Si el presidente tiene el poder de comandante en jefe para torturar, es que tiene el poder de cometer un genocidio, respaldar la esclavitud, fomentar el apartheid y aprobar las ejecuciones sumarias».[52]

A lo largo de la historia, la alternativa principal a la democracia ha sido la consolidación de prácticamente todo poder estatal en manos de un solo líder o de un grupo reducido, que ejerce el poder sin el consentimiento de los gobernados.

Después de todo, Estados Unidos se fundó como reacción contra semejante régimen. Cuando Lincoln declaró, en el momento de nuestra mayor crisis, que la cuestión última que se decidía durante la guerra civil era «si la nación, o cualquier nación concebida de este modo, y tan entregada, puede perdurar»,[53] no estaba solo salvando nuestra Unión, sino también reconociendo el hecho de que las democracias son infrecuentes en la historia. Y cuando fracasan, como sucedió en Atenas y en la república romana, cuyas pautas siguieron en gran medida nuestros Padres Fundadores, lo que surge en su lugar es otro régimen totalitario.

El objetivo primordial de obtener la supremacía mundial para Estados Unidos tiene un paralelo exacto en la aspiración de esta administración de que el papel del presidente domine por completo nuestro sistema constitucional. El objetivo de la supremacía necesita concentrarse en el poder, incluso en el poder absoluto.

La administración también ha lanzado un ataque contra el derecho que tienen los tribunales de revisar sus actos, el derecho que tiene el Congreso de informarse sobre el destino del dinero público, el derecho de los medios de comunicación de estar al corriente de las políticas gubernamentales, y el derecho de todo aquel que critica sus excesos. Este instinto, a su vez, les ha llevado a subir un grado más su agresividad, aplicada a su política partidista. Fue esta actitud la que provocó las críticas contra el senador Max Cleland, que en la guerra de

Vietnam perdió tres extremidades, y a quien tacharon de falto de patriotismo.

Este mismo patrón caracteriza prácticamente todas las políticas de la administración Bush. Piensa, furiosa, que cualquier limitación es un insulto a su voluntad de dominar y de ejercer el poder, y su sed de poder es insaciable. El impulso para consolidar el poder en nombre de la seguridad nacional es una vieja historia, y hoy día las consecuencias de ese impulso se han repetido demasiado en el tiempo, como veremos con mayor detalle en el capítulo siguiente.

6

Inseguridad nacional

La tercera ley de Newton dice: «Si un cuerpo A ejerce una acción sobre otro cuerpo B, este realiza sobre A otra acción igual y de sentido contrario». La política de seguridad nacional es muy distinta de la física, pero los principios de la lógica y de la razón resultan ser útiles y relevantes también en este sentido. Y parece que en las relaciones internacionales sucede algo parecido a lo que describe la tercera ley de Newton. Cuando se entiende que una nación intenta dominar a otras, se produce una «reacción» en sentido contrario.

La búsqueda de la «supremacía» en la política exterior llevó a la administración Bush a ignorar las Naciones Unidas, a perjudicar gravemente a nuestros aliados más importantes, a violar las leyes internacionales y a suscitar el odio y el desprecio de muchas personas en el resto del mundo. El poderoso atractivo que tiene ejercer un poder ilimitado y unilateral impulsó a este presidente a interpretar sus poderes bajo la Constitución de tal manera que hizo realidad la peor pesadilla de los Padres Fundadores.

Cualquier política basada en el dominio del resto del mundo no solo crea enemigos a Estados Unidos y aliados para al-Qaeda, sino que también socava la cooperación internacional, que es esencial para derrotar a los terroristas que pretenden atacar e intimidar a Estados Unidos. En lugar de la «supremacía», deberíamos estar buscando tener peso específico en un mundo en que las naciones nos respeten, deseen seguir nuestro liderazgo y adoptar nuestros valores.

Como hemos comprobado lamentablemente en Irak, la acción unilateral suele ser su propia recompensa. Es posible que el individualismo satisfaga un instinto político, pero es peligroso para nuestro ejército, y eso sin que el comandante en jefe jalee a los terroristas diciendo que «vengan a por nosotros».

Y el tipo de poder unilateral que imaginan el presidente Bush y el vicepresidente Cheney es, en cualquier caso, un El Dorado estratégico. Del mismo modo que su invasión de Irak ha provocado consecuencias trágicas para nuestras tropas y para el pueblo iraquí, la búsqueda de una nueva interpretación de la presidencia que acabe despertando al Congreso, los tribunales y la sociedad civil no es buena ni para la presidencia ni para el resto de la nación. Si el Congreso se convierte en un agente debilitado del poder ejecutivo, y si los tribunales cobran fama de hacer malabarismos políticos para emitir sentencias, el país se resiente.

Los generales y los almirantes sabios de todos los tiempos han entendido los peligros de prepararse para librar «la última batalla», en lugar de planificar tan solo la siguiente. Las naciones prudentes —y, hasta hace poco, Estados Unidos se contaba entre ellas— entienden también el peligro que supone prepararse para proteger la seguridad nacional solo frente a viejas amenazas, ignorando las presentes, que son más peligrosas. La agenda típica de seguridad nacional estadounidense fue fruto de los esfuerzos comunes para rechazar las agresiones y para detener los conflictos armados. Durante los dos primeros siglos de existencia, fuimos testigos de guerras entre países, y de actos violentos equiparables a una guerra debidos a diversos motivos.

A lo largo de la historia, el deseo de obtener una superioridad religiosa, ideológica, racial o étnica ha precipitado conflictos importantes. La pobreza ha hecho que se vengan abajo muchas expectativas, y que la gente se desespere y acepte promesas demagógicas. En ocasiones, los políticos han usado la agresión contra sus vecinos como forma de redirigir las tensiones dentro de sus propios países. El deseo de poder ha dado como resultado habitual la expansión, la violencia y la agresión.

Pero mientras nuestra comunidad mundial sigue enfrentándose a las viejas amenazas, hay cosas nuevas bajo el sol, nuevas fuerzas que pronto podrían amenazar el orden internacional, planteándonos cuestiones de guerra y de paz. Lo importante es que encontremos uno de esos preciosos y escasos momentos en toda la historia humana en los que tengamos la oportunidad de inducir el cambio que queremos ver en el mundo; esto se consigue buscando un consenso para reconocer abiertamente una verdad nueva y poderosa que ha estado creciendo bajo la superficie de los corazones humanos: es el momento de cambiar la naturaleza del modo en que vivimos todos nosotros en este planeta.

Desde este nuevo punto de vista, tenemos la oportunidad de forjar y seguir una nueva agenda relativa a la seguridad nacional y mundial. Antes que nada, nuestra seguridad se ve amenazada por la crisis medioambiental mundial, que podría hacer que todo nuestro progreso fuera inútil a menos que la resolvamos con éxito. Ahora mismo, el aumento de las sequías intensas, las inundaciones y las tormentas cada vez más fuertes están teniendo un tremendo impacto en el mundo.

En segundo lugar, se cierne sobre nosotros la amenaza de la escasez de agua, que refleja tanto el crecimiento de la demanda de agua dulce como la pérdida de los sistemas de almacenamiento naturales (debido al calentamiento global), como las nieves y los glaciares, y una reducción de la calidad del agua debida a los efectos de la contaminación y del tratamiento inadecuado de las aguas.

En tercer lugar, hemos de acabar con la amenaza mundial que plantea el terrorismo, acrecentada por el acceso cada vez mayor a nuevas armas de destrucción masiva.

En cuarto lugar, el reto mundial de erradicar las drogas y la corrupción, que ya se extienden más allá de nuestras fronteras, nunca ha sido tan urgente, dadas la fuerza creciente y la sofisticación de las organizaciones criminales mundiales.

En quinto lugar, las nuevas pandemias como el sida están arrasando sociedades enteras; este problema se agrava debido a la aparición de nuevas cepas de viejas enfermedades, que son extraordinariamente resistentes a los antibióticos que protegieron a las tres generaciones anteriores.

Tendemos a pensar en las amenazas contra la seguridad en términos de guerra y paz. Sin embargo, no podemos dudar de que el desastre que ha provocado el sida amenaza nuestra seguridad. La prioridad de la agenda de seguridad es proteger vidas, y ahora sabemos que el número de personas que morirán de sida en la primera década del siglo XXI será casi el mismo de todos los muertos en todas las guerras del siglo XX.

Cuando cientos de personas del África subsahariana contraen la enfermedad a cada hora de cada día; cuando quince millones de niños se han quedado huérfanos y deben ser criados por otros niños; cuando una sola enfermedad amenaza todo, desde la fuerza económica a la conservación de la paz... es evidente que nos enfrentamos a una amenaza de gran magnitud contra la seguridad.[1]

Nuestra misión no es meramente reconocer estos retos y enfrentarnos a ellos, sino alcanzar nuestros ideales más elevados. Para ello, hemos de crear un mundo donde la fe que tienen las personas en su propia capacidad de autogobierno libere su potencial y justifique que crean, cada vez más, que todos podemos compartir un mundo donde la dignidad y la autosuficiencia humanas vayan en aumento.

Como comunidad mundial, hemos de demostrar que somos lo bastante sabios para controlar lo que hemos sido lo bastante listos para crear. Hemos de comprender que debemos ampliar el antiguo concepto de la seguridad mundial, centrado casi exclusivamente en los ejércitos, las ideologías y la geopolítica.

Hemos de introducir una agenda de seguridad nueva y más amplia, con determinación, recursos adecuados y el uso creativo de nuevos instrumentos a disposición del mundo, que puedan usarse para unirnos en esfuerzos comunes; instrumentos como internet o la infraestructura emergente de la información global, que, si se usan con imaginación, permitirán que las naciones, las organizaciones no gubernamentales y los ciudadanos de cualquier extracción aumenten su entendimiento y aprendan a cooperar.

Debemos seguir una política de «actividad hacia delante», como aquella por la que aboga el profesor Leon Feurth de la Universidad George Washington, y restablecer el sólido papel de la razón en el análisis de nuestra participación en las numerosas oportunidades estratégicas y en los peligros que hemos de prever a la hora de construir un mundo más seguro y más civilizado para las generaciones futuras.

Es importante que hallemos esperanza en los grandes progresos de la historia humana, que algunas veces damos por hecho o creemos que eran inevitables. Por ejemplo, hubo un tiempo en que la esclavitud era algo normal, y sin embargo hoy día, y de forma casi universal, se considera aberrante y cosa del pasado. Aunque en lugares perdidos del mundo quedan restos de esta práctica tan perjudicial, y aunque la palabra «esclavitud» se relaciona con algunas prácticas brutales como el rapto de mujeres para el comercio sexual, ya no existe una esclavitud flagrante e institucionalizada de una raza de personas en manos de otras y a gran escala, como la que existía antes de la guerra de secesión estadounidense.

Siglos más adelante, muchas prácticas que ahora damos por hechas parecerán ser totalmente contradictorias y absurdas. Pero actualmente nos enfrentamos a la urgente tarea de acelerar nuestra propia evolución psicológica, emocional, intelectual y espiritual para superar los obstáculos internos que, hace años, tuvieron algún propósito útil, pero que ahora no son más que estorbos que nos impiden ver el nuevo camino que hemos de seguir.

Hemos de demostrar no solo que podemos contener las agresiones, evitar la guerra y mediar en conflictos, sino también trabajar unidos para anticiparlos y responder a un nuevo siglo con sus nuevos imperativos globales.

En este momento crucial de nuestra historia, es vital que entendamos claramente qué y quiénes son nuestros enemigos, y cómo pensamos tratar con ellos. Sin embargo, también es importante que en este proceso preservemos no solo la integridad física de nuestro pueblo, sino también nuestra entrega al imperio de la ley. Como nación, nuestra máxima exportación ha sido siempre la esperanza de que, por medio del imperio de la ley, el mundo puede ser libre para perseguir sus sueños. Hemos mantenido la esperanza de que la democracia puede sustituir a la represión, y que la fuerza que guíe a la sociedad puede ser la justicia, no el poder.

Gracias al estrepitoso fracaso del gobierno estadounidense actual para respetar ese imperio de la ley, ahora nos enfrentamos al importante reto de restaurar la autoridad moral estadounidense en el mundo, y de demostrar nuestro compromiso para ofrecer una vida mejor a nuestros semejantes.

Hemos llegado a un punto en que apenas reconocemos a nuestro país si lo miramos en un espejo. ¿Cómo es posible que hayamos acabado así? De igual manera que las grandes empresas han llegado a admitir el valor de las «marcas» que venden a sus clientes, nosotros, como ciudadanos estadounidenses, hemos de reconocer que las opiniones que transmiten gentes de todo el mundo cuando escuchan o leen la expresión «Estados Unidos» tienen una gran importancia y un tremendo valor. Nuestros Padres Fundadores entendieron esto, con palabras distintas, hace más de doscientos años. Thomas Jefferson escribió: «La buena opinión de la humanidad, como la palanca de Arquímedes, con el punto de apoyo adecuado, mueve el mundo».[2]

No nos equivoquemos: la fuente de nuestro poder es nuestra autoridad moral. Es precisamente esta la que se ha visto en peligro temerariamente debido a los torpes cálculos de este presidente obstinado. Ha desafiado a la historia, y ha puesto en peligro la buena voluntad y el buen nombre de nuestro país. Ha perdido, y debido a que nuestra nación fue rehén de sus compromisos morales, todos hemos perdido con él.

Este es el mismo patrón preocupante que caracteriza el enfoque de la administración Bush-Cheney sobre prácticamente todos los asuntos nacionales. En casi todas las áreas políticas, el objetivo constante de la administración ha sido el de eliminar cualquier límite —leyes, reglamentos, alianzas o tratados— durante su ejercicio de la fuerza bruta. Mediante este proceso han conseguido que los demás países del mundo crean que Estados Unidos desprecia a la comunidad internacional.

Ese desprecio que demuestra nuestro gobierno hacia todos los acuerdos y tratados internacionales se parece al que siente por el debate racional y basado en las evidencias cuando aborda nuestra política nacional y el discurso público. En lugar de confiar en que el foro público internacional puede redactar acuerdos que beneficien a todos los participantes, la administración Bush-Cheney mantiene un objetivo de política exterior basado en la unilateralidad: el poder es más importante que el acuerdo, y el dominio lo es más que el derecho internacional.

El objetivo que tiene la administración Bush, de intentar imponer el dominio estadounidense sobre cualquier adversario potencial, fue exactamente lo que condujo al error de la guerra de Irak, trágico y fruto del orgullo desmedido; una empresa dolorosa caracterizada por un desastre tras otro, basada en una hipótesis errónea tras otra. Pero las personas que pagaron el precio han sido los soldados estadounidenses, hombres y mujeres, que están en aquel país, así como los iraquíes.

En lo relativo a nuestras relaciones con el resto del mundo, la administración ha cambiado adrede el *respeto* que otros sentían por Estados Unidos por el *miedo* que sienten ahora. Ese es el verdadero significado de la expresión «temor y respeto». Esta administración ha unido su doctrina de la supremacía estadounidense con la de los ataques preventivos, independientemente de si la amenaza que había que prever era o no inminente. George Tenet, director de la CIA desde 1997 hasta 2004, dejó claro que la Agencia nunca dijo que Irak fuera una amenaza inminente.[3] Para esta administración, la amenaza que había que prevenir no tenía por qué serlo.

Esa nueva doctrina denominada «ataque preventivo» afirma un derecho, que solo tienen los estadounidenses, de atacar a cualquier país que el presidente considere una amenaza potencial futura. Se fundamenta en la idea de que, en una época en que proliferan las armas de destrucción masiva, y frente al trasfondo de un ataque terrorista sofisticado, Estados Unidos no puede esperar a tener pruebas de que exista una amenaza mortal. Debe actuar rápidamente para atajar esa amenaza.

El problema de este sistema es que, ya de entrada, no es necesario para otorgar a Estados Unidos los medios para actuar en defensa propia, ya sea contra el terrorismo en general o contra los iraquíes en particular. Pero este es un punto relativamente sin importancia comparado con las consecuencias a largo plazo que, según mi opinión, podemos prever para esta doctrina.

Esta doctrina se expone en unos términos con final abierto, lo cual quiere decir que Irak no tiene por qué ser la última amenaza donde se aplique. De hecho, la propia lógica interna del concepto sugiere toda una serie de participaciones militares contra una sucesión de estados soberanos: Siria, Libia, Corea del Norte, Irán —ninguno de los cuales, por supuesto, es muy popular en Estados Unidos—; pero la consecuencia es que esta doctrina será aplicable siempre que se dé la combinación del interés por las armas de destrucción masiva y el papel constante de patrocinador o participante en operaciones terroristas.

También significa que la resolución tomada en Irak creó el precedente para lanzar ataques preventivos en cualquier punto del mundo, tanto si nuestro presidente actual como algún otro en el futuro decide que ha llegado el momento.

Los riesgos de esta doctrina se extienden más allá del desastre cometido en Irak. Esta política afecta a las relaciones básicas entre Estados Unidos y el resto del mundo. El artículo 51 de la Carta de las Naciones Unidas reconoce el derecho que tiene todo país a defenderse, incluyendo el derecho a tomar medidas preventivas para eliminar amenazas inminentes.[4]

Sin embargo, si otras naciones afirmasen el derecho general a realizar ataques preventivos que sostiene la administración Bush, entonces muy pronto el gobierno de la ley sería sustituido por el reinado del terror. Siguiendo esta política, cualquier nación que perciba unas circunstancias que, potencialmente, pudieran constituir una amenaza inminente, tendría justificación para adoptar medidas bélicas contra otro país. En otras palabras, el presidente Bush dio origen a una de las doctrinas militares más perniciosas de la historia. Abandonó la que pensábamos que era la misión de Estados Unidos en un mundo en el que las naciones se guían mediante un código ético codificado bajo la forma del derecho internacional.

Las consecuencias de una estrategia nacional emergente que no solo celebre los puntos fuertes estadounidenses sino que también parezca glorificar el concepto de supremacía podrían acabar siendo el fortalecimiento de esos mismos enemigos a los que intentamos derrotar. Si lo que Estados Unidos representa para el mundo es el liderazgo en un marco igualitario en el que destaquemos, entonces tendremos muchos amigos. Pero si lo que representamos ante el mundo es un imperio, nuestros enemigos serán legión. Hace más de veinte años, la antigua Unión Soviética afirmó su derecho a lanzar un ataque preventivo contra Afganistán. Nosotros les dimos la razón y luego respaldamos el movimiento de resistencia en Afganistán, que diez años más tarde obligó al ejército soviético a replegarse y a abandonar el país. Sin embargo, lamentablemente, cuando se fueron los rusos, abandonamos a los afganos, y la falta de un programa coherente de administración nacional condujo directamente a las circunstancias que permitieron a los talibanes hacerse con el control, proporcionando a al-Qaeda un hogar y una base donde organizar sus operaciones terroristas por todo el mundo.

Allí es donde planificaron los atentados del 11-S. Lo más increíble es que, a pesar de esa lección vívida, después de derrotar a los talibanes con bastante facilidad, y de las promesas que hizo el presidente Bush de que nunca abandonaríamos Afganistán, eso es exactamente lo que hemos hecho en la mayor parte del país. Como era de esperar, los talibanes y al-Qaeda han vuelto a hacerse con el control.

El problema al que nos enfrentábamos en 2002 fue si Sadam Husein suponía una amenaza tan grave e inminente a Estados Unidos para que este último tuviera derecho a actuar según la forma consensuada en el artículo 51 de la Carta de las Naciones Unidas, que otorga a un país el derecho de actuar en defensa propia. Dado que Husein no suponía una amenaza de este calibre, Estados Unidos no debería haber precipitado una guerra inmediata, buscando una causa para ella y lanzando una ofensiva.

No existe ninguna ley internacional que pueda impedirnos actuar para proteger nuestros intereses vitales cuando es más que evidente que hay que elegir entre la ley y la supervivencia. Ciertamente, la propia ley internacional admite que esa opción está abierta a todos los países. Sin embargo, creo que en el caso de Irak no teníamos esa oportunidad.

Irak no era una amenaza inminente, de modo que nuestra decisión de iniciar una invasión no estaba justificada por el derecho internacional tal y como se entiende hoy día. Pero parece ser que esta administración prefiere moverse fuera del ámbito del derecho internacional. De hecho, la administración Bush parece oponerse a prácticamente todos los tratados internaciones (no solo el Protocolo de Kioto), por mucho que estos contribuyan a nuestra seguridad nacional o por poco que limiten nuestra toma de decisiones en asuntos exteriores. En lo relativo a los tratados, esta Casa Blanca siempre está lista a fijarse en el precio sin ni siquiera pensar en los beneficios.

Por ejemplo, el Tratado de No Proliferación Nuclear fue un esfuerzo para poner de acuerdo a los estados que poseían armas nucleares y todos los demás que habían acordado no desarrollarlas. Por supuesto, nosotros hace quince años que no realizamos pruebas de armamento nuclear, y cuando negociamos el tratado no teníamos ninguna intención de hacerlas. Por tanto, el tratado no nos exigía que pagáramos ningún precio. Nuestra aceptación del tratado podría haber contribuido a forjar una coalición internacional de países comprometidos a evitar que otros, como Corea, probasen armas nucleares. Un inspector armamentístico de fama internacional, Hans Blix, ha afirmado públicamente: «Hoy día la medida que más fomentaría el control de las armas mundiales sería la aceptación, por parte de todos los países, del Tratado de No Proliferación Nuclear que se firmó en 1996».[5]

Pero esta administración ha rechazado el tratado, y ahora, por increíble que parezca, quiere embarcarse en un programa para construir una nueva generación de armas nucleares más pequeñas, y *usarlas* para destruir búnkeres subterráneos. Ya disponemos de las armas nucleares de penetración (*bunker busters*) más avanzadas del mundo, y armas convencionales que podrían destruir la inmensa mayoría de los búnkeres enemigos. Por tanto, una vez más, no desarrollar esas armas sale barato. Pero, en mi opinión, las nuevas pruebas nucleares serían una auténtica insensatez. Si empezásemos a hacerlas, nuestros aliados —y, lo que es peor, los países hostiles a nuestros intereses— tendrían un incentivo para realizar sus propias pruebas nucleares. Cuando nos embarcásemos en la carrera de construir una nueva generación de armas nucleares, China, Rusia, la India, Pakistán y otros países se sentirían presionados a mantenerse a nuestra altura, lo cual haría que muchas naciones del mundo sintieran la intensa necesidad de desarrollar su propio programa nuclear. Podríamos encontrarnos en un mundo en el que nuevos países se apuntaran al club de las armas nucleares mucho más rápido que en las últimas décadas.

La Casa Blanca de Bush anunció en 2002 que, por primera vez, Estados Unidos incluía en su política estratégica de disuasión el uso de las armas nucleares en ataques contra países que *no* disponen de ellas, siendo además los primeros en atacarles.[6] Esta doctrina radical y temeraria sobre un ataque disuasorio nuclear crea un incentivo para otros países, para que desarrollen armas nucleares con la mayor rapidez posible, de modo que puedan reaccionar si Estados Unidos lanza el primer ataque, lo cual, según la camarilla de Bush, sería una posibilidad siempre abierta. Su política, plasmada en el *Nuclear Posture Review*, un documento secreto, ha suscitado las críticas directas de los principales expertos en control armamentístico. Es posible que los futuros historiadores consideren que la incapacidad de la administración para detener los intentos de Corea del Norte y de Irán para construir arsenales de armas nucleares fue la peor equivocación de todas.

Otro ejemplo del fracaso de la estrategia antiproliferación de la administración es su rechazo de la fundación del control armamentístico nuclear multilateral, el Tratado de No Proliferación de Armas Nucleares (TNP). Más de 180 países han firmado el TNP, y desde que entró en vigor en 1970, ha sido sin duda el instrumento más útil para ralentizar la proliferación de armas nucleares. Muchos consideran que este tratado ha sido el que ha presionado a países como Egipto, Argentina, Sudáfrica y Ucrania a renunciar a sus programas nucleares. El TNP une a la comunidad internacional en el esfuerzo de disuadir a otros países para que no desarrollen armas nucleares. Lamentablemente, la administración Bush ha perjudicado gravemente nuestro supuesto apoyo al TNP, debido a su política de hacer un trato nuclear con la India, su Iniciativa de Seguridad sobre Proliferación, su rechazo del Tratado de No Proliferación Nuclear y su enfoque desastroso a las armas espaciales.

La debilitación del régimen de no proliferación, que ha sido fruto del esfuerzo de Bush, se ha visto reforzada por su fracaso constante para hacerse con el material nuclear disponible en el mundo, que sería la fuente más probable de un ataque nuclear terrorista contra Estados Unidos. Graham Allison, experto en ese tipo de material y profesor en Harvard, sostiene que es posible evitar el terrorismo nuclear, y que lo único que hace falta es «entender una simple cuestión de física: sin material de fisión no se puede crear una bomba nuclear. Si no hay bombas nucleares, no hay terrorismo nuclear».[7] Allison afirma que debemos adoptar una estrategia de cooperación global —sobre todo con Rusia— para limitar la existencia de esa materia prima nuclear, de modo que los países peligrosos y los grupos terroristas no dispongan de material de fisión.[8] ¿Qué opina Allison de los esfuerzos que ha hecho la administración Bush en este sentido? En 2004 llegó a la siguiente conclusión:

> La lista de pasos que no ha dado la administración es larga y preocupante. Bush no ha considerado que el terrorismo nuclear sea una prioridad ni para él ni para sus asesores. Además, se ha resistido a adoptar las propuestas que presentó el senador Richard Lugar (R-IN), el ex senador Sam Nunn (D-GA) y otros que abogaban por conferir esta responsabilidad a un solo individuo, que entonces debería dar cuentas a otros. Como resultado, si hoy mismo el presidente preguntara a su gabinete quién es el responsable de evitar el terrorismo nuclear, o bien levantaría la mano una docena de personas o no lo haría ninguna. Bush tampoco ha hecho entender a los presidentes de Rusia o de Pakistán la urgencia que tiene este asunto. Tampoco ha aumentado el ritmo de la colaboración estadounidense con Rusia para hacerse con las armas y materiales nucleares de que disponía ese país. Como resultado de ello, después de diez años de esfuerzos, la mitad del arsenal soviético sigue sin estar bien controlado.[9]

Además, Bush ha demostrado su tendencia a pasar por alto los tratados más importantes sobre el espacio, lo cual ha hecho que el mundo sea un lugar bastante menos seguro que antes. En 1967, Estados Unidos y otros países crearon un código regulador del uso pacífico y comercial del espacio, el Tratado del Espacio Exterior. Este compromiso reflejaba el deseo práctico de todos los países de evitar una carrera armamentística espacial que paralizase los descubrimientos científicos posibilitados por la exploración del espacio, así como los avances en las comunicaciones y en el comercio como consecuencia del uso de satélites. Pero el Tratado del Espacio Exterior también representaba algo más que una manera práctica de explotar el espacio: reflejaba que el mundo comprendía que el espacio es una frontera común para nuestra especie, y que todos los países tienen el derecho de experimentar esa sensación de maravilla y de trascendencia que es fruto de la exploración espacial.

El Tratado de Misiles Antibalísticos (ABM), firmado en 1972, en el punto culminante de la guerra fría, reflejaba este mismo espíritu. Entre las numerosas disposiciones de este acuerdo tan importante se encontraba la restricción contra los sistemas de defensa de misiles situados en bases espaciales. Este acuerdo se fundamentó en la opinión de las dos potencias rivales, que sostenían que la carrera armamentística espacial no beneficiaba a los intereses de sus respectivos países.

Las decisiones políticas del presidente Bush parecían violar el ABM, y ahora parece dispuesto a saltarse también el Tratado del Espacio Exterior. La política espacial de la administración, que se hizo pública en 2006, sigue la línea de su visión fundamental sobre la seguridad estadounidense. Según el punto de vista de la administración, la seguridad exige una supremacía militar completa, en un grado suficiente para convencer a otros competidores de que no hagan el más mínimo intento de desafiarnos. Uno de los corolarios de este paradigma es el rechazo del control armamentístico o de otras limitaciones internacionales al desarrollo o el uso del poder bélico, dado que estos serían un impedimento potencial para el mantenimiento de la ventaja militar estadounidense. La abrogación del ABM demostró que esta administración prefiere no verse atada por ningún acuerdo. La doctrina de los ataques preventivos contra enemigos potenciales (opuesta a la acción de último momento destinada a frenar las amenazas inminentes) encaja de forma natural en este marco político. La administración ha negado que la exposición de su política fuera destinada a presagiar el desarrollo de armas en bases espaciales. Sin embargo, es evidente que algunos personajes, como el ex secretario de

Defensa Rumsfeld, favorecían mucho semejante enfoque. Y la lógica de la doctrina, tal y como está redactada, apunta hacia la conclusión de que la administración cree que Estados Unidos debería estar en posición de negar a otros países el acceso al espacio, si eso es necesario para proteger la propiedad estadounidense situada en él.

Como resultado, la comunidad internacional se siente más que inclinada a entender la política de la administración como el cimiento para la empresa estadounidense de dominar el espacio como entorno de combate, y de hacerlo unilateral y permanentemente. Es improbable que ningún otro país considere que la política espacial de Bush sea algo tolerable a largo plazo. La reacción de estupor por parte de la administración frente a las pruebas recientes que ha hecho China de un sistema ASAT antisatélites es un ejemplo de la actitud estadounidense que sostiene que sus preferencias deben sustituir al derecho internacional. Sin embargo, la experiencia nos dice que a largo plazo sería mejor que trabajásemos con otros países colectivamente, para reducir el riesgo de convertir el espacio exterior en una zona militarizada.

Aparte de la inquietud razonable de que cualquier esfuerzo para militarizar el espacio induzca a otros países a hacer lo mismo, la ironía estriba en que sabemos que estas armas y sistemas de defensa no tienen por qué aumentar nuestra seguridad. Hay pocas evidencias creíbles de que las armas o los sistemas de defensa situados en el espacio sean eficaces para detener cualquier ataque contra nuestro país, ya se trate de un ataque terrorista o del lanzamiento de misiles intercontinentales. Si lográsemos crear un sistema de defensa eficaz, esto solo animaría a otros países y a los grupos terroristas a intentar desarrollar modos de soslayarlo, ya fuera mediante avanzados sistemas tecnológicos o por medio de tácticas alternativas, como las bombas que caben en una maleta.

También es paradójico que esta administración, que ha manifestado su inquietud por la posibilidad de que los terroristas empleen armas biológicas, no haya querido respaldar nuevas medidas de verificación para apoyar la Convención sobre las Armas Biológicas (CAB). En justicia hay que decir que el presidente Bush ha recomendado algunos pasos para fortalecer la CAB, y en ocasiones casi parece que apoye su existencia. Pero la mayoría de los expertos están de acuerdo en que, sin una normativa que regule las inspecciones, será imposible que los países obliguen al cumplimiento de este acuerdo y se aseguren de destruir todos los arsenales de armas biológicas existentes. Tras rechazar el plan de inspección de la comunidad internacional, el presidente Bush no sugirió ningún programa alternativo de verificación.

Bush también ha saboteado el Tribunal Penal Internacional (TPI). Comparto algunas de las preocupaciones de la administración Bush sobre la situación actual en que se encuentra ese tratado tan importante, y sobre el modo en que afectaría a nuestros soldados. Pero he aprendido que en lugar de limitarnos a abandonar el diálogo internacional en cuanto otros países no aceptan de inmediato nuestra posición —como hizo Bush con el TPI—, tenemos más oportunidades de salirnos con la nuestra *y* liderar al mundo hacia un acuerdo que beneficie nuestra seguridad nacional y la seguridad mundial si permanecemos dentro del proceso y confiamos en que, en el ámbito internacional, todas las naciones pueden reunirse para usar la razón y la lógica en aras de idear el mejor compromiso posible.

Pero quizá no deba sorprendernos que Bush no quisiera esforzarse por crear un tribunal internacional para castigar los crímenes de guerra, porque, como he dicho antes, ha hecho todo lo posible por crear una atmósfera de ambigüedad legal en torno a la cuestión de si los soldados estadounidenses pueden usar legalmente técnicas de interrogación que equivalen a la tortura. Ha urgido al Congreso a convertir Estados Unidos en el primer país que rechaza la Convención de Ginebra, el acuerdo suscrito por casi ciento noventa países durante medio siglo, que prohíbe «la violación de la dignidad personal, y en concreto el trato humillante y degradante».[10]

Como veíamos en el capítulo 5, la Convención de Ginebra protege a nuestros soldados. Si nuestros valientes hombres y mujeres uniformados son capturados, saben que, si optan por no responder a algunas preguntas sobre estrategia, están protegidos por el derecho internacional. Sin embargo, si los soldados estadounidenses empiezan a torturar a sus prisioneros con total impunidad, nuestras tropas tendrán que esperar que, en caso de ser capturadas, recibirán el mismo trato.

Como soy cristiano, el Evangelio de Mateo me ha enseñado lo siguiente: «Por sus frutos los conoceréis. ¿Acaso se recogen uvas de los espinos, o higos de los abrojos? Así, todo buen árbol da buenos frutos, pero el árbol malo da frutos malos... Así que por sus frutos los conoceréis».[11]

El presidente convenció a la mayoría de los estadounidenses de que Sadam Husein era el responsable de los atentados del 11-S, cuando en realidad no tuvo nada que ver con ellos. Bush plantó las semillas de la guerra y cosechó tempestades. El «árbol» corrupto de esta guerra, iniciada a partir de mentiras, nos ha dado el mal «fruto» de unos soldados estadounidenses que han torturado y abusado sexualmente de prisioneros indefensos a los que debían respetar.

Justo después del 11 de septiembre, recibimos por parte de todo el mundo grandes dosis de buena voluntad y de simpatía. Las hemos malgastado, sustituyéndolas por una nueva inquietud que se ha extendido por todo el planeta, y que no se debe principalmente a lo que puedan hacer las redes terroristas, sino a lo que podamos hacer *nosotros*. No estoy diciendo que otros países tengan razón al sentirse así, pero es evidente que se sienten así. Desperdiciar toda esa buena voluntad sustituyéndola con preocupaciones se parece a ese otro caso en que los presuntos cinco billones de superávit se convirtieron en un déficit acumulado previsto de cuatro billones.

Los burócratas de la administración han sugerido que la guerra contra el terrorismo puede prolongarse durante el resto de nuestras vidas. Creo que sé lo que quieren decir con eso, pero la doctrina del ataque preventivo que respalda Bush no es que haya hecho gran cosa para reducir la aprensión que siente todo el mundo. A estas alturas, puede que la administración empiece a darse cuenta de que la cohesión nacional e internacional es un valor realmente estratégico. Pero es una lección que llega tarde, y está claro que los miembros veteranos del gabinete no la aceptan uniforme y coherentemente. Desde el principio, la administración ha actuado de un modo calculado para agradar a la extrema derecha, a expensas de la solidaridad entre todos los estadounidenses y entre nuestro país y nuestros aliados.

La flagrante violación de los derechos humanos autorizada por Bush en Abu Ghraib, Guantánamo Bay y decenas de otros lugares del mundo ha perjudicado gravemente la autoridad moral de Estados Unidos y ha deslegitimado sus esfuerzos por continuar defendiendo los derechos humanos. Tal y como decía el analista James Zogby: «Una vez pusimos el listón alto para el mundo; ahora lo hemos bajado».[12] Después de todo, nuestra autoridad moral es nuestra máxima fuente de fuerza permanente en el mundo.

El trato que recibieron los prisioneros en Guantánamo ha sido especialmente perjudicial para la imagen de Estados Unidos. Incluso los países que son nuestros aliados más firmes, el Reino Unido y Australia, han criticado que nos alejemos del derecho internacional, sobre todo de la Convención de Ginebra. Nuestro trato de los prisioneros ha sido tan considerado como el «plan de posguerra» de Rumsfeld para Irak.

Lo cierto es que muchos de nuestros aliados tradicionales se han escandalizado por estas prácticas nuevas. El embajador británico en Uzbekistán —una nación que tiene fama de ser de las más crueles al torturar a sus prisioneros— envió un informe a su sede quejándose de la insensatez y la crueldad de la nueva práctica estadounidense: «Este material es inútil; estamos vendiendo nuestra alma por cuatro cuartos. En realidad, es claramente perjudicial».[13] Los expertos en interrogatorios ya hace mucho tiempo que saben que la información obtenida mediante la tortura conduce a confesiones falsas y a datos incorrectos. Aun cuando la tortura no fuese un acto moralmente repugnante y un insulto a lo que representa Estados Unidos en el mundo, deberíamos rechazarla.

Durante la presidencia de Ronald Reagan, acusaron de corrupción al secretario de Trabajo Ray Donovan.[14] Cuando, después de mucha publicidad, el juez consideró que esa acusación era falsa, Donovan preguntó: «Y ahora, ¿cómo recupero mi reputación?». El presidente Bush ha colocado a nuestro país en esa misma situación. ¿Cómo va a recuperar su reputación los Estados Unidos de América? Y a diferencia del secretario Donovan, muchas de las acusaciones que se lanzan contra nosotros *no* son falsas.

Una de las consecuencias más trágicas de estos crímenes oficiales es que resultará muy difícil que los estadounidenses defendamos los derechos humanos en otros lugares del mundo y critiquemos a otros gobiernos cuando nuestra política ha dado como fruto el comportamiento de nuestras tropas. Esta administración ha avergonzado a Estados Unidos y ha perjudicado mucho la causa de la libertad y de los derechos humanos en el mundo, minando así el mensaje esencial que nuestro país transmite al resto del planeta.

El abandono del gobierno de la razón por parte de la administración actual, que ha preferido dejarse seducir por la tentación del poder absoluto, no solo crea una sensación de extrañeza en nuestro país, sino también un efecto desorientador para el mundo. Sin el ejemplo positivo de Estados Unidos, es probable que el resto del mundo avance en la dirección equivocada. Por ejemplo, es posible que la inversión repentina del progreso hacia la libertad política y económica en Rusia no hubiera tenido lugar si Estados Unidos no hubiese abandonado su propio compromiso con estos valores.

El presidente Bush ofreció una breve y poco convencida disculpa al mundo árabe, pero debería resarcir al pueblo estadounidense por haber abandonado la Convención de Ginebra, y al ejército de nuestro país, fuerzas aéreas, marina y Cuerpo de Marines, por enviar a las tropas a lugares donde sus comandantes más experimentados se negaban a enviarlas.

Quizá lo más importante de todo sea que el presidente debe una explicación a todos esos hombres y mujeres de todo el mundo que han sostenido muy en alto el ideal de Estados Unidos como objetivo brillante que inspire en sus respectivos países sus propios esfuerzos para instaurar la justicia y el imperio de la ley.

Por supuesto, la disculpa sincera exige la admisión de haber cometido un error, y la voluntad de aceptar la responsabilidad por los propios actos. El presidente Bush no solo parece que no está dispuesto a aceptar sus errores, sino que hasta ahora no ha hecho responsable a ningún miembro de su administración de los peores errores estratégicos y militares que hemos cometido en toda nuestra historia.

Lo irónico del caso es que la administración no ha tenido ningún problema para obviar todos los mensajes didácticos que ha enviado al mundo sobre cómo las democracias no deben invadir otros países. Si nos hubiéramos portado como una democracia, no habríamos invadido Irak. Podemos defendernos eficazmente, en nuestro país y fuera de él, sin ensuciar nuestros principios esenciales. De echo, nuestra capacidad de defendernos depende precisamente de no renunciar a aquello que defendemos. Nuestra máxima prioridad debe ser conservar lo que representan Estados Unidos para el mundo, y ganar antes que nada la batalla contra el terrorismo.

La Casa Blanca de Bush nos ha pedido que nos concentremos exclusivamente en esta amenaza. Sin embargo, lo trágico es que fue incapaz de protegernos del peor ataque terrorista en toda la historia de Estados Unidos.

La mayoría de los estadounidenses han tendido, de forma natural, a conceder a la administración Bush-Cheney el beneficio de la duda al ver su incapacidad de dar pasos preventivos antes del 11-S, que podrían haber evitado el ataque. Después de todo, sabemos por experiencia que al volver la vista atrás arrojamos una luz implacable sobre los errores que deberían haber sido visibles cuando se cometieron.

Pero ahora, años después, con el beneficio de unas investigaciones hechas públicas, ya no queda claro que la administración merezca este trato comprensivo por parte del pueblo estadounidense.

Es útil e importante examinar las advertencias que la administración obvió, no para «señalar con el dedo» a nadie, sino para decidir mejor cómo nuestro país puede evitar cometer esos errores en el futuro. Cuando los líderes no son responsables de sus graves errores, es más probable que ellos y sus sucesores vuelvan a cometerlos.

En el capítulo anterior he demostrado cómo estaba disponible la información que podría haberse empleado para evitar los atentados del 11-S, y cómo la administración Bush la pasó por alto. No creo ni siquiera por un instante que la obviase intencionadamente sabiendo que hacerlo aumentaría la probabilidad de padecer un ataque terrorista eficaz. ¡Por supuesto que no! En lugar de eso, creo que obviaron los datos motivados por su tendencia injustificada a asumir que sabían todo lo que debían saber, y por tanto no tenían necesidad de reaccionar con alarma frente a las advertencias de los expertos y de los profesionales del gobierno. En mi opinión, su conducta fue temeraria, pero la explicación la hallamos en el orgullo desmedido, no en una aberrante teoría sobre una conspiración.

Por ejemplo, ahora sabemos gracias al testimonio que dio el director del FBI Thomas J. Pickard ante la Comisión del 11-S, que este solicitó repetidas veces al principal cargo designado por el presidente Bush para dirigir las medidas antiterroristas, John Ashcroft, que *prestase atención* a las numerosas señales de alarma que fue captando el FBI durante todo el verano de 2001. Pickard dio testimonio bajo juramento de que Ashcroft le dijo, furioso, que dejase de darle ese tipo de información, y que se cerró en banda a volver a recibirla.[15] (En su testimonio ante la Comisión del 11-S, Ashcroft negó esta acusación.)

Vale la pena recordar que entre esos informes que Ashcroft ordenó al FBI que no volvieran a presentarle, se encontraba uno que expresaba la alarma de una oficina de campo cuyos miembros aconsejaban que la nación considerarse urgentemente la posibilidad de que Osama bin Laden estuviera formando a personas en escuelas de vuelo comercial por Estados Unidos. Al mismo tiempo, el 19 de agosto de 2001, un agente del FBI envió un correo electrónico a sus supervisores diciéndoles que Zacarias Moussaoui era «un extremista islámico que planeaba algún acto futuro para propugnar los objetivos fundamentalistas radicales».[16]

La CIA también estaba recibiendo en aquella época advertencias sin precedentes que afirmaban que era inminente un ataque de al-Qaeda contra Estados Unidos. De hecho, George Tenet escribió que la luz de todo el sistema de alarma «estaba en rojo y parpadeando».[17] También sabemos, gracias a los informes de Bob Woodward, así como a las evidencias que los confirman, que el director de la CIA George Tenet intentó desesperadamente transmitir las mismas advertencias en junio y julio de 2001 a la asesora de seguridad nacional de Bush, Condoleezza Rice, y que no le hicieron caso alguno.[18]

Estas negativas claras y reiteradas a escuchar advertencias graves son algo más que simple negligencia. Como mínimo, representan una indiferencia temeraria a la seguridad del pueblo estadounidense.

Por supuesto, fue precisamente en esta misma época, *después* de no solo haber ignorado todas las «luces rojas», sino, de hecho, haberlas rechazado, cuando presentaron directamente al presidente un informe de la CIA que tenía el título más alarmante de todos los que vi en ocho años de repasar informes de la CIA seis días a la semana: «Bin Laden decidido a atacar Estados Unidos».[19]

Las únicas advertencias de esta naturaleza que recuerdo, remotamente parecidas a las que recibió George Bush, fueron sobre las supuestas amenazas del finales del milenio, previstas para 1999, así como algunas otras advertencias un tanto menos concretas sobre los peligros que podían acechar a los Juegos Olímpicos de Atlanta en 1996. En ambos casos, tras estas advertencias, que figuraron en el Informe Diario del Presidente (PDB), ese mismo día celebraron reuniones diarias urgentes en la Casa Blanca con representantes de las agencias y oficinas involucradas en preparar a nuestro país para evitar el ataque previsto.

Yo participé personalmente en esas reuniones, y algunas veces hasta las organicé y las presidí. Y ni el presidente Clinton ni yo creímos que estuviéramos sobrepasando nuestro deber para con la nación. Aquellas reuniones se basaban, simplemente, en una respuesta de sentido común a unas advertencias graves, de aquellas que cualquier jefe de policía estadounidense reconocería como parte de su trabajo. Es lo que hubiera hecho cualquier «persona razonable» en una situación parecida si tuviera esa misma responsabilidad.

Por el contrario, cuando el presidente Bush recibió aquel PDB tan grave e histórico, no convocó al Consejo de Seguridad Nacional. No reunió al FBI ni a la CIA ni a las otras agencias que tienen la responsabilidad de proteger a la nación. Ni siquiera hizo ninguna pregunta de seguimiento sobre aquel aviso. Sin embargo, lo que *sí* hizo fue despachar a su informador de la CIA con el siguiente comentario: «De acuerdo. Ahora ya se ha cubierto las espaldas», dijo Bush, según el periodista Ron Suskind.[20]

La Comisión del 11-S bipartita resumió lo sucedido en un informe unánime: «No hemos detectado indicación alguna de que antes del 11 de septiembre el presidente y sus asesores hablasen sobre la posibilidad de un ataque de al-Qaeda en Estados Unidos».[21]

Los miembros de la Comisión siguieron diciendo en su informe que, a pesar de todas las advertencias remitidas a diversos departamentos de la administración, «las agencias nacionales no se movilizaron como respuesta a la amenaza. *Carecían de guía*, y no tenían ningún plan que poder ejecutar. No se aumentó la vigilancia en las fronteras. No se reforzó la presencia policial en los medios de transporte. No se intensificó la vigilancia electrónica frente a una amenaza externa. No se solicitó el apoyo de las autoridades estatales y legales locales para reforzar el trabajo del FBI. Nadie advirtió a los ciudadanos».[22] (La cursiva es mía.)

El terrorismo está aumentando. Es cierto que no hemos padecido otro ataque terrorista dentro de Estados Unidos desde el 11 de septiembre de 2001, y es justo asumir que una de las razones de que haya sido así son los numerosos cambios que el presidente y el Congreso han adoptado tras los atentados. Sin embargo, en abril de 2006, el Centro Nacional Antiterrorista emitió su *Informe nacional del Departamento de Estado sobre el terrorismo*. Este indicaba que los atentados terroristas en todo el mundo se habían casi cuadruplicado en 2005.[23] Seis meses después, en septiembre, una serie de filtraciones obligó a Bush a hacer pública una parte de la Evaluación Nacional de Inteligencia, que describía con claridad la gravedad de la situación. «La yihad islámica está formando a una nueva generación de líderes y de acólitos terroristas —afirmaba el informe—. El éxito de los partidarios de la yihad en ese territorio inspiraría a otros luchadores a proseguir con sus actividades en otros lugares [...]. Si se mantiene esta tendencia, las amenazas contra los intereses estadounidenses en nuestro país y en el extranjero se diversificarán, conduciendo a un mayor número de ataques por todo el mundo.»[24]

Entonces había, ahora hay y siempre hubiera habido, por mucho que diga el presidente Bush, una amenaza terrorista que hubiéramos tenido que gestionar. Pero en lugar de mejorar las cosas, él las ha empeorado. Ahora, debido a su política, estamos menos seguros. Ha generado más ira y justa indignación contra nuestro país de lo que lo haya hecho cualquier otro presidente estadounidense en todos los años que llevamos existiendo como nación.

Una parte del motivo de que cada vez nos cueste más obtener cooperación para luchar contra el terrorismo es la actitud desdeñosa que tiene Bush hacia cualquier persona, institución o país que discrepe de su punto de vista. Ha expuesto a los estadounidenses que viven fuera de nuestro país, y a los estadounidenses de nuestras ciudades, a un riesgo acrecentado de ser víctimas de atentados, y todo gracias a su arrogancia y a su obstinación, sobre todo a la hora de insistir en meter un palo en ese avispero que es Irak. Para complicar aún más las cosas, ha insultado en numerosas ocasiones la religión, la cultura y la tradición de los habitantes de los países islámicos repartidos por todo el mundo.

También ha aplicado políticas que han dado como resultado la muerte de miles de hombres, mujeres y niños inocentes, y todo eso en nuestro nombre. El presidente Bush ha dicho repetidamente que la guerra en Irak es el frente principal en la lucha contra el terrorismo. Por supuesto, *no* es el frente central, pero lamentablemente *se ha convertido* en el centro de reclutamiento básico de terroristas.

La verdad desagradable es que el fracaso de las políticas del presidente Bush tanto en Irak como en Afganistán ha convertido el mundo en un lugar mucho más peligroso. Es lamentable, pero es así. El Instituto Internacional de Estudios Estratégicos (IISS) ha informado que: «El conflicto en Irak ha concentrado las energías y los recursos de al-Qaeda y de sus seguidores [los de Bin Laden], mientras que ha reducido las de la coalición mundial contra el terrorismo».[25] Según el IISS, tras el inicio de la guerra en Irak, al-Qaeda dispone de más de dieciocho mil terroristas potenciales repartidos por todo el mundo.

Nuestros amigos en Oriente Próximo, sobre todo Israel, corren ahora más peligro que antes, a causa de los errores políticos y de la cruda incompetencia con que los oficiales del Pentágono han llevado esta guerra. El prestigioso grupo de expertos de Jaffa, en Israel, emitió una condena devastadora donde concretaba que este mal paso en

Irak ha supuesto una desviación mortal de la lucha contra el terrorismo. Este informe lo han corroborado y respaldado otros estudios similares, tanto en Estados Unidos como en el resto del mundo.[26] Existe prácticamente un consenso mundial.

La guerra en Irak se ha convertido en un verdadero centro de reclutamiento para los terroristas, que la usan para plasmar su condena más directa de Estados Unidos y de la política de nuestro país. El enorme número de bajas civiles en Irak, que aparece constantemente en las cadenas de televisión del mundo árabe por todo Oriente Próximo, ha sido una victoria propagandística para Osama bin Laden, que sin duda ha superado sus mayores esperanzas. Esto es una tragedia, y pudo haberse evitado.

El plan de guerra para Irak fracasó al rechazar el consejo de los militares profesionales. Además, el análisis de los datos obtenidos llegó a una conclusión equivocada: que nuestros soldados serían recibidos con guirnaldas de flores y aplausos entusiastas. Esa expectativa errónea fue uno de los motivos por los que el Pentágono no respetara la llamada doctrina Powell, es decir, el uso aplastante de la fuerza.

Afortunadamente, nuestros soldados fueron más que competentes, aunque se les negaron los instrumentos y el personal necesarios para cumplir su misión. Es una vergüenza que las familias de esos soldados hayan tenido que organizar mercadillos con el fin de obtener fondos para comprar los chalecos de Kevlar viejos del ejército, para que sus familiares puedan forrar con ellos el interior de los vehículos Humvees con los que tienen que desplazarse a menudo, y que no cuentan con la protección adecuada. Mercadillos para comprar protección antibalas. ¿Qué clase de política es esa?

A principios de 2007, el secretario del ejército, Francis Harvey, se vio obligado a dimitir debido a las penosas condiciones, el caos burocrático y la falta de sensibilidad con que se enfrentaban los soldados veteranos estadounidenses heridos y enviados al Walter Reed Army Medical Center. A pesar de que, aparentemente, algunas personas de la administración conocían aquellas condiciones lamentables del centro, no hicieron nada hasta que el *Washington Post* publicó una serie de artículos de investigación sobre este tema.[27]

El general Joseph Hoar, ex comandante del Cuerpo de Marines de Estados Unidos, dijo al Congreso: «Creo que estamos a un paso de la derrota. Estamos con un pie en el abismo».[28] Cuando un oficial militar veterano como Joe Hoar usa la palabra «abismo», los demás haríamos bien en prestar atención. Lo que significa es esto: la muerte de más soldados estadounidenses; el aumento del caos y de la violencia en Irak; una guerra sin final; el perjuicio de la influencia y de la autoridad moral de Estados Unidos. El general del Cuerpo de Marines Anthony Zinni, ya jubilado, y que fuera el general de máxima graduación que dirigió el Centro de Control, dijo recientemente que la dirección que sigue nuestro país actualmente en Irak «nos lleva hacia las cataratas del Niágara».[29]

Zinni, a quien el presidente Bush nombró su embajador personal en Oriente Próximo en 2001, manifestaba su punto de vista sobre esta situación en un libro de reciente publicación: «Durante el período previo a la guerra de Irak y su desarrollo ulterior, fui testigo, como mínimo, de una verdadera falta de interés, negligencia e irresponsabilidad; como máximo, de mentiras, incompetencia y corrupción; motivos falsos que se ofrecían como justificación, una estrategia imperfecta, una falta de planificación, el alejamiento innecesario de nuestros aliados, la subestimación de la misión, la falta de atención prestada a las verdaderas amenazas y la carga insoportable con la que tuvieron que bregar nuestros soldados, ya de por sí sobrecargados. Todo esto me ha motivado a hacer pública esta situación, lo cual ha hecho que los cargos civiles del Pentágono me acusen de traidor y de chaquetero».[30]

Recuerdo haber visto en televisión al portavoz de la Casa Blanca, Dan Bartlett, a quien le preguntaron acerca de esas acusaciones hirientes por parte de los generales de más alto rango en el seno del Pentágono. Él no las consideró importantes porque provenían de oficiales militares jubilados.

Pero entonces fue cuando los oficiales militares en activo empezaron a denostar públicamente la política del presidente Bush. Por ejemplo, un general veterano del Pentágono dijo: «La oficina actual del secretario de Defensa rehusó escuchar o seguir los consejos de los militares».[31] Al comandante de la División Aerotransportada 82, el general de división Charles Swannack Jr., le preguntaron si creía que Estados Unidos estaba perdiendo la guerra en Irak. «Considero que, desde el punto de vista estratégico, es así.»[32] El coronel Paul Hughes, que dirigió la planificación estratégica para la ocupación de Bagdad, comparó lo que vio en Irak con lo que sucedió en la guerra de Vietnam, donde perdió a su hermano. «Cuando empecé mi servicio activo, me prometí a mí mismo que haría todo lo que estuviera en mi mano para evitar que eso volviera a suceder.»[33] Destacó el patrón que se siguió en Vietnam: ganar batallas pero perder la guerra. Hughes añadió: «A menos que nos aseguremos de mantener políticas coherentes, desde el punto de vista estratégico perderemos la guerra». Otro general comentó: «Como muchos otros oficiales militares con experiencia, estoy bastante enfadado con Rumsfeld y con el resto de la administración». Para esto daba dos motivos. Dijo: «Creo que van a desintegrar el ejército». Y añadió el segundo motivo que más le indignaba: «Pienso que les da lo mismo».[34]

Aquellos generales que discreparon de la Casa Blanca fueron degradados y marginados. Quienes la apoyaron con entusiasmo fueron ascendidos, a pesar de que a cada paso han cometido un error tras otro. Es posible que los expertos en administración del futuro escriban acerca de «la desviación W» del principio de Peter: cuando alguien ha sido ascendido hasta el punto en que manifiesta más a las claras su incompetencia, ponle la Medalla de la Libertad y asígnale más responsabilidades.

Durante cinco años ha ido aumentando la tensión entre la versión que ofrece el presidente Bush de la situación en que nos vemos inmersos y la realidad. De hecho, toda su agenda le ha reventado en las manos. Lo que queda del estado iraquí se está desmoronando, las bajas estadounidenses van en aumento y la guerra civil ya es polifacética; ya se ha sumido en el caos y en el riesgo de un Estado islámico fundamentalista o «Estado fracasado» que fomentará el terrorismo durante los años venideros. El presentador televisivo Tucker Carlson, un conservador, al hablar sobre la política de Bush en Irak dijo: «Creo que es una auténtica pesadilla y un desastre, y me avergüenzo de no haber prestado atención a mi instinto y de haberla apoyado».

Doug Bandow, miembro del Cato Institute, veterano de la Heritage Foundation y de la administración Reagan, escribió en septiembre de 2004: «Los conservadores comprometidos deben temer por este país [...]. Deben elegir los principios en vez del poder». Parecía inquietarle la forma de pensar absurda de Bush. «No parece reflexionar sobre sus actos —escribió—, y parece incapaz de reconocer hasta el más mínimo error. Tampoco quiere hacer a nadie responsable de nada. Esta es una combinación fatal.» Describía la política de Bush como «un desastre, con Irak revolucionado y Estados Unidos insultado, cada vez más, tanto por aliados como por enemigos».[35]

William F. Buckley Jr., famoso por ser el fundador del movimiento conservador moderno, escribió lo siguiente sobre la guerra de Irak: «Si entonces hubiera sabido lo que sé ahora sobre dónde nos estábamos metiendo, me hubiese opuesto a la guerra».[36]

Uno de los puntos esenciales de este libro es que nosotros, como estadounidenses, deberíamos «haber sabido entonces lo que sabemos ahora», no solo sobre la invasión de Irak sino también sobre la crisis del medio ambiente, y qué pasaría si los diques no lograsen proteger Nueva Orleans durante el huracán Katrina, así como sobre muchas otras decisiones importantes que se han tomado basándose en una información imprecisa e incluso falsa. *Podríamos* haber sabido esas cosas, y deberíamos haberlo hecho, porque la información estaba disponible. Hace años que deberíamos haber sabido que existía la posibilidad de que el sida se convirtieran en una pandemia. Y la razón más importante para esta crisis en la toma de decisiones por parte de Estados Unidos es que la propia razón tiene un papel cada vez menos importante y respetado en nuestras conversaciones nacionales.

La guerra contra el terrorismo exige claramente un enfoque multilateral. Es imposible tener éxito en esta empresa si antes no nos hemos asegurado de contar con la cooperación constante de muchos otros países. Esta es una de mis ideas clave: nuestra capacidad para garantizar ese tipo de colaboración internacional en la guerra contra el terrorismo quedó muy mermada por el modo en que lanzamos un ataque unilateral contra Irak.

Los atentados del 11-S hicieron que la mayoría de los estadounidenses nos formulásemos la pregunta de qué debe hacer nuestro país para defenderse. Al captar los primeros indicios de lo que tenían en mente hacer en Irak el presidente Bush y su equipo de seguridad nacional, yo sostuve que una invasión solo debilitaría la seguridad de Estados Unidos. Tendríamos que haber concentrado nuestros esfuerzos primordialmente en acabar con quienes nos atacaron y que, de momento, siguen campando a sus anchas. Nunca pensé que debiéramos tirar por otro camino simplemente porque seguirle los pasos a Osama bin Laden resultaba más difícil de lo que nadie pensaba. Las grandes naciones perseveran y vencen. No abandonan un trabajo inacabado y empiezan otro.

Una vez que hubiésemos arrebatado el poder a los talibanes, creo que deberíamos haber dispuesto de una fuerza de hasta tres mil quinientos soldados internacionales, que llegasen a Afganistán y dijeran, como en Bosnia: «Ha llegado un sheriff nuevo al pueblo. Relajaos». Al cabo de un tiempo, la presión hubiera ido a menos, y la expectativa general de verse sumidos en la violencia y en el conflicto armado hubiese quedado reemplazada por otra distinta, la de la cooperación. Eso no es lo que se hizo en Afganistán, aunque muchos miembros de nuestro ejército estaban a favor de esa política.

En 1991, yo era uno entre un puñado de demócratas que votaron a favor de la resolución que respaldaba la guerra del Golfo. Me sentí traicionado al ver cómo la primera administración Bush salía precipitadamente del campo de batalla mientras Sadam empezaba a perseguir de nuevo a los kurdos del norte y a los chiíes del sur; eran dos grupos étnicos a los que habíamos incitado a rebelarse contra Sadam. Después de una brillante campaña militar, nuestra decisión de abandonar prematuramente el intento de destruir la capacidad militar ofensiva de Sadam le permitió seguir en el poder. En 2002, el Congreso debería haber sometido a debate este precedente. Debería haber exigido, como parte de cualquier resolución relativa a la invasión de Irak, unas garantías explícitas sobre lo que sucedería después de obtenida la victoria militar.

La primera vez que hablé en contra del régimen de Sadam Husein fue en otoño de 1988, poco después de que este usara gas venenoso contra una minoría perteneciente a su propio pueblo. El hermano mayor de mi padre murió a consecuencia del gas venenoso durante la Primera Guerra Mundial. Debido a esto, en la historia de mi familia siempre ha destacado el espanto que supone el uso de esas armas. La generación de la Primera Guerra Mundial hizo llegar a todo el planeta esa misma lección. Pasamos la Segunda Guerra Mundial sin recurrir al gas venenoso, exceptuando unos experimentos espantosos en Extremo Oriente. Cuando Sadam fue el primero en saltarse esa prohibición, disparó todas las alarmas.

Resulta instructivo observar las diferencias entre la decisión de expulsar a Irak de Kuwait en 1991 y la de invadir Irak en 2002. Repasemos brevemente solo algunas de las diferencias: en 1991, Irak había cruzado una frontera internacional, invadiendo un país soberano vecino y anexionándose su territorio. Sin embargo, en 2002 Irak no había invadido a nadie. Por el contrario, fuimos nosotros los que cruzamos una frontera internacional. La diferencia entre ambas circunstancias tuvo profundas implicaciones sobre la opinión del resto del mundo respecto a nuestra política.

Otra diferencia: en 1991, las Naciones Unidas emitieron una resolución que respaldaba nuestra reacción hacia Sadam. En 2002 acudimos a las Naciones Unidas para respaldar nuestra invasión, pero no tuvimos éxito y no nos concedieron su beneplácito.

En 1991, el primer presidente Bush forjó, pacientemente y con gran habilidad, una amplia coalición internacional. Su labor era más sencilla que aquella a la que se enfrenta su hijo, en parte porque Sadam había invadido otro país. Sea por el motivo que fuere, la mayoría de los países árabes, excepto Jordania —que está bajo la sombra de Irak, en la puerta de al lado—, respaldaron nuestros esfuerzos militares y formaron parte de la coalición internacional, y algunos de ellos incluso enviaron sus tropas para apoyarnos. Prácticamente todos nuestros aliados en Asia y en Europa respaldaron la coalición, dándonos su beneplácito o contribuyendo de forma material.

Sin embargo, en 2002 la mayoría de nuestros aliados en Europa y en Asia se opuso abiertamente a lo que hizo el presidente Bush, y la mayoría de los pocos que al principio nos apoyaron lo hizo con la condición de que las Naciones Unidas emitiera una resolución favorable. Incluso si el presidente Bush hubiera tenido razón al afirmar que Sadam Husein disponía de armas de destrucción masiva, la forma en que abordó la situación habría sido incorrecta. Como dije en 2002, antes de la guerra, para que la invasión tuviera éxito era necesaria una coalición internacional. Si quieres perseguir a Jesse James, primero organiza la partida con tus hombres, sobre todo si al mismo tiempo te estás pegando tiros con alguien más.

En cuarto lugar, la coalición reunida en 1991 pagó la mayor parte de los costes derivados de la guerra. Esta vez, los contribuyentes estadounidenses han tenido que sufragar un gasto de 700.000 millones de dólares, y eso solo de momento.[37]

En quinto lugar, allá en 1991, el presidente George H.W. Bush esperó adrede hasta después de las elecciones a mitad de su mandato de 1990 para presionar en busca del voto al principio del nuevo Congreso de 1991. El presidente George W. Bush lo hizo en otoño de 2002, inmediatamente antes de las elecciones del Congreso a mediados de su mandato.

El segundo presidente Bush exigía, en mitad del mandato presidencial, que el Congreso afirmase sin demora que él gozaba de la autoridad necesaria para atacar inmediatamente Irak, sin tener en cuenta los progresos ulteriores o las circunstancias que fueran surgiendo. Esta repentina urgencia que sentía el presidente por convertir esa nueva causa en la primera prioridad de Estados Unidos, dejando a un lado la que teníamos hasta ese momento, es decir, la lucha contra Osama bin Laden, la explicó el jefe del Estado Mayor de la Casa Blanca, en un rapto de inocencia, mediante ese comunicado suyo tan conocido: «Desde el punto de vista del marketing, en agosto nadie introduce en el mercado nuevos productos».[38]

En lugar de luchar para evitar que en nuestro país y en otros se preocupasen por el papel de la política en el momento elegido para poner en práctica su decisión, el presidente estaba de campaña dos y tres días a la semana, a menudo advirtiendo a los demócratas cuál sería la consecuencia política de votar que no. El Comité Nacional Republicano lanzó anuncios que ya estaban preparados y basados en el mismo tema, que aparentemente encajaban con una estrategia política descrita explícitamente en un disquete fuera de lugar de un auxiliar de la Casa Blanca. Esa estrategia aconsejaba a los republicanos que su máxima probabilidad de ganar las elecciones al cabo de unas semanas se basaba en «centrarse en la guerra».[39] El vicepresidente Cheney, entretanto, decía muy indignado que sugerir semejante cosa era insultante, tras lo cual llevó rápidamente ese mismo debate sobre la guerra a *The Rush Limbaugh Show*.[40]

Creo que esta reducción del tiempo dedicado a la deliberación en el Congreso arrebató al país el tiempo necesario para analizar cuidadosamente qué perspectivas de futuro tenía. Este proceso de reflexión era muy necesario, porque la administración no había hecho una valoración de cuál sería el curso previsible de la guerra; aunque, al mismo tiempo, daba rienda suelta a las personas de la administración o cercanas a ella para que sugiriesen, en todo momento, que el conflicto sería un paseo. La administración no decía gran cosa para clarificar su idea de qué pasaría cuando el país cambiase de régimen, o qué grado de participación estadounidense estaban dispuestos a aceptar los iraquíes durante los meses y años posteriores a ese cambio.

Ese uso descarado del voto sobre la guerra en las elecciones a mediados del mandato presidencial suscitó muchas dudas sobre el papel que desempeñaba la política en los cálculos de algunos miembros de la administración. Y dado que se plantearon esas dudas, esto se convirtió en un problema para nuestro país a la hora de forjar un consenso nacional y una coalición internacional. Por citar solo un ejemplo, la campaña de las elecciones alemanas reveló un profundo e inquietante cambio en la actitud del electorado alemán hacia Estados Unidos. También hemos visto cómo nuestro aliado más fiel, Tony Blair, ha tenido graves problemas con su electorado, en parte debido a que su decisión de unirse a la invasión suscitó las mismas dudas entre los británicos.

Cuando otros cuantos y yo preguntamos a la administración Bush qué pensaba hacer después de la rápida victoria en la invasión inicial de Irak, el secretario Rumsfeld contestó que no estaba seguro de que tuviéramos la responsabilidad de hacer nada. Tal como dijo él, «son los iraquíes quienes deben reunirse para llegar a un acuerdo». En aquel mismo momento, tal y como sabemos ahora, Rumsfeld estaba intentando acabar con el programa del U. S. Army War College que se centraba en fomentar la estabilidad de Irak después de la invasión.[41] También excluía de la planificación posterior a la guerra al equipo del Departamento de Estado que se centraba en la reconstrucción nacional.

Esto no debería haber sorprendido a nadie. Recuerdo claramente que, durante uno de los debates de la campaña de 2000, el moderador Jim Lehrer preguntó al entonces gobernador George Bush si Estados Unidos, después de participar en un conflicto bélico, debería o no dedicarse a reconstruir el país invadido. La respuesta de Bush fue: «No lo creo. Creo que lo que hace falta es convencer a las personas que viven en aquellas tierras para que construyan su país. Quizá me estoy olvidando de algo. ¿Que si vamos a tener en Estados Unidos equipos de reconstrucción nacional? Por supuesto que no».[42]

Al final de la Segunda Guerra Mundial ya nos enfrentamos a una decisión sobre la construcción nacional, pero dentro de un contexto mucho más amplio. El poder estadounidense, en comparación con el del resto del mundo, era incluso mayor que el que tenemos ahora. La decisión que tomamos entonces fue la de convertirnos en cofundadores de lo que ahora consideramos la era de posguerra, basándonos en los conceptos de seguridad y de defensa colectivas, manifestados sobre todo en las Naciones Unidas. Durante todos los peligrosos años posteriores, nunca abandonamos nuestra creencia de que lo que estábamos esforzándonos por conseguir no estaba limitado por nuestra seguridad física, sino que alcanzaba las esperanzas no cumplidas de la humanidad.

La ausencia de una reconstrucción nacional adecuada después de la Primera Guerra Mundial condujo directamente a las circunstancias que hicieron que Alemania fuera vulnerable al fascismo y al auge de Adolf Hitler, y que hizo que toda Europa lo fuese también a los planes despiadados de ese líder. Como contraste, tras la Segunda Guerra Mundial sí que hubo una visión reflexiva, encarnada en el plan Marshall, las Naciones Unidas, la OTAN y el resto de proyectos destinados a la reconstrucción nacional; tales cosas a su vez condujeron directamente a las condiciones que fomentaron la prosperidad y el liderazgo estadounidense en todo el mundo. Ya no es razonable esperar que la administración actual tenga una visión semejante, pero no es demasiado tarde para que las administraciones futuras devuelvan a Estados Unidos al lugar que durante tanto tiempo ocupó en relación con el resto del mundo. Los daños que hay que reparar son muchísimos, pero el coste de seguir perpetuándolos es, literalmente, incalculable.

7

La crisis del carbono

La política de Estados Unidos ante la crisis climática y la excesiva dependencia de los combustibles fósiles (sobre todo del petróleo extranjero) ilustra lo que le puede ocurrir a un gran país cuando el lugar de la razón lo ocupa la influencia de la riqueza y el poder; tanto es así que todas las patologías que han sido analizadas en el libro (el engaño, el secretismo, la política del miedo, la atracción de las «cruzadas» y la sustitución del conocimiento y la lógica por el simple poder) se manifiestan en toda su crudeza en nuestras políticas energéticas y medioambientales.

Las crisis energética y climática forman un todo indivisible, tanto en sus causas como en sus soluciones. Para responder a la emergencia planetaria debida a la rápida acumulación de dióxido de carbono (CO_2) generado por el hombre en la atmósfera terrestre hay que abordar cuanto antes su causa principal, que es, naturalmente, el trágico exceso de dependencia de nuestra civilización respecto a la combustión de grandes cantidades de combustibles basados en el carbono.

Son muchas las razones por las que Estados Unidos debería emprender un gran esfuerzo estratégico para resolver de forma simultánea la crisis climática y la de la dependencia de los combustibles fósiles. En realidad se trata de una sola crisis, y el hecho de que persistamos en la táctica del avestruz podría ser la mejor demostración de que el declive de la razón en nuestro discurso nacional nos vuelve ciegos a nuestro propio interés.

Si el carbón y el petróleo son especialmente dañinos para el clima del planeta, es por su alto contenido en carbono por cada unidad de energía que se deriva de ellos. El CO_2 residual que se produce al quemar combustibles fósiles (setenta millones de toneladas diarias)[1] aprisiona una parte de la energía infrarroja reemitida por la Tierra hacia el espacio.

El carbón, dicho sea de paso, es mucho peor que el petróleo, aunque lo más dañino son los otros combustibles sucios basados en carbono que Estados Unidos emplea en grandes cantidades: las arenas asfálticas y el esquisto bituminoso. La explotación a gran escala de estos yacimientos tan ricos en CO_2 haría muchísimo más difícil solucionar la crisis climática, mientras que el gran gasto energético de procesar el carbón, el esquisto y las arenas asfálticas en forma líquida y gaseosa complicaría aún más cualquier esfuerzo por utilizarlos como alternativas al petróleo y el gas natural.

En el caso del petróleo, el hecho de que las mayores reservas de explotación barata se concentren en la zona probablemente más inestable del mundo (el golfo Pérsico) ha contribuido a que los estadounidenses se convenzan de que habría que desarrollar lo antes posible fuentes de energía renovable para evitar las consecuencias negativas que se producirían si se cortase de golpe el acceso a las reservas de petróleo a buen precio.

En realidad, el primer proveedor actual de petróleo de Estados Unidos es Canadá, y el segundo México; Arabia Saudí solo está en tercer lugar (justo antes de Venezuela),[2] pero el golfo Pérsico sigue encabezando la lista de proveedores a nivel mundial, y como el mercado del petróleo está muy integrado a escala planetaria cualquier alteración del suministro o de los precios con origen en el golfo Pérsico tendría un efecto dominó en el mercado petrolífero mundial, y de rebote en la economía de Estados Unidos.

Dado que nuestro consumo de petróleo no deja de aumentar, el precio mundial del petróleo se mantiene alto, y a consecuencia de ello siguen llenándose de petrodólares las arcas de estados como Irán, hostiles a nuestros intereses, y Arabia Saudí, donde parece ser que se han destinado grandes sumas a formar y apoyar terroristas.

La excesiva dependencia del petróleo no es solo una amenaza para nuestra seguridad nacional y para el medio ambiente del planeta, sino para nuestra seguridad económica. Se engaña quien cree que el mercado internacional del petróleo es un «mercado libre». Tiene, sí, muchas características de un mercado libre, pero también está sujeto cada cierto tiempo a la manipulación del grupo de países que controlan las mayores reservas explotables (la Organización de Países Exportadores de Petróleo, u OPEP), secundado a veces por el pequeño grupo de empresas que domina la red mundial de producción, refino y distribución.

Es de capital importancia que entendamos que estos episodios de manipulación no tienen un único objetivo, sino dos. En primer lugar, como es lógico, los países productores intentan maximizar los beneficios, pero lo más importante es que también intentan manipular nuestra voluntad política. Durante los últimos treinta años siempre han tenido muy en cuenta la necesidad de bajar los precios cada vez que Occidente estuviera a punto de entender que lo sensato era crear suministros adecuados de fuentes propias de combustibles renovables.

Urge reconocer que el consumo peligroso e insostenible de petróleo procedente de una parte muy inestable del mundo tiene consecuencias muy parecidas a otras formas de comportamiento autodestructivo, y que cuanto más tiempo dure peores serán las consecuencias y mayores los riesgos.

A estas alturas, en Estados Unidos somos mayoría los que nos damos cuenta de que ya hemos participado en demasiadas guerras en el golfo Pérsico. Van ya dos veces en doce años que mandamos tropas para garantizar nuestro acceso al petróleo, entre otras causas, y tampoco hay que ser un hacha para ver que es necesario y acuciante un esfuerzo por fomentar alternativas ecológicamente sostenibles a los combustibles fósiles, junto a un esfuerzo de todos los países por estabilizar el golfo Pérsico y reconstruir Irak.

En los últimos cien años, desde que el petróleo pasó a ser la fuente de energía clave para las economías industriales y los ejércitos, el acceso a las mayores reservas ha constituido un factor esencial de la estrategia de Estados Unidos y otras grandes potencias, tanto en época de paz como en época de guerra (sobre todo la segunda). Para mucha gente, tal como se documenta en el capítulo 4, una de las razones ocultas de que se empezara la guerra de Irak en mayo de 2003 fue la opinión de Dick Cheney y de otros (muchas veces expuesta, y largo tiempo albergada) de que asegurarse de que Estados Unidos pueda seguir accediendo a las reservas de petróleo del golfo Pérsico es tan importante que justifica un coste tan descomunal y un riesgo tan alto para el prestigio nacional como los que comporta invadir otro país.

El mismo talento innato para la mentira que todo el mundo reconoce ya como uno de los principales ingredientes del principio de la guerra de Irak, quedó de manifiesto en la decisión de la administración Bush de tachar el cambio climático de su lista de problemas justo después de llegar al poder. Actualmente sabemos que, durante las primeras semanas de gobierno, el vicepresidente Cheney empezó a reunirse con su grupo de expertos en política energética, la tristemente famosa Energy Task Force, e informó secretamente a los grupos de presión al servicio de los contaminadores de que la Casa Blanca no tomaría ninguna medida contra el calentamiento global. Después solicitó su ayuda en la elaboración de un programa «voluntario» sin pies ni cabeza.

En abril de 2001, cuando Quin Shea, uno de los principales representantes del grupo de presión del sector de suministros y energía, quiso explicar a un grupo de industriales del carbón por qué les convenía perder el tiempo en algo de apariencia tan insignificante como el citado programa, se sinceró en los términos siguientes, sin sospechar que le estaban grabando: «Se lo formularé en términos políticos. El presidente necesita una hoja de parra. Va a cargarse Kioto, pero es una situación muy arriesgada».[3]

Una hoja de parra.

A los pocos días de acceder al cargo, Bush renunció a regular el CO_2 como un gas contaminante de efecto invernadero, incumpliendo su solemne promesa de la campaña de 2000, y la sustituyó por otra dirigida a los principales contaminadores: no regular en absoluto el CO_2.

De la misma manera, lo que tan sentidamente dijo a sus compatriotas durante la campaña, que estaba convencido de que el calentamiento global era un problema real, se convirtió nada más tomar posesión de su cargo en palabras de desprecio hacia el estudio que le presentaron los científicos de la EPA, la Agencia de Protección Ambiental, un trabajo minucioso y evaluado por otros científicos del mismo nivel que recopilaba datos objetivos sobre los riesgos del cambio climático. «Sí, ya me he leído el informe que redactaron los burócratas», contestó a la prensa en el Despacho Oval al ser preguntado por el informe.[4] En su discurso sobre el Estado de la Unión de 2007 Bush ha acabado usando la expresión «cambio climático», pero se trata de un simple cambio retórico, sin verdaderos cambios de política que lo acompañen (al menos de momento).

Corría el año 2000, y en esta misma línea el candidato Bush prometió poner en práctica una política exterior «humilde» y rehuir por todos los medios el intervencionismo en el plano internacional, pero ya en los primeros días de su presidencia (según testimonios presenciales que acaban de darse a conocer) esa promesa se convirtió en una búsqueda metódica y secreta de excusas para invadir Irak en cuanto tuviera ocasión.[5]

Más tarde, durante la invasión, mientras los saqueadores diezmaban un patrimonio arqueológico de valor incalculable como era el de los museos iraquíes (erigidos para conmemorar la «cuna de la civilización»), el ejército estadounidense solo protegió un edificio gubernamental: el Ministerio del Petróleo. En 2007, al mismo tiempo que Irak se desintegraba en violencias sectarias (y que Estados Unidos mantenía su papel de potencia ocupante), la administración Bush preparó una serie de documentos jurídicos que garantizaban a ExxonMobil, Chevron, BP y Shell un acceso preferente a los enormes beneficios que se esperaban de la explotación de las grandes reservas petrolíferas de Irak.[6]

Algunas voces críticas, como Greg Muttitt (de la asociación ecologista y de defensa de los derechos humanos Platform, que vigila la industria petrolífera), describieron la propuesta de ley como un trato absolutamente injusto con los iraquíes y el resto de los habitantes de la zona, a quienes se dejaba por completo al margen del proceso. «El gobierno de Estados Unidos y las principales empresas petrolíferas recibieron el anteproyecto en julio [de 2006] —declaró Muttitt en enero de 2007—, y el Fondo Monetario Internacional en septiembre. El mes pasado, durante una reunión en Jordania, pregunté a un grupo de veinte diputados iraquíes si habían visto la ley, y solo uno respondió que sí.»[7]

Muchos estadounidenses se están dando cuenta de lo absurdo que es contraer préstamos ingentes de dinero chino para comprar cantidades ingentes de petróleo del golfo Pérsico y generar cantidades ingentes de contaminación que destruyen el clima del planeta, y cada vez son más los estadounidenses convencidos de que hay que cambiar todos los factores de la ecuación.

Dentro de nuestro déficit comercial, que es enorme, la mayor partida corresponde a las importaciones de petróleo. En 2006, más del 40 por ciento del déficit total se debía a la compra de petróleo extranjero.[8] Siempre que visito grandes puertos como Seattle, Nueva Orleans o Baltimore me encuentro con la misma y triste historia: miles de barcos enormes que llegan, tan llenos de petróleo extranjero que apenas flotan, y que después se van mucho más altos, solo con agua de lastre para no volcar. En vez de mercancía mandamos dinero (electrónicamente) a la dirección indicada.

El comercio de un solo sentido es destructivo para nuestro futuro económico. Un posible remedio sería inventar y fabricar soluciones para detener el calentamiento global en el propio Estados Unidos. Yo sigo creyendo en la inventiva que siempre ha caracterizado este país. Los barcos que he descrito hay que llenarlos con nuevos productos y tecnologías de nuestra creación, capaces de invertir el termostato del planeta, pero el primer paso es ganar la batalla contra la inercia y el miedo al cambio, y para eso hay que entender exactamente a qué nos enfrentamos.

Hace más de un cuarto de siglo, cuando aún estaba en la Cámara de Representantes, empecé un estudio a fondo sobre el control del armamento nuclear, proceso que me llevó a pasar mucho tiempo con teóricos militares y expertos en estrategia nuclear. Una de las muchas revelaciones que oí de ellos trataba de la tipología de los conflictos militares. A grandes rasgos, todos los conflictos se inscriben en tres categorías básicas: batallas locales que pueden tener una importancia estratégica más amplia, pero que se circunscriben casi por completo a una zona pequeña, conflictos o guerras regionales que afectan a zonas más extensas y suelen implicar el cruce de diversas fronteras geopolíticas, y conflictos estratégicos o mundiales, muchísimo menos numerosos pero que pueden cambiar de forma significativa el curso de la historia.

Más tarde descubrí que, por su propia condición, los retos ecológicos también se inscriben en tres categorías similares, cada una de las cuales pide una manera diferente de pensar y reaccionar. La mayoría de los temas ambientales con los que trata la gente son esencialmente de naturaleza local: la contaminación del agua y del aire y los vertidos tóxicos.

Desde hace varias décadas, al extenderse la conciencia ecológica, nos hemos fijado en otra clase de amenazas regionales para el medio ambiente, una categoría que hasta entonces no se había reconocido como tal. Tenemos, por un lado, la «lluvia ácida», cuyo principal origen son las chimeneas del Medio Oeste, y que afecta a todo el nordeste de Estados Unidos; por el otro, una gigantesca «zona muerta» que se hace notar en una parte enorme del golfo de México, y que se debe a los residuos de los productos químicos agrícolas que el Mississippi se lleva hacia el sur, más allá de Nueva Orleans, desde el granero del país; y por último la disminución veloz e insostenible de las reservas subterráneas de agua dulce del acuífero de Ogallala, situado bajo ocho estados, entre la cuenca del Mississippi y las montañas Rocosas.

Existe también otra categoría de amenazas al medio ambiente, relativamente escasas pero de un gran potencial devastador, cuya naturaleza es estratégica o global.

La administración Bush ha abandonado su responsabilidad de proteger el medio ambiente en las tres categorías. Básicamente, lo que ha hecho es dar el control de las políticas medioambientales a los principales contaminadores y a otros grupos de presión, muchos de los cuales llevan décadas tratando de debilitar o socavar las exigencias ecológicas.

Véase, por ejemplo, cómo ha tratado la administración Bush el tema del mercurio, un contaminante de gran toxicidad que provoca graves defectos en el desarrollo y el sistema neurológico de los fetos. La propias autoridades sanitarias (la Administración de Drogas y Alimentos) alertaron sobre el consumo de mercurio en el atún, el pez espada, el fletán y otros peces de aguas profundas y de larga vida que «bioconcentran» el mercurio.

Sabemos que la principal fuente no regulada de contaminación por mercurio son las centrales eléctricas de carbón, pero la administración Bush ha desvirtuado las medidas protectoras de la Ley de Aire Limpio que limitaban el mercurio modificando esta ley para que los contaminadores no tengan la obligación de reducirlo.[9] Como se comprenderá, estas centrales son peligrosísimas, pero la industria carbonera y la de los suministros convencieron a la Casa Blanca de que fingiera lo contrario, desmintiendo a los científicos.

Otro ejemplo sería la limpieza de los residuos tóxicos, que está prácticamente en vía muerta. El objetivo del Superfund, que yo, en tanto que miembro del Congreso, contribuí a crear en 1980, era suministrar fondos para proteger a los afectados por los vertidos peligrosos, pero la administración Bush ha dejado que se redujese de 3.800 millones de dólares a un déficit de 175,[10] con el resultado previsto: menos limpiezas, más lentas, y un legado de residuos tóxicos para nuestros hijos. La razón es que la administración Bush ha favorecido a sus amigos de la industria, y ahora, como ya no existe la tasa que pagaban para mantener el Superfund, es el contribuyente el que corre con los gastos.

También hemos asistido a un cambio radical en la gestión de los parques nacionales. Por mucho que el presidente solicitara un aumento de la partida para parques en el presupuesto de 2008, mucha gente tiene la impresión de que es poco y de que llega demasiado tarde, sobre todo porque es la propia política de Bush la que ha permitido que se explotaran los parques de un modo perjudicial. Hace poco, un grupo de más de cien funcionarios jubilados del Servicio Nacional de Parques escribió una carta diciendo que a este organismo le han cambiado sus atribuciones; su misión ya no es velar por los recursos naturales de las zonas protegidas, sino fomentar su uso comercial en favor de intereses particulares.[11] Así, por citar un solo ejemplo, hemos visto que Bush y Cheney no escatimaban esfuerzos para que sus amigos pudieran hacer perforaciones en la Reserva Natural del Ártico.

No son pequeños ajustes de política, sino modificaciones radicales que revocan todo un siglo de compromiso de este país con la protección de sus recursos naturales. El parque de Yellowstone se creó en 1872, entre otras cosas para preservar sus recursos forestales, mineros y geotérmicos. En 1906, Theodore Roosevelt se erigió en el gran paladín de esta filosofía salvaguardando millones de hectáreas de reservas forestales, monumentos nacionales y refugios de fauna silvestre. La misma superficie protegió el gobierno Clinton-Gore. Esta actitud equilibrada que combina el uso a corto plazo de recursos necesarios con la conservación para las generaciones venideras ha sido respetada por todos los presidentes desde Roosevelt. Todos hasta el de ahora.

Siempre que se trata de poner en práctica leyes sobre el medio ambiente, la administración Bush elige los intereses particulares por encima de su obligación de proteger a los estadounidenses de la contaminación, ignorando por sistema las pruebas científicas y abonando las teorías sin demostrar de los grandes contaminadores que le dan su respaldo. Hace poco, un estudio sobre las contribuciones a la campaña de Bush por parte de ejecutivos, abogados y grupos de presión del sector de los suministros mostró que diez «pioneros» de Bush (los que aportaron como mínimo cien mil dólares a la campaña) procedían de este sector y de las asociaciones comerciales vinculadas a él.[12]

En lo que tampoco ha escatimado esfuerzos la administración Bush ha sido en recortar el personal de la EPA. Por otro lado, se ha advertido a más de un organismo que no investigara determinados casos. En 2006, la administración anunció el cese de las investigaciones sobre cincuenta centrales eléctricas por infringir la Ley de Aire Limpio, medida que según el senador Chuck Schumer «venía a decirle a la industria eléctrica que ya puede contaminar impunemente».[13] Rich Biondi, un veterano de la EPA, dimitió al llegar a la conclusión de que le estaban impidiendo cumplir con eficacia su trabajo. «Nos estaban estirando la alfombra debajo de los pies», declaró.[14]

Entre todas las amenazas estratégicas que corre el medio ambiente, la más conocida, y con diferencia la más grave, es la crisis climática. Yo la situaría en una categoría especial, por lo mucho que considero que está en juego. Es un tema que me preocupa muy especialmente, porque la gran mayoría de los expertos en medio ambiente más respetados del mundo han dado la voz de alarma con claridad y urgencia. Hace años la comunidad internacional (incluido Estados Unidos) puso en marcha un gran esfuerzo conjunto por recopilar los estudios científicos más rigurosos sobre los indicios (cada vez mayores) de que el medio ambiente de este planeta está sufriendo graves daños y potencialmente irreparables a causa de la acumulación sin precedentes de contaminación en la atmósfera.

Básicamente, lo que vienen a decir estos científicos al habitante de cualquier país es que el calentamiento global debido a las actividades humanas se ha convertido en una grave amenaza para nuestro futuro común, y que hay que hacerle frente. Otro aspecto que me preocupa es que la administración Bush-Cheney no da la impresión de oír las advertencias de la comunidad científica de la misma manera que la mayoría.

Pese a la claridad de los datos al alcance de todos, todavía hay mucha gente que no se cree que el calentamiento global sea un problema, y no me extraña, porque son víctimas de una campaña gigantesca y bien orquestada de desinformación fomentada por la administración Bush y sufragada sin reparar en gastos por una serie de contaminadores cuyo firme propósito es impedir cualquier medida encaminada a reducir las emisiones de gases de efecto invernadero (causantes del calentamiento global) por miedo a ver reducidos sus beneficios el día en que ya no puedan verter tanta contaminación en la atmósfera.

Varios ideólogos ricos de derechas se han juntado con las empresas más cínicas e irresponsables de los sectores del petróleo, el carbón y la minería para aportar grandes sumas de dinero a la financiación de grupos pseudocientíficos cuya especialidad es sembrar la confusión en la opinión pública acerca del calentamiento global. Uno tras otro, sus engañosos «informes» pretenden hacernos creer que en el seno de la comunidad científica autorizada existen discrepancias importantes sobre temas en los que lo cierto es que impera un consenso muy amplio.

Las técnicas que usan fueron creadas hace años por la industria tabacalera en su larga campaña para hacer cuajar la incertidumbre en la opinión pública sobre los riesgos del humo del tabaco para la salud. De hecho, algunos de los científicos que cobraron de las tabacaleras durante aquel empeño están recibiendo dinero de las empresas del carbón y el petróleo a cambio de estar dispuestos a decir que el calentamiento global no existe.

A principios de 2007, justo cuando se publicaba el nuevo informe científico internacional del Grupo Intergubernamental de Expertos sobre el Cambio Climático (IPCC), uno de estos grupos, financiado por ExxonMobil, ofreció diez mil dólares por cada pseudoestudio o artículo que cuestionase los descubrimientos de la comunidad científica.[15] Es una estrategia que los principales contaminadores siguen desde hace años.

En un informe sin reservas sobre estrategia política al servicio de los líderes republicanos, uno de los grandes asesores del partido, el experto electoral Frank Luntz, manifestaba su temor de que los votantes castigasen a los candidatos que apoyaran el incremento de la contaminación, y daba un consejo táctico para abordar el tema: «Si la opinión pública llega a creer que es una cuestión científica zanjada, su postura sobre el calentamiento global cambiará en consecuencia. Por lo tanto, deben seguir haciendo que la falta de certeza científica sea uno de los grandes ejes del debate».[16]

Claro que la administración Bush ha ido mucho más lejos que las recomendaciones de Luntz.

En lo que respecta a la crisis climática mundial, Bush ha humillado públicamente a científicos de su propio gobierno cuyos informes oficiales subrayaban la gravedad del peligro al que se enfrentan Estados Unidos y el resto del mundo, a la vez que prefería el análisis, interesado y viciado en su base, que costeaba la principal empresa petrolífera del mundo, ExxonMobil. Tan lejos ha llegado Bush, que llegó a censurar partes de un informe de la EPA que versaban sobre el calentamiento global, sustituyéndolas, en el informe oficial del gobierno, por otras del documento de ExxonMobil. Las consecuencias de aceptar el consejo de ExxonMobil (no hacer nada para contrarrestar el calentamiento global) son casi inconcebibles.

ExxonMobil ha tenido una influencia muy destacada en el gobierno actual, y se ha mostrado más activa que cualquier otro contaminador en sus escandalosos intentos de incidir en la percepción pública de la verdad y gravedad de la crisis climática. Son muchas las organizaciones comprometidas con la integridad científica que han denunciado las vergonzosas prácticas de ExxonMobil, sin que de momento haya servido de nada.

La Royal Society (el equivalente británico de la Academia Nacional de Ciencias de Estados Unidos) ha reiterado formalmente su petición de que ExxonMobil deje de difundir información «muy engañosa» e «inexacta», «en desacuerdo» con lo que se acepta en la comunidad científica sobre la crisis climática. Por otra parte, la Royal Society exhortó a ExxonMobil a no seguir pagando millones de dólares al año a organizaciones que «han tergiversado los aspectos científicos del cambio climático negando rotundamente las pruebas de que los gases de efecto invernadero impulsan el cambio climático, o exagerando la cantidad e importancia de la incertidumbre en el conocimiento, o dando una falsa imagen del posible impacto del cambio climático antropogénico».[17]

En 2006, otra organización de científicos, la Union of Concerned Scientists (UCS), con sede en Estados Unidos, elaboró un largo informe en el que se demuestra que «entre 1998 y 2005 ExxonMobil invirtió casi dieciséis millones de dólares en una red de cuarenta y tres organizaciones de presión cuyo objetivo es confundir a la opinión pública sobre los aspectos científicos del calentamiento global».[18]

«ExxonMobil ha estado sembrando dudas sobre las causas humanas del calentamiento global, igual que las tabacaleras negaban que sus productos provocaran cáncer —ha dicho Alden Meyer, el director de estrategia de la UCS—. Gracias a una inversión módica pero eficaz, el gigante del petróleo ha alimentado dudas sobre el calentamiento global para retrasar la acción del gobierno, como las grandes tabacaleras durante más de cuarenta años.»[19]

Dos senadores estadounidenses, la republicana Olympia Snowe, de Maine, y el demócrata Jay Rockefeller, de Virginia Occidental, también se han sumado al esfuerzo conjunto por convencer a ExxonMobil de que tenga un comportamiento ético. Ambos senadores han declarado que el empeño escandaloso e indignante de ExxonMobil por extender la ignorancia y la confusión en torno a la crisis climática «ha perjudicado» la reputación del país. Aduciendo que la tergiversación científica que practica la multinacional es un ejemplo de falta de honradez, han protestado contra «la financiación a gran escala por parte de ExxonMobil de una "cámara de eco" de pseudociencia que no ha pasado la criba de la comunidad científica».[20]

La razón de que ExxonMobil se haya embarcado en esta campaña de engaño a gran escala, y siga en ello, no tiene nada de misterioso. A principios de 2007, la empresa hizo públicos los beneficios del año anterior, 2006. Ninguna compañía había obtenido una cifra anual semejante en toda la historia del país.

Ya hace tiempo que los directivos de la empresa han llegado a la conclusión de que a ellos no les benefician los esfuerzos por resolver la crisis climática y energética. Por otro lado, no han reparado en gastos a la hora de recompensar a los ejecutivos de la empresa por olvidar cualquier posible escrúpulo ante su falta de honradez. A Lee Raymond, ex presidente de la compañía, le dieron un paquete de jubilación por valor de cuatrocientos millones de dólares,[21] justo antes de que el presidente Bush, con gran diligencia, le pusiera al frente de la comisión que debía elaborar un estudio fundamental sobre el futuro de las energías alternativas en Estados Unidos. A veces parece que la administración Bush-Cheney sea propiedad, literalmente, de las grandes empresas del carbón, el petróleo, los electrodomésticos y la minería.

El problema es que en este momento nuestro mundo se enfrenta a un verdadero cataclismo que reclama un claro liderazgo a la vez moral y político por parte de Estados Unidos.

Durante el siglo pasado, la población humana se cuadruplicó (de los 1.600 millones de 1900 a los 6.600 de hoy), y las nuevas tecnologías han multiplicado por varios miles el impacto medio de cada persona en el entorno del planeta. El resultado ha sido un cambio radical en la relación básica de la especie humana con el planeta Tierra. Actualmente, nuestra «huella» se puede medir no solo por el impacto de todo el CO_2 que esparcimos en la atmósfera del planeta, sino por la desidia con la que destruimos superficie forestal equivalente a un campo de fútbol por segundo. También se puede medir por la destrucción de las reservas piscícolas y por el hecho de que, si se mantiene el ritmo actual de explotación, prácticamente todas las especies marinas importantes estarán amenazadas de extinción en menos de medio siglo.

Una de las primeras crisis inscritas en la categoría estratégica de peligros ecológicos mundiales fue la reducción de la capa de ozono de la estratosfera, una crisis atmosférica de alcance mundial causada por el incremento súbito de compuestos de cloro a lo largo de unas pocas décadas, cuya consecuencia fue un aumento del 600 por ciento en la concentración de átomos de cloro en toda la atmósfera del planeta.[22] La manifestación más grave de esta crisis fue la aparición de un «agujero de ozono» del tamaño de Estados Unidos en la estratosfera, encima de la Antártida, cada otoño boreal (de septiembre a noviembre), aunque el adelgazamiento de la capa de ozono se produjo (y sigue produciéndose) en todo el mundo.

Lo que tienen en común la pérdida de ozono de la estratosfera y el calentamiento global es que en ambos casos la sustancia química causante del problema es invisible y ejerce sus peligrosas consecuencias a escala planetaria.

Lo que tienen en común las amenazas ecológicas estratégicas y los conflictos militares estratégicos o globales es la necesidad de una movilización general en todo el mundo, la única manera de asegurarse de que el desenlace aporte un futuro positivo a la civilización humana.

Si queremos vencer nuestro temor, y adentrarnos con valentía en el camino que tenemos por delante, debemos insistir en que el diálogo político de Estados Unidos adquiera un grado más alto de sinceridad. Cuando en Estados Unidos se cometen grandes errores, suele ser porque a la gente no se le han planteado con franqueza las alternativas. También suele ser porque en los dos partidos hay demasiados líderes sin valor suficiente para hacer lo que saben que hay que hacer.

Nuestros hijos tienen derecho a juzgarnos con el máximo rigor, sobre todo porque lo que está en juego es su futuro (y no solo el de ellos, sino el de toda la humanidad). Se merecen algo más que el espectáculo de cómo se censuran las pruebas científicas sobre la realidad de nuestra situación, y cómo se acosa a los científicos honrados que intentan advertirnos de la catástrofe que se avecina. Se merecen algo más que a unos políticos cruzados de brazos, que no mueven ni un dedo para solucionar el mayor desafío al que se ha enfrentado la humanidad, ni siquiera cuando lo tenemos encima.

En 2006 y 2007, la comunidad científica reforzó su consenso en torno al hecho de que el calentamiento global está aumentando el poder destructor de los huracanes ni más ni menos que en un grado de la categoría de 1 a 5 que suelen usar los meteorólogos. Así, en Florida, cuando llegue un huracán que por término medio antes habría sido de categoría 3, será de categoría 4. Otro aspecto que inquieta a los científicos de todo el mundo es que se observa un aumento del índice de concentración de CO_2 en la atmósfera, una evolución que, en caso de confirmarse durante los próximos años, podría señalar el principio de un efecto invernadero desbocado extremadamente peligroso.

Según otro equipo científico muy prestigioso, si todo sigue igual es posible que en el corto plazo de treinta y cuatro años el casquete polar se derrita y desaparezca del todo en verano.[23] (Llevo más de cuarenta años estudiando la crisis y hay algunos descubrimientos que todavía me impresionan, como este.) Aun así, el presidente Bush sigue teniendo como principal asesor científico a la compañía que más se beneficia de un retraso en el reconocimiento de la realidad.

En 2006 aparecieron nuevos datos que demostraban que en todo el oeste del país han aumentado vertiginosamente los incendios, una tendencia afianzada década tras década a medida que el aumento de las temperaturas secaba la tierra y la vegetación. Los datos llegaban al final de un verano con temperaturas récord, siendo el año más caluroso registrado en Estados Unidos, con sequía persistente en amplias zonas del país.

Ahora ya hay muchos científicos que avisan sobre la proximidad de una serie de puntos críticos que, una vez alcanzados (en un plazo que puede ser de solo diez años), podrían hacer que ya no fuera posible evitar un daño irreparable a la habitabilidad del planeta para el ser humano. En esta misma línea, otro grupo de científicos ha constatado el aumento sorprendentemente rápido de las emisiones de carbono y metano en la tundra helada de Siberia, que está empezando a deshelarse a consecuencia del aumento de la temperatura global por causas humanas.

Sin cambiar de tema, en 2006 un equipo de científicos levantó acta de que durante los doce meses anteriores se habían producido treinta y dos terremotos glaciales en Groenlandia, con valores de entre 4,6 y 5,1 en la escala de Richter,[24] señal inquietante de que podría estarse verificando una desestabilización a gran escala en las profundidades de la segunda mayor acumulación de hielo del planeta, la cual, en caso de romperse y caer al mar, podría elevar el nivel de este último en seis metros.

Cada día que pasa aporta nuevas pruebas de que nos enfrentamos a una emergencia planetaria, una crisis climática que exige actuar de inmediato para reducir de modo drástico las emisiones de dióxido de carbono en todo el mundo, con el objetivo de invertir el termostato de la Tierra y evitar una catástrofe. En el artículo principal del monográfico de *Scientific American* sobre el calentamiento global (septiembre de 2006) se leía una conclusión muy sencilla: «Se ha terminado el debate sobre el calentamiento global».[25]

A pesar del gran tamaño de la Tierra, la parte más vulnerable del medio ambiente del planeta es la atmósfera, debido a que es de una finura sorprendente, como una capa de barniz sobre una esfera, como decía el difunto Carl Sagan.

Ya no hay ninguna base creíble para dudar de que la temperatura de la atmósfera terrestre esté aumentando a causa del calentamiento global. Este último es un hecho. Ya está ocurriendo, y las consecuencias que se prevén son inaceptables.

Probablemente nada haya hecho tanto en los últimos años para suscitar un cambio de actitud entre los estadounidenses sobre la crisis climática como los daños catastróficos que infligió el huracán Katrina.

Todos asistimos a la tragedia del Katrina con pensamientos y emociones distintos, pero nos hermanaba la perplejidad ante la falta de una reacción inmediata y la carencia de un plan adecuado. Se nos dijo que no era el momento de buscar culpables; sin embargo, los mismos que hablaban así ya estaban designando como tales a las víctimas de la tragedia, que no evacuaron la ciudad de Nueva Orleans (en muchos casos porque no podían) por falta de coches y de un transporte público a la altura de las circunstancias.

Se nos dijo que no era el momento de pedir cuentas al gobierno del país, porque nos enfrentábamos a otras cuestiones más importantes, pero no se trata de elegir entre ambas cosas, sino que están íntimamente ligadas; al final, cuando el país encontró formas de ayudar a los que tanto habían sufrido por el huracán Katrina, sí era importante sacar conclusiones correctas de lo sucedido, para que no fueran otros los que nos las dieran, ya mascadas y erróneas. A fin de cuentas, si no extraemos las lecciones correctas de la historia estaremos condenados, como dicen los historiadores, a repetir los errores del pasado.

Todos sabemos que cuando se acercaba el huracán Katrina, y cuando descargó toda su fuerza, el país dejó en la estacada a los habitantes de Nueva Orleans y de la costa del Golfo. Si cinco días después de un huracán hay cadáveres de ciudadanos estadounidenses flotando en una inundación de aguas tóxicas, no solo es el momento de responder directamente ante las víctimas de la catástrofe, sino de pedir cuentas al funcionamiento de nuestro país, así como a sus dirigentes, por los errores cometidos.

Cuatro años antes del Katrina, en agosto de 2001, el presidente Bush recibió una advertencia de suma gravedad: «Al-Qaeda está decidida a actuar dentro de Estados Unidos». No hubo reuniones, ni se disparó ninguna alarma; a nadie se convocó para decirle: «¿Qué más sabemos sobre esta amenaza inminente? ¿De qué manera podemos preparar al país para lo que nos han avisado que está a punto de ocurrir?».

Si en el gobierno hubieran estado preparados, habrían encontrado mucha información recopilada por el FBI, la CIA y la Agencia de Seguridad Nacional, incluidos los nombres de la mayoría de los terroristas que hicieron estrellarse los aviones en el World Trade Center, el Pentágono y un campo de Pensilvania. Habrían descubierto que varias delegaciones del FBI habían dado la voz de alarma sobre una serie de individuos sospechosos que durante su instrucción como pilotos no se habían interesado lo más mínimo por la parte relativa al aterrizaje. Y habrían encontrado muy inquietos a los directores de las delegaciones del FBI ante la falta de un plan antiterrorista, y de preparativos de respuesta. Pero no fue un momento de preparativos, sino de vacaciones. No se pensaba en proteger a los estadounidenses.

Cuatro años después, y tres días antes de la llegada del Katrina a Nueva Orleans, hubo voces que advirtieron muy en serio de que si el huracán mantenía su rumbo se romperían los diques, se inundaría la ciudad de Nueva Orleans y correrían peligro miles de personas.

Pero volvía a ser época de vacaciones. No se hicieron los preparativos, no se confeccionaron los planes ni hubo una respuesta inmediata.

Creo que fue precisamente el hecho de que nadie haya tenido que responder de los gravísimos errores de análisis y de las falsedades que sentaron las bases para la horrible tragedia que está viviendo Irak una de las principales razones de que nadie tuviera miedo de estar obligado a responder de una reacción tan improvisada, tan mediocre, equivocada e inapropiada como la que recibió la tragedia de Nueva Orleans. A fin de cuentas, no podía estar más claro, ni para los televidentes ni para los lectores de prensa. No es que lo ocurrido se pudiera saber, es que se sabía con antelación y en todos sus detalles. Es más, los responsables de gestión de emergencias ya habían hecho simulacros y establecido con exactitud lo que iba a suceder basándose en datos científicos. Fueron los miembros de la administración los que se hicieron los sordos.

Cuando no hay visión, el pueblo se malogra.

Más que falta de visión, lo que ha habido es mala vista. Bush y los suyos han dado muestras de querer debilitar a toda costa la capacidad del gobierno federal de cumplir con su trabajo. A fin de cuentas, tres años antes de que llegara el huracán Katrina a Nueva Orleans James Lee Witt, el director de la Agencia Federal de Gestión de Emergencias (FEMA) durante la administración Clinton-Gore, ya avisó de que la FEMA había entrado en un proceso de debilidad e impotencia, y de que solo podría responder a una catástrofe si se le devolvían los recursos necesarios. En el gobierno nadie le hizo caso; recortaron el presupuesto y usaron los fondos para otros menesteres, sobre todo para recompensar a los contribuyentes ricos en forma de bajadas de impuestos desproporcionadas.

Carl Pope, el director de la organización ecologista Sierra Club, se declaró *avergonzado* por el horror de Nueva Orleans. Si de lo que se trata es de describir lo que sienten los estadounidenses sobre la política y las decisiones de su gobierno, «avergonzado» es una palabra delicada. Tengo mis dudas de que exista una sola palabra que resuma lo que sintió mucha gente después de la invasión de Irak, al ver a soldados de su propio país poniendo correas de perro a prisioneros indefensos que en el 99 por ciento de los casos eran inocentes de cualquier relación con el terrorismo o de cualquier violencia contra nuestras tropas. Eran prisioneros inocentes torturados en nuestro nombre. ¿Qué sintieron ustedes?

No sé qué palabras podrían describir mis sentimientos, pero me gustaría que todos mis compatriotas dibujaran una línea entre lo que sintieron al ver las imágenes de nuestros soldados torturando a personas indefensas en nuestro nombre y con la autoridad emanada de nosotros (porque eran decisiones políticas, aunque después la Casa Blanca echase la culpa a los soldados y los cabos, y les atribuyera toda la responsabilidad) y sus emociones durante el Katrina, al ver tantos cadáveres flotando, y a tanta gente sin comida, agua ni medicamentos: ciudadanos de nuestro mismo país dejados a la buena de Dios.

Claro que ambas situaciones eran de gran complejidad, con muchos factores en juego, pero me gustaría que dibujasen una línea entre lo que sintieron en un caso y en el otro, y después me gustaría que trazasen otra raya entre los responsables de esas dos tragedias tan inconcebibles y que tanta vergüenza han hecho pasar al país a ojos del mundo. Si se conecta a quienes ignoraron las advertencias sobre el Katrina, y las consecuencias de una torpe ejecución, con los que ignoraron los consejos de no invadir Irak, y las consecuencias de una torpe ejecución, las líneas forman un pequeño círculo.

En cuyo centro está el presidente George W. Bush.

Ahora hay avisos científicos sobre otra catástrofe inminente. Nos avisaron de que estábamos a punto de ser atacados por al-Qaeda y no reaccionamos. Nos avisaron de que se romperían los diques de Nueva Orleans y no reaccionamos. Ahora la comunidad científica nos avisa sobre la peor catástrofe de la historia de la civilización humana.

Hace tiempo que reina el consenso entre dos mil científicos de un centenar de países, embarcados en la colaboración científica más compleja y mejor organizada de toda la historia de la humanidad, de que si no tomamos medidas para estar preparados y abordar las causas subyacentes del calentamiento global asistiremos a una serie de catástrofes gravísimas. En febrero de 2007, este grupo (el IPCC) fortaleció todavía más dicho consenso al sostener que existe un 90 por ciento de probabilidades de que los causantes del calentamiento global sean los seres humanos.[26]

Es importante tener claro qué sucede cuando se ignoran las pruebas científicas y los avisos claros y serios. Lo es para inducir a nuestros dirigentes a que no cometan el mismo error y no ignoren otra vez a los científicos, dejándonos desprotegidos ante las amenazas que se nos echan encima.

Dice el presidente que no está seguro de que sea el hombre el responsable de la amenaza del calentamiento global. No está dispuesto a tomar ninguna medida importante ante una amenaza que no está convencido de que sea real. Dice que, a su juicio, los aspectos científicos del calentamiento global son controvertidos. Se trata del mismo presidente que después de la devastación de Nueva Orleans dijo: «Nadie podía prever que se romperían los diques».

Para que funcione nuestra democracia, es muy importante establecer responsabilidades. Todas las dudas y la indecisión de Bush, su obstinación en malinterpretar lo que dice la comunidad científica y su decantamiento por lo que quieren que haga unos cuantos partidarios suyos dentro de la industria del carbón y del petróleo (no todos, ni mucho menos, pero sí algunos), esto es, ignorar a la ciencia, han creado un grave problema.

Mientras Nueva Orleans seguía esperando una reacción por parte de la Casa Blanca, el presidente viajó a California para un acto cuyo objetivo era conseguir apoyos para su política en Irak, e hizo un símil entre su decisión de invadir Irak y la actitud de Franklin Roosevelt durante la Segunda Guerra Mundial. Ahora, si se me permite, seré yo quien haga un símil con la Segunda Guerra Mundial. Cuando se estaba fraguando la tormenta sobre el continente europeo, Winston Churchill ya avisó de lo que estaba en juego. El gobierno británico de entonces, que no estaba seguro de que el peligro fuera eminente, mereció el siguiente comentario de Churchill: «Se mueven en una paradoja extraña, decididos a ser indecisos, resueltos a la irresolución, firmes en dar tumbos, graníticos en la fluidez e impotentes con todo su poder. Se está acabando la época del dejar las cosas para más tarde, de las decisiones a medias, de los expedientes tranquilizadores y desconcertantes y de las dilaciones. Ahora ingresamos en un período de consecuencias».[27]

Ya hace tiempo que las advertencias sobre el calentamiento global son de una extrema claridad. Nos enfrentamos a una crisis climática mundial. Se está agravando. Estamos ingresando en un período de consecuencias.

Churchill también tuvo palabras para aquellos de sus compatriotas que buscaban alguna manera de soslayar el peligro del que les advertía, y para el que pedía que se preparasen. Dijo entender perfectamente el deseo natural de negar la realidad de la situación y procurar a cualquier precio la vana esperanza de que no fuese tan grave como defendían algunos, pero también dijo que debían saber la verdad, y tras la contemporización de Chamberlain declaró lo siguiente: «Esto solo es el principio de la hora de la verdad. Solo es el primer sorbo, el anticipo de un amargo cáliz que se nos brindará año tras año, a menos que en una suprema recuperación de la salud moral y del vigor marcial nos levantemos de nuevo y defendamos la libertad...».[28]

Ha llegado el momento de que en Estados Unidos recuperemos nuestra salud moral y salgamos nuevamente en defensa de la libertad, pidiendo cuentas por las malas decisiones, los errores de análisis, la falta de planificación, la falta de preparación y la terquedad en negar algo tan evidente como el carácter real de las amenazas graves e inminentes a las que se enfrenta este país. Hay que rechazar las falsas lecciones que se nos propusieron como explicaciones de la horrible tragedia del Katrina.

Ahora hay gente (en algunos casos de la actual administración) que dice que la penosa reacción de las autoridades demuestra que no siempre podemos fiarnos del gobierno. Sin embargo, la FEMA funcionó perfectamente durante la anterior presidencia, y que este gobierno no sea capaz de sacarse sus propias castañas del fuego no significa que haya que suprimir todos los programas gubernamentales.

Hace un tiempo decían que la solución de la catástrofe que habían creado ellos mismos era más poder unilateral, pero sería una imprudencia otorgarles más poder del que abusar, y del que hacer mal uso, como tan recientemente han hecho. Deberíamos pedirles cuentas. Y deberíamos exigir que reconozcan las pruebas científicas, y respeten los dictámenes de la razón.

Upton Sinclair escribió hace cien años: «Cuesta hacer que un hombre entienda algo cuando su sueldo no depende de que lo entienda».[29] He aquí lo que creo que entendemos sobre el huracán Katrina y el calentamiento global: es verdad que no se puede achacar un huracán concreto al calentamiento global. Los huracanes existen desde tiempo inmemorial, y van a seguir existiendo. También es verdad que la ciencia no asegura rotundamente que el calentamiento global aumente la frecuencia de los huracanes, porque también es verdad que existe un ciclo de entre veinte y cuarenta años que incide profundamente en el número de huracanes que se suceden en una sola temporada, pero también es cierto que la ciencia actual afirma con rotundidad que el aumento de la temperatura de los mares ha hecho más fuerte el huracán medio, no solo porque aumenta la intensidad de los vientos, sino porque incrementa drásticamente la humedad que se evapora de los mares, alimentando las tormentas (y en consecuencia su poder destructivo), y acrecienta la intensidad del huracán.

Después de que el Katrina rodease el extremo sur de Florida, los noticiarios destacaron el peligro que corría la costa del Golfo de que el huracán se hiciera mucho más fuerte, porque las aguas por las que pasaba estaban más calientes de lo habitual. Es verdad que el agua del Golfo se ha estado calentando más de lo normal. Es un fenómeno que afecta a todos los océanos, siguiendo pautas que coinciden punto por punto con lo que llevan prediciendo los científicos durante los últimos veinte años. Ahora dicen que el huracán medio seguirá aumentando de fuerza a causa del calentamiento global. Mucho antes de la tragedia del Katrina, un científico del MIT publicó un estudio donde se demostraba que desde la década de 1970 la duración e intensidad de los huracanes se ha incrementado aproximadamente un 50 por ciento, tanto en el Atlántico como en el Pacífico.[30]

Lo que nos dicen los científicos es que, según sus datos, o actuamos deprisa y de forma contundente o, retomando la expresión de Churchill, será «el primer sorbo... de un amargo cáliz que se nos brindará año tras año», mientras no se produzca una recuperación de la salud moral.

También tenemos que unir los puntos. Cuando no se cumple el programa de limpieza de vertidos del Superfund, las inundaciones se convierten en un caldo tóxico. Cuando no hay transporte público de calidad para los pobres, es difícil evacuar una ciudad. Cuando no existen los medios de proporcionar ayuda médica a los pobres, es difícil que los hospitales acojan refugiados en plena crisis. Cuando se dejan las zonas pantanosas en manos de los promotores inmobiliarios, las ciudades de la costa quedan más expuestas a los fenómenos meteorológicos que llegan del mar. Cuando no hay un esfuerzo por controlar los gases contaminantes responsables del calentamiento global, este se agrava, con todas las consecuencias de las que nos ha advertido la comunidad científica.

Como dijo Abraham Lincoln: «Las circunstancias están llenas de problemas, montañas de problemas, y debemos ponernos a su altura. Enfrentados a una nueva situación, debemos pensar desde cero y actuar desde cero. Emancipémonos y salvaremos a nuestro país».[31] Del mismo modo, nosotros tenemos que desembarazarnos del espectáculo de luz y sonido que ha estado acaparando la atención de nuestra gran democracia, desviándola de los temas y los retos importantes de la actualidad. Sacudámonos de encima el juicio a Michael Jackson, la búsqueda de la chica desaparecida en Aruba y la última obsesión secuencial por los juicios de famosos o por la banalidad relativa de turno que domine las conversaciones de la democracia en vez de dejar espacio para que, como ciudadanos libres, conversemos acerca de nuestra verdadera situación, para después salvar nuestro país.

Los refugiados que hemos visto en nuestro propio suelo podrían ser perfectamente el primer trago del amargo cáliz, porque el aumento del nivel del mar en todo el mundo generará millones de refugiados por causas relacionadas con el medio ambiente.

El momento es moral. En último término, de lo que se trata no es de un debate científico, ni de un diálogo político, sino de quiénes somos como seres humanos, y de si tenemos o no la facultad de trascender nuestras limitaciones y ponernos a la altura de las nuevas circunstancias. Se trata de si podemos ver o no con nuestros corazones tanto como con nuestras cabezas la respuesta sin precedentes que se nos exige; de si podemos o no (por seguir citando a Lincoln) emanciparnos, desechar las ilusiones que han sido cómplices de nuestra sordera ante unos avisos que no podían ser más claros y oír con claridad lo que se nos advierte ahora mismo.

En otro momento de supremo desafío, Lincoln dijo que en última instancia la cuestión que se le planteaba a Estados Unidos era si su gobierno, un gobierno del pueblo, por el pueblo y para el pueblo (concebido en libertad y dedicado a la libertad), o cualquier otro concebido de la misma manera, desaparecería del planeta.

Cuando no hay visión, el pueblo se malogra.

Pero este desafío moral tiene otra cara. Donde hay visión, hay prosperidad, recuperación de la naturaleza y de nuestras comunidades. La buena noticia es que ya sabemos qué hacer. La buena noticia es que disponemos de todo lo necesario para hacer frente al desafío del calentamiento global. Tenemos los medios tecnológicos, aunque se estén perfeccionando otros superiores que facilitarán todavía más la respuesta cuando salgan al mercado y se abaraten con una producción a gran escala. Tenemos todo lo necesario... excepto, quizá, la voluntad política. Y en nuestra democracia la voluntad política es una fuente renovable.

Hemos llegado a un verdadero cruce de caminos. Para seguir el que más nos conviene debemos acertar en los valores y la perspectiva que elijamos. Es el momento de que los que ven, comprenden, se preocupan y están dispuestos a arrimar el hombro digan: «Esta vez las advertencias no caerán en saco roto. Esta vez estaremos preparados. Esta vez nos pondremos a la altura de las circunstancias. Y ganaremos».

No se trata de una cuestión política, sino moral, que afecta a la supervivencia de la humanidad. No es una cuestión de izquierdas y derechas, sino de lo que está bien frente a lo que está mal. Por decirlo de manera sencilla, está mal destruir la habitabilidad de nuestro planeta y arruinar las perspectivas de todas las generaciones posteriores a la nuestra.

Lo que impulsa a millones de estadounidenses a cambiar de postura sobre la crisis climática es la comprensión paulatina de que el desafío también ofrece una oportunidad sin precedentes. Ya he hablado en público sobre cómo expresan los chinos el concepto de crisis. Usan dos símbolos, que aisladamente significan, por un lado, el peligro y, por otro, la oportunidad. Juntándolos se obtiene «crisis». La palabra que usamos nosotros, una sola, transmite el concepto de peligro, pero no siempre recoge la existencia de oportunidades dentro de cualquier crisis.

En este caso, la oportunidad que nos brinda la crisis climática no se limita a nuevos y mejores empleos, nueva tecnología, nuevas oportunidades comerciales y mayor calidad de vida, sino que consiste en vivir algo que pocas generaciones han tenido el privilegio de conocer: un objetivo moral común con suficiente peso para elevarnos por encima de nuestras limitaciones e impulsarnos a dejar de lado las rencillas a las que somos vulnerables por nuestra propia condición de seres humanos.

La que ha sido calificada como «la mejor generación» de Estados Unidos encontró un objetivo de estas características al hacer frente a la crisis del fascismo mundial y ganar una guerra simultáneamente en Europa y en el Pacífico; y en el camino hacia su histórica victoria, se dio cuenta de que había conquistado una nueva autoridad moral, y una nueva capacidad de ver las cosas. Creó el plan Marshall, puso en pie a los adversarios que, recién derrotados, se habían puesto de rodillas y les orientó hacia un futuro de dignidad y autodeterminación. Fue esa generación la que creó la ONU y las demás instituciones mundiales que hicieron posibles varias décadas de prosperidad, progreso y paz relativa. Nosotros hemos dilapidado su autoridad moral en los últimos años, y ya va siendo hora de recuperarla asumiendo el mayor desafío de nuestra generación.

Si nos ponemos a la altura de este reto, también nosotros descubriremos la renovación personal, la trascendencia y una nueva capacidad de ver las cosas que nos permitirá reconocer otras crisis de nuestro tiempo que piden soluciones a gritos: veinte millones de huérfanos del sida solo en África, guerras civiles donde combaten niños, genocidios y hambrunas, el saqueo de nuestros mares y bosques, una crisis de extinción que pone en peligro la propia trama de la vida y decenas de millones de congéneres que mueren cada año por enfermedades fácilmente evitables. Si nos ponemos a la altura de la crisis climática, encontraremos la visión y la autoridad moral necesarias para verlos no como una serie de problemas políticos, sino de imperativos morales. Se trata, en consecuencia, de una oportunidad para la superación del partidismo, para la trascendencia, la oportunidad de encontrar nuestro mejor yo y de crear un futuro más luminoso.

8

La democracia en juego

La relación entre los controles y equilibrios y la confianza en el imperio de la razón es el *Código Da Vinci* de la democracia estadounidense.

Los fundadores del país tenían una visión de la naturaleza humana de un refinamiento extraordinario, y de una perspicacia que les permitía darse cuenta de que todos somos vulnerables al convertir a la razón en esclavo del ego. Es evidente que hace doscientos años no existía el concepto freudiano, pero el caso es que los Padres Fundadores lo entendían. James Madison escribió en el número 10 de *The Federalist*: «Mientras sea falible la razón humana, y el hombre sea libre de ejercerla, se formarán distintas opiniones. Mientras siga existiendo un vínculo entre su raciocinio y el amor que siente hacia sí mismo, sus opiniones y pasiones se influirán recíprocamente, y las primeras serán objeto del apego de las segundas».[1]

Dicho de otra manera, hay que separar la razón del «amor a sí mismos» de quienes la utilizan y enfocarla en el bien general, asegurándose de que ningún individuo o pequeño grupo pueda ejercitar el poder sin entablar negociaciones con otros a quienes es necesario convencer de que el ejercicio del poder que proponen supera la prueba de la razón.

Aunque los Padres Fundadores de este país confiasen en que «una ciudadanía bien informada» ejercitaría el imperio de la razón y la libertad de expresión para proteger la democracia estadounidense, también creían que la razón no bastaba por sí misma para garantizar la pervivencia de la república. En el número 51 de *The Federalist*, Madison argumentó lo siguiente: «No cabe duda de que depender del pueblo es el principal control del gobierno, pero la humanidad ha aprendido que hacen falta precauciones adicionales».[2]

Las «precauciones adicionales» en las que pensaba Madison eran los controles y equilibrios de los que echaron mano nuestros Padres Fundadores al elaborar la Constitución, con el objetivo de evitar una concentración perjudicial de poder en manos de unos pocos, y obligar así a que las personas que estaban en posesión de la autoridad justificasen sus puntos de vista aplicando el imperio de la razón. La razón tiene un papel tan necesario como decisivo, pero solo lo desempeñará si los poderosos se ven obligados a seguir un proceso deliberativo; de ahí que la separación de poderes y el sistema de controles y equilibrios sean fundamentales para la creación del espacio virtual donde actúa la razón en el seno de la democracia estadounidense.

Por eso hace más de dos siglos que en Estados Unidos se protegen las libertades contra la acumulación malsana de poder en manos de una sola persona, gracias a la sabia decisión de nuestros Padres Fundadores de dividir el poder total de nuestro gobierno federal en tres ramas de la misma importancia, cada una de las cuales sirve de control y contrapeso para el poder de las otras dos. A pesar de todo, muchos Padres Fundadores seguían preocupados por una hipótesis a la que atribuían una peligrosidad muy especial: en tiempos de guerra, el papel del presidente como comandante en jefe aumentaba el peso político de su figura. Durante sus debates en Filadelfia, los Padres Fundadores se dieron cuenta de que la posible acumulación de poder en manos del ejecutivo constituía una grave amenaza para la república. Les preocupaba que el súbito aumento del poder político del presidente en época de guerra rebasara sus límites constitucionales, alterando los delicados controles y equilibrios que eran básicos para el mantenimiento de la libertad.

Justamente por eso se esmeraron tanto en detallar los poderes de guerra en la Constitución, asignando el mando del ejército al presidente, pero reservando al Congreso no solo una facultad tan esencial como la de decidir la entrada en guerra, sino otras muy importantes en la definición de las características y el objetivo de la misión. Estos poderes incluyen, entre muchos otros, el de crear y mantener ejércitos y flotas, establecer leyes para el gobierno y regular las fuerzas de tierra y mar. A estos límites al poder bélico del ejecutivo se les atribuía una importancia capital. En una carta a Thomas Jefferson, James Madison escribió lo siguiente: «La Constitución parte de una premisa demostrada por la historia de todos los gobiernos: que el ejecutivo es la rama del poder más interesada por la guerra, y más proclive a ella. En consecuencia, ha puesto especial cuidado en que la guerra ataña al cuerpo legislativo».[3]

Durante la guerra de Corea, uno de los jueces más elocuentes del Tribunal Supremo, Robert Jackson, escribió que en tiempos de guerra convenía dar todo el margen de maniobra posible al presidente, pero al mismo tiempo puso en guardia contra «el llamamiento alegre e irresponsable a la guerra como excusa para liberar a la rama ejecutiva de las reglas que gobiernan nuestra república en época de paz». Y continuaba así:

> Ningún castigo podría expiar el pecado contra la libertad de gobierno que entraña pretender que un presidente pueda soslayar el control que ejercen los poderes ejecutivos mediante la ley a través de la asunción de su papel militar. La Constitución confiere atribuciones muy holgadas al gobierno para que dé los pasos realmente necesarios para nuestra seguridad, pero al mismo tiempo nuestro sistema exige que la acción del gobierno se base en medidas que hayan sido sometidas a un debate abierto y reflexivo en el Congreso y entre los ciudadanos del país, y que cualquier invasión de la libertad o la dignidad de un individuo se estudie en tribunales abiertos a los afectados e independientes del gobierno que recorta la libertad de estos últimos.[4]

En las últimas décadas, como es natural, la aparición de nuevas armas que prácticamente eliminan el intervalo entre la decisión de entrar en guerra y el inicio de las hostilidades ha hecho replantearse las características exactas del poder del ejecutivo en esta materia. Durante las décadas más peligrosas del pulso nuclear con la antigua Unión Soviética, los estadounidenses tuvieron que acostumbrarse a la posibilidad de que el país sufriese un ataque bélico devastador un cuarto de hora después de la declaración de guerra. Igualmente natural es que se introdujesen una serie de ajustes en nuestro planteamiento, entre ellos la premisa de que el presidente haría uso de su poder intrínseco como comandante en jefe para responder de inmediato con todos los medios bélicos a su alcance. Desde entonces, empezaron a acompañarle a todas partes una serie de oficiales uniformados con un control portátil (lo que ha venido llamándose «la pelota nuclear»). Inevitablemente, la imagen del presidente como comandante en jefe adquirió más peso en la conciencia del país, y en cómo se le percibía.

En los últimos tiempos, el temor a que algún grupo terrorista consiga un arma nuclear ha dado aún más fuerza a los imperativos pragmáticos que, en opinión de muchos, deberían aumentar la discrecionalidad del presidente a la hora de tomar decisiones unilaterales sin esperar la intervención del Congreso.

Ahora bien, no porque los aspectos prácticos del armamento nuclear moderno y de la lucha contra el terrorismo desemboquen necesariamente en un aumento de las atribuciones militares del presidente a expensas del Congreso deja de estar vigente la inquietud que tanto tiempo atrás sintieron los Padres Fundadores del país ante la posibilidad de que la suma de la iniciativa bélica del presidente con sus demás poderes desestabilizase el cuidadoso diseño de nuestra Constitución, poniendo con ello en peligro nuestras libertades.

Cuando el presidente Bush se vio obligado a aceptar la Autorización del Uso de la Fuerza Militar del Congreso, solución de compromiso que no le otorgaba los plenos poderes que quería, los asumió igualmente en secreto, como si la autorización de la Cámara fuera un estorbo inútil, pero, como bien escribió el juez Felix Frankfurter, «un caso tan explícito de abuso de autoridad no es solo una muestra de desprecio a la voluntad clara del Congreso sobre un tema en particular, sino una falta de respeto a todo el proceso legislativo, y al reparto constitucional de la autoridad entre el presidente y el Congreso».[5]

Estoy convencido de que nuestros Padres Fundadores considerarían que uno de los grandes retos actuales de nuestra república, aparte del terrorismo (con toda su gravedad), es nuestra reacción al terrorismo, y nuestra capacidad de administrar el miedo y garantizar la seguridad sin perder libertad. También lo estoy de que nos advertirían de que permitir que un presidente use su papel de comandante en jefe para desbaratar el minucioso equilibrio entre las ramas ejecutiva, legislativa y judicial del gobierno significa poner en grave peligro a la propia democracia.

Los Padres Fundadores de este país estaban más influidos de lo que nos imaginamos por la atenta lectura de los aspectos históricos y humanos que rodearon a las democracias de la antigua Grecia y de la república romana. Sabían, por ejemplo, que en Roma desapareció la democracia el día que César cruzó el Rubicón, infringiendo la prohibición tradicional del Senado de que los generales, volviendo de la guerra, entrasen en Roma mientras aún tenían el mando de sus tropas. Aunque el Senado conservase su existencia formal, y se le siguiera la corriente durante varias décadas, lo cierto es que tanto él como la propia república romana (y el sueño de la democracia) se marchitaron y murieron cuando César, de una manera muy poco política, aunó su papel de jefe militar con el de jefe de Estado; y así, a todos los efectos, fue la propia democracia la que desapareció de la faz de la tierra durante diecisiete siglos, hasta renacer en nuestro país.

Nuestro actual presidente se fue a la guerra, y a su regreso, simbólicamente, desfiló por «la ciudad» vestido de comandante en jefe, declarando que hasta nuevo aviso el país se halla en guerra permanente, la cual probablemente dure toda nuestra vida. Da a entender que este estado de guerra permanente justifica su reinterpretación unilateral de la Constitución en el sentido de incrementar su poder como presidente a expensas del Congreso, los tribunales y los ciudadanos. De hecho, ha llegado a militarizar parcialmente las fuerzas del orden poniendo a personal militar uniformado a vigilar a los ciudadanos, las empresas y organizaciones que desde el punto de vista del ejército puedan representar una amenaza para nuestro país. Esto en otros tiempos habría sido inconcebible, pero ha despertado muy pocas protestas.

Resumiendo, que el presidente Bush ha fundido sin vacilaciones su papel de comandante en jefe con los de jefe del gobierno y jefe de Estado, con lo que ha aumentado al máximo el poder que le otorgaron los estadounidenses temerosos de un nuevo ataque y sedientos de promesas de protección. Bush dice que debemos renunciar a una parte de nuestras libertades tradicionales a fin de que él tenga bastante poder para protegernos contra los que nos quieren hacer daño.

Es verdad que, a seis años de distancia del cruel atentado del 11 de septiembre de 2001, el miedo de la ciudadanía a otra agresión se mantiene a unos niveles más altos de lo normal. Claro que desde entonces prácticamente nos han recordado el atentado en todos los discursos del presidente, y se nos ha presentado como la justificación de casi todos sus actos...

Aunque ya estemos tan acostumbrados a alertas naranjas «altas», y a la posibilidad de atentados terroristas, casi seguro que los Padres Fundadores del país nos advertirían que el principal peligro que corre Estados Unidos, tal como lo conocemos y queremos, es el reto endémico al que siempre se han enfrentado las democracias durante su aparición a lo largo de la historia, un reto que hunde sus raíces en la dificultad intrínseca del autogobierno y en la vulnerabilidad al miedo que forma parte de la propia condición humana. De hecho, ya hemos visto deteriorarse gravemente en algunos aspectos los controles y equilibrios que siempre habían mantenido la salud de la democracia en Estados Unidos.

Bush no es el primer presidente que empuja más allá de sus límites las nuevas posibilidades de ejercer un poder ejecutivo reforzado. Durante la guerra de Corea, poco después de que surgiese la amenaza nuclear soviética, el presidente Truman forzó los límites de su poder tomando el control de una serie de acerías, como ya he comentado en el capítulo 5.

Durante el proceso judicial que anuló esta confiscación, el juez Robert Jackson reformuló con elocuencia el miedo a una concentración excesiva de poder en la rama ejecutiva que para nuestros Padres Fundadores había encarnado el rey Jorge III. Jackson actualizó sus ideas haciendo referencia a una nueva figura, la del dirigente totalitario del siglo XX, encarnada tanto en Hitler, que acababa de ser vencido, como en Stalin, que por aquel entonces aún constituía una grave amenaza: «El ejemplo de un poder ejecutivo ilimitado que debió de impresionar a nuestros antepasados fue el ejercicio de las prerrogativas de Jorge III. La descripción de sus males en la Declaración de Independencia me hace dudar de que creasen su nuevo ejecutivo a imagen del rey. Si acudiésemos a nuestra propia época en busca de algo comparable —prosiguió Jackson—, solo lo encontraríamos en los gobiernos ejecutivos que calificamos con desprecio de totalitarios».[6]

El respeto al presidente es importante, pero no tanto como el respeto a la Constitución. Sobre este aspecto es de gran importancia subrayar que la desconfianza tan típica de los estadounidenses frente a la concentración de poder guarda muy poca relación con la personalidad o imagen pública de la persona que lo ejerce. Es el propio poder el que hay que limitar, vigilar, repartir y equilibrar con gran cuidado para garantizar la pervivencia de la libertad. Los límites al alcance del poder ejecutivo que detalla la Constitución casi siempre adquieren una forma más concreta como leyes aprobadas por el Congreso, leyes que los presidentes con deseos de aumentar su poder tienen la tentación de ignorar o infringir.

Un presidente que infringe la ley es un peligro para todas las estructuras de nuestro gobierno. Los Padres Fundadores de nuestra democracia siempre insistieron en que no habían establecido un gobierno de hombres, sino de leyes. De hecho, reconocían que la estructura de gobierno fijada en la Constitución (nuestro sistema de controles y equilibrios) tenía como principal objetivo garantizar que se gobernase a través del imperio de la ley. Como dijo John Adams, «el ejecutivo nunca ejercerá los poderes legislativo y judicial o uno de ambos, a fin de que sea un gobierno de leyes, y no de hombres».[7]

Nuestros Padres Fundadores eran muy conscientes de que la historia del mundo demuestra que las repúblicas son frágiles. Ya en la hora del nacimiento de Estados Unidos en Filadelfia, le preguntaron a Benjamin Franklin: «Oiga, doctor, ¿lo nuestro qué es? ¿Una república o una monarquía?». Y él respondió con cautela: «Una república, siempre que la sepan conservar».[8]

La supervivencia de la libertad depende del imperio de la ley. El imperio de la ley, a su vez, depende del respeto de cada nueva generación de estadounidenses hacia la integridad con la que sean escritas, interpretadas y puestas en práctica nuestras leyes.

El presidente Bush ha infringido la ley varias veces durante los últimos seis años, y a pesar de que la única decisión judicial que abordó la cuestión de la legalidad fue rotundamente contraria al amplio programa de vigilancia del presidente, caracterizado por su falta de garantías, ni el Departamento de Justicia ni el Congreso han hecho nada para aplicar la ley. Nadie ha pedido un fiscal especial, ni ha habido investigación por parte del FBI; el silencio ha sido atronador, cuando lo cierto es que las consecuencias para nuestra democracia de mantener silencio ante una serie de infracciones graves y reiteradas de la ley por parte del presidente de Estados Unidos son de una extrema gravedad.

Una vez infringido, el imperio de la ley corre peligro. Si no se controla la ilegalidad, prolifera. Cuando más crece el poder del ejecutivo, más difícil es para las otras ramas desempeñar sus funciones constitucionales. Si el ejecutivo se sale del papel que le atribuye la Constitución y está en condiciones de controlar el acceso a la información que pondría de manifiesto sus actos, las otras ramas cada vez tropiezan con más dificultades para vigilarlo. Una vez que se ha perdido esta capacidad, peligra la propia democracia, y llegamos a un gobierno de hombres, y no de leyes.

Un ejecutivo que se arroga el poder de ignorar las directrices legislativas legítimas del Congreso, o de actuar al margen del control del poder judicial, se convierte en el gran peligro que intentaron anular nuestros Padres Fundadores en la Constitución. En palabras de James Madison, «la acumulación de todos los poderes, legislativo, ejecutivo y judicial, en las mismas manos, sean de una persona, de unas pocas o de muchas, y sea de modo hereditario, autoproclamado o electivo, puede presentarse con toda justicia como la propia definición de la tiranía».[9]

¿Qué pensaría Benjamin Franklin de lo que dijo el presidente Bush, que incluso sin declaración de guerra por parte del Congreso él tiene el poder intrínseco de ordenar la invasión de cualquier país del mundo en el momento que decida y por el motivo que quiera, aunque el país en cuestión no constituya amenaza alguna para Estados Unidos? ¿Cuánto tardaría James Madison en refutar las pretensiones de nuestro actual presidente, en los dictámenes jurídicos del Departamento de Justicia, de que mientras actúe en su papel de comandante en jefe del ejército está bastante por encima del imperio de la ley?

Creo poder afirmar que a nuestros Padres Fundadores les preocuparía sinceramente la evolución de la democracia estadounidense en los últimos años, y que tendrían la sensación de que en este momento nos enfrentamos a un peligro claro y acuciante, con la capacidad de poner en jaque el porvenir del experimento estadounidense. ¿Y nosotros? ¿No deberíamos estar igual de preocupados? ¿No deberíamos preguntarnos cómo hemos llegado a esta situación?

En nombre de la seguridad, este gobierno ha intentado relegar al Congreso y a los tribunales a un segundo plano, sustituyendo nuestro sistema democrático de controles y equilibrios por un ejecutivo que no esté obligado a rendir cuentas. Durante todo este proceso, nunca ha dejado de buscar nuevas maneras de aprovecharse de la sensación de crisis para sacar réditos partidistas y de dominio político.

Este empeño en reconvertir el modelo constitucional estadounidense, de estudiado equilibrio, en una estructura asimétrica dominada por una rama ejecutiva omnipotente, a la que estén subordinados el Congreso y el poder judicial, constituye una gravísima amenaza para la supervivencia de la libertad. A consecuencia de esta búsqueda sin precedentes de un nuevo poder unilateral, la rama ejecutiva ha puesto en grave peligro nuestro modelo constitucional.

Una de las prácticas más despectivas y peligrosas del presidente Bush ha sido su abuso crónico de lo que recibe el nombre de «declaraciones firmadas». Se trata de pronunciamientos por escrito que hace públicos el presidente al firmar una ley. Durante nuestra historia, su función ha sido sobre todo ceremonial, destinada a ensalzar las virtudes de la ley que acompaña y de dar las gracias a los responsables de su promulgación, pero en algunas ocasiones también han incluido partes en que el presidente expresa inquietudes constitucionales ante determinadas disposiciones de la nueva ley. Lo que siempre han evitado todos los presidentes es hacer explícitas las disposiciones con las que estaban en franco desacuerdo y anunciar que no las cumplirían. Sería una práctica de una inconstitucionalidad flagrante.

La Constitución da al presidente tres opciones: firmar una ley, vetarla (en cuyo caso no entra en vigor a menos que el veto lo anule una supramayoría en la Cámara de Representantes y en el Senado) o abstenerse de firmarla (en cuyo caso entra en vigor sin su firma al cabo de diez días, a menos que el Congreso deje de reunirse durante esos diez días, situación que da lugar a la anulación de la ley con lo que se llama un «veto de bolsillo o indirecto»). Son las únicas posibilidades que plantea la Constitución. Siempre que el Congreso presente una ley al presidente, este debe firmarla o vetarla. Al no pertenecer a la rama legislativa, el presidente no tiene derecho a dividir una ley en sus disposiciones y decidir por sí mismo cuáles acepta y cuáles rechaza. Cuando una ley ha sido aprobada por el Congreso, el presidente solo puede aceptarla o rechazarla en su integridad.[10]

Como ocurre con otros abusos de la actual administración, Bush no es el primer presidente que intenta dilatar su autoridad ejecutiva, pero sus abusos están tan por encima de los de cualquiera de sus predecesores que la diferencia no es solo de grado, sino de esencia.

Durante los ocho años de su presidencia, Bill Clinton publicó declaraciones firmadas sobre ciento cuarenta leyes, frente a las doscientas treinta y dos que merecieron las dudas de su antecesor, George H.W. Bush, a lo largo de cuatro años de gobierno.[11] En contraste, el presidente George W. Bush ha hecho públicas más declaraciones firmadas que todos sus predecesores juntos, cuestionando la constitucionalidad de más de mil leyes durante sus primeros seis años en el cargo.

La diferencia entre los casos de Clinton y George W. Bush no es solo de volumen (aunque en ese aspecto ya llame la atención, sobre todo porque el presidente Clinton se enfrentaba a un Congreso hostil dominado por el partido de la oposición, mientras que el presidente Bush ha disfrutado de un Congreso dócil, que le ha apoyado durante seis años). Las declaraciones firmadas de Clinton se basaban en principios aceptados del derecho constitucional y nacían del deseo de que el poder judicial pudiera resolver determinados aspectos de interpretación constitucional. En cambio, las de Bush se basan en teorías jurídicas acerca de su propio poder que se caracterizan por su radicalidad y su falta de apoyo en la judicatura. De hecho, la teoría de Bush sobre sus atribuciones es tan amplia que en la práctica equivale a una afirmación de poder de una inconstitucionalidad más que evidente: el de declarar qué disposiciones de una ley acatará y cuáles no, sencillamente.

Sobre esta práctica han hecho sonar las alarmas muchos juristas. Uno de ellos, David Golove, profesor de derecho de la Universidad de Nueva York, dice que las aseveraciones de Bush ponen en cuestión «la propia idea de que exista el imperio de la ley».[12] Bruce Fein, segunda figura en importancia del Departamento de Justicia durante la administración Reagan, cuando Ed Meese y Samuel Alito iniciaron esta práctica, la acusa ahora de «eliminar los controles y equilibrios que hacen que el país siga siendo una democracia», y añade: «No hay ninguna manera de que sus afirmaciones de poder sean controladas por un poder judicial independiente, y como tampoco lo hace el Congreso nos estamos acercando a un poder ejecutivo ilimitado».[13]

Un ejemplo: después de que el gobierno deshonrase y avergonzase al país torturando a un gran número de prisioneros indefensos, una mayoría abrumadora de los dos partidos aprobó una ley propuesta por tres senadores republicanos (John McCain, John Warner y Lindsey Graham) que prohibía la tortura. Bush podría haberla vetado, pero lo más probable, por no decir seguro, es que el Congreso habría anulado el veto. Lo que hizo fue firmar la ley pero anunciar que no estaba obligado por ella, ni la cumpliría. Es una de las explicaciones de que Bush solo haya vetado una ley durante toda su presidencia. ¿Para qué molestarse si puede decidir a su albedrío qué disposiciones de una ley le obligan y de qué otras hará caso omiso?

En muchos otros casos, el presidente ha logrado la aprobación de una ley por el Congreso a cambio de su respaldo personal a ciertas disposiciones que una serie de miembros de la Cámara de Representantes y el Senado ponían como condición irrenunciable para prestar su apoyo. Esta práctica, habitual en democracia, recibe el nombre de «compromiso», pero el caso es que Bush siempre se acaba desdiciendo y en sus declaraciones firmadas anuncia que no aplicará ni aceptará la validez de las partes de la ley incorporadas a la propuesta por miembros del Congreso como condición para que recibiese un apoyo mayoritario.

Hace poco, siguiendo con los ejemplos, el Congreso aprobó por mayoría de los dos partidos una ley sobre el servicio postal (que he mencionado en el capítulo 5) que reforzaba explícitamente los principios de la Cuarta Enmienda de la Declaración de Derechos, declarando ilegal que el presidente abriese el correo de los ciudadanos sin una orden judicial. Pues bien, en el momento de firmar la ley, el presidente hizo pública una declaración firmada en la que hacía hincapié en su autoridad independiente para ordenar que la correspondencia fuera abierta para su inspección sin orden judicial previa.

¿Qué hacemos, corregir todos los manuales escolares de Estados Unidos para explicar a los alumnos que lo que se ha enseñado durante doscientos años sobre los controles y equilibrios ya no es válido? ¿Les enseñamos que el Congreso y los tribunales de Estados Unidos son simples organismos de asesoramiento que hacen sugerencias al presidente sobre cómo deberían ser las leyes, pero que el presidente es todopoderoso, y que ahora tiene la última palabra en todo? ¿Les enseñamos que somos un gobierno de hombres, no de leyes? ¿Les enseñamos que antes éramos una democracia, pero que ahora solo fingimos serlo?

El uso abusivo de las declaraciones firmadas para saltarse el modelo de controles y equilibrios de los Padres Fundadores forma parte de un esfuerzo más amplio por parte del gobierno para concentrar prácticamente todo el poder en manos de la rama ejecutiva. De hecho, el actual gobierno llegó al poder defendiendo una teoría jurídica que busca convencernos de que esta concentración excesiva de autoridad presidencial es justo lo que pretendía nuestra Constitución.

Esta teoría jurídica, llamada por sus defensores «el ejecutivo unitario» (aunque sería más exacta la fórmula «el ejecutivo unilateral»), amenaza con extender los poderes del presidente hasta que la Constitución que nos legaron los Padres Fundadores, la de verdad, quede tan desvirtuada que ya no se reconozca. Según esta teoría, la autoridad del presidente en los momentos en que actúa como comandante en jefe del ejército o toma medidas de política exterior no puede ser examinada por el poder judicial ni controlada por el Congreso.

El presidente Bush ha llevado la idea a sus últimas consecuencias subrayando insistentemente su papel de comandante en jefe del ejército, invocándolo lo más a menudo posible y fundiéndolo con sus demás papeles, tanto dentro como fuera del país. Si a esta idea le añadimos la de que hemos entrado en un estado de guerra perpetuo, las consecuencias de la teoría se extienden a todo el futuro imaginable. Es necesario rechazar estos principios, y devolver a nuestra república un equilibrio sano de poderes. De lo contrario, la naturaleza básica de nuestra democracia podría sufrir una transformación radical.

A principios de 2007, incurriendo en el enésimo abuso justificado por la doctrina del ejecutivo unitario, la Casa Blanca declaró que en adelante todas las normativas públicas que emanen de organismos gubernamentales dependerán, para su examen y puesta en práctica, de cargos políticos, que es otra manera más de presionar políticamente a los organismos que deberían ocuparse de nuestra salud, nuestra seguridad y el medio ambiente sin distorsiones políticas.

Es importante recordar que además de la autoridad del presidente para «ejecutar fielmente las leyes», derivada del artículo II de la Constitución, su figura también desempeña otro poder específicamente delegado por el Congreso mediante leyes estatutarias que a menudo incorporan toda una serie de cláusulas destinadas a garantizar que las leyes y políticas sean puestas en práctica de una manera escrupulosa y justa. Muchos de estos requerimientos tienen como finalidad explícita impedir que algún grupo de presión rico y poderoso se haga con el control de los procedimientos ideados para proteger a la ciudadanía de los abusos de ese mismo tipo de grupos.

En la actual administración, la voluntad del presidente de condicionar toda la acción política de la rama ejecutiva a su programa, cosa que nunca se había hecho, forma parte de la misma estrategia de conquista del poder. Sobre esta constante omnipresente alertó un antiguo cargo de la Casa Blanca desilusionado, John DiIulio, al dimitir de su puesto de asesor de «iniciativas basadas en la fe». «Aquí lo que pasa —dijo DiIulio— es que todo, digo bien todo, lo lleva el brazo político. Es el reino de los maquiavelos de pueblo.»[14]

La base intelectual para una presidencia agresiva la encontró Bush en 1999, cuando Karl Rove dio a leer al entonces gobernador de Texas un libro titulado *Energy in the Executive: The Case for the Strong Presidency*, de Terry Eastland. Esta obra, publicada en 1992 y basada en una cita de los *Federalist Papers* de Alexander Hamilton («la energía en el ejecutivo es uno de los principales elementos de la definición del buen gobierno»), daba argumentos a los conservadores para propugnar una presidencia fuerte y unilateral, como la que consideraban que se había perdido con las reformas post-Watergate.

Uno de los principales defensores de esta extraña teoría del ejecutivo unitario es Samuel Alito, el mismo que durante la administración Reagan defendió antes que nadie el aumento abusivo de declaraciones firmadas. Alguien como Alito, con su largo historial a favor del llamado ejecutivo unitario, difícilmente hará gran cosa para controlar eficazmente la expansión del poder ejecutivo, de la misma manera que el presidente del Tribunal Supremo, John Roberts, no ha vacilado en hacer públicas sus simpatías por dicha expansión a través de su apoyo a que el poder judicial se avenga al control de las normativas de los organismos por parte del ejecutivo. De hecho, el conjunto de los nombramientos judiciales del presidente tiene un objetivo muy claro, que es asegurarse de que los tribunales no funcionen como un control eficaz del poder ejecutivo.

En general, los Padres Fundadores del país estaban de acuerdo en que la rama más débil y vulnerable de las tres era la judicial. El poder de juzgar se consideraba muy poca cosa ante el del dinero o el de la espada, al menos hasta que John Marshall, presidente del Tribunal Supremo, amplió el poder de este último a principios del siglo XIX.

Esta desigualdad intrínseca del poder, como escribió Alexander Hamilton en el número 78 de *The Federalist*, «demuestra más allá de cualquier duda que el poder judicial es incomparablemente más débil que las otras dos partes del poder, que nunca puede atacar con éxito a ninguna de las dos y que ninguna precaución es poca para hacer que pueda defenderse de los ataques de ambas [...]. Corre el riesgo constante de ser dominado, intimidado o influido por las otras ramas».[15]

Con todo, Hamilton avisó de que el día en que se combinase el poder judicial con el de la rama ejecutiva o legislativa la propia libertad «lo tendría todo que temer».[16]

Por eso era tan importante proteger la independencia del poder judicial, tanto de la influencia de las pasiones de una mayoría temporal dentro de la rama legislativa como del ansia inevitable de poder consolidado en la rama ejecutiva. Montesquieu, uno de los pensadores más influyentes de la Ilustración, muy citado por los Padres Fundadores, escribió: «No hay tampoco libertad si la capacidad de juzgar no está separada de la capacidad legislativa y de la ejecutiva».[17]

En un sistema que funcione como es debido, la rama judicial sirve de árbitro constitucional para que las ramas del gobierno se ciñan a sus ámbitos de autoridad, respeten las libertades civiles y se ajusten al imperio de la ley. Al someter a examen la Declaración de Derechos, James Madison explicó que serían los tribunales los que velasen por nuestros derechos, como «un baluarte impenetrable para cualquier toma del poder en la asamblea legislativa o el poder ejecutivo».[18]

Por desgracia, la actual administración ha hecho todo lo posible por burlar la capacidad de arbitraje del poder judicial, evitando polémicas en su seno, como pudiera ser el cuestionamiento de la facultad del gobierno de detener a alguien sin un proceso judicial, para lo cual ha designado jueces (como Alito y Roberts) que muy probablemente verán con buenos ojos su modo de ejercer el poder y respaldarán sus ataques a la independencia de la tercera rama.

Bush dista mucho de ser el primer presidente que intenta controlar el sistema judicial federal. De hecho, una de las causas del pulso entre John Adams y Thomas Jefferson fue el control de la mayoría de los jueces por los federalistas o los antifederalistas. Por su parte, Franklin Delano Roosevelt quiso incrementar las dimensiones del Tribunal Supremo y llenarlo de jueces que apoyasen su programa del New Deal, aunque no lo consiguió.

Pero lo que casi nunca se ha visto en la historia del país es un ataque a la independencia del poder judicial como el que hemos presenciado durante los años de Bush y Cheney. No contento con ello, la administración ha prestado su apoyo al ataque a la independencia judicial por parte de una serie de congresistas republicanos empeñados en recortar con toda clase de iniciativas legislativas la jurisdicción de los tribunales en temas que van desde el *habeas corpus* hasta el juramento de lealtad a la bandera. Resumiendo, que la administración ha puesto de manifiesto su desprecio al papel del poder judicial y ha aprovechado cualquier oportunidad para evitar que sus actos sean examinados por los jueces.

Un portavoz del republicano James Sensenbrenner, ex presidente de la Comisión Judicial de la Cámara de Representantes, declaró: «Se ve que corre la falsa idea de que nuestro sistema se creó con un poder judicial totalmente independiente».[19]

¿Falsa idea?

Algunos miembros de la derecha radical han llegado al extremo de amenazar e intimidar a jueces federales con puntos de vista contrarios a los suyos. Incluso después de que en Atlanta mataran a un juez en pleno juicio, incluso después de que en Chicago asesinasen al marido y a la madre de una juez federal en represalia por un veredicto desfavorable, el republicano Tom DeLay, ex presidente de la Cámara de Representantes, era capaz de reaccionar al veredicto del caso de Terri Schiavo con estas palabras alarmantes: «Los responsables acabarán pagando por lo que han hecho».[20]

Ante el escándalo que suscitó su comentario, DeLay reconoció haber elegido mal sus palabras, pero, acto seguido, profirió nuevas amenazas contra el mismo tribunal: «Igual que constituimos los tribunales, podemos desconstituirlos. Tenemos el poder del presupuesto».[21]

Por si todo esto no fuera bastante grave, varias figuras destacadas del Partido Republicano se dedican a lanzar el mismo tipo de amenazas, como el congresista por Iowa Steve King: «Si nosotros aprobamos una ley concreta, y ellos la rechazan, la autoridad que entenderán será cuando se les empiece a acabar el presupuesto. Eso seguro que les llama la atención. No es mi método preferido; mi método preferido es que respeten la Constitución y la ley, pero son gente perjudicial para el país, y la única manera de proteger nuestra Constitución es ponerles a raya».[22]

El senador republicano John Cornyn, de Texas, ha establecido una relación directa entre lo que llama un estado de violencia judicial y la idea de que la causa podrían ser las decisiones impopulares: «Me pregunto si no habrá alguna relación entre la sensación que a veces se tiene en algunos sectores de que los jueces toman decisiones políticas sin tener que responder ante los ciudadanos y el hecho de que los ánimos se vayan acalorando hasta que hay gente que recurre a la violencia; sin justificación, está claro, pero a mí es un tema que me preocupa».[23] Qué comentario más desafortunado, incendiario y peligroso.

Michael Schwartz, jefe de la oficina del senador republicano Tom Coburn, de Oklahoma, apeló a una impugnación en masa usando la curiosa teoría de derechas de que el presidente puede declarar que un juez concreto ya no observa un comportamiento satisfactorio a juicio del propio presidente. «Está claro que eso es el final de su judicatura», ha dicho este cargo público.[24]

Los autores de todas estas declaraciones, cargos republicanos electos o designados, no hacen más que reflejar un sistema más amplio de creencias, el de determinadas organizaciones extremistas de base que se han impuesto como principal objetivo destruir la independencia judicial. He aquí unas palabras de Tony Perkins, cabeza visible del grupo de presión conservador Family Research Council: «Hay más de una manera de despellejar a un gato, como hay más de una manera de quitar una toga negra del estrado». Perkins asegura haberse reunido con líderes republicanos y haber discutido con ellos sin ambages la posibilidad de dejar sin fondos a una serie de tribunales cuyos fallos les disgustan. «Lo que se plantean no es solo echar a los jueces y volver a formar los tribunales al día siguiente, sino dejarlos sin dinero», ha añadido en referencia a estos líderes republicanos. En su opinión, el Congreso podría hacer uso de su potestad para asignar partidas presupuestarias con un claro objetivo: «suprimir el tribunal, con todo su personal, y se quedarían cruzados de brazos».[25] Otro influyente portavoz de la derecha, James Dobson, cabeza visible del grupo Focus on the Family, ha centrado sus iras en el tribunal de apelaciones del noveno distrito, con fama de liberal. «Aunque lo sepa poca gente —ha dicho—, el Congreso puede revocar un tribunal. No hace falta que despidan a nadie, ni que les impugnen; todo eso se lo pueden ahorrar diciendo que ya no existe el noveno distrito, y adiós.»[26] Con estas amenazas, muchos republicanos están creando un ambiente en el que es imaginable que los jueces vacilen en ejercitar su independencia por miedo a las represalias del Congreso.

Son ideas que chocan de frente con el espíritu de la Constitución de Estados Unidos. No es que en la historia de este país no haya habido maniobras políticas que hicieron peligrar la independencia de los tribunales, pero el paso del tiempo nos ha hecho valorar cada vez más la independencia de la rama judicial.

Alexander Hamilton formuló la siguiente advertencia:

> La independencia de los jueces es otro requisito para proteger la Constitución y los derechos individuales de los efectos de los malos humores que a veces diseminan en el pueblo las artes de los maquinadores, o la influencia de determinadas coyunturas, y que, pese a que rápidamente dejan paso a una mejor información, y a una reflexión más concienzuda, tienen tendencia, entretanto, a provocar innovaciones peligrosas en el gobierno y graves opresiones en la parte minoritaria de la comunidad.[27]

La presión conservadora sobre la justicia federal empezó de verdad en 1982, cuando en las facultades de derecho de Yale y de la Universidad de Chicago se juntaron algunos alumnos conservadores bajo la égida de profesores como Robert Bork y Antonin Scalia. Dentro de este grupo, que se bautizó a sí mismo Federalist Society, abundaban sobre todo miembros jóvenes de la administración Reagan cuyo objetivo era ni más ni menos que sembrar el poder judicial de juristas que, al igual que ellos, tuvieran un concepto de los derechos individuales y del poder federal bastante más restringido que el *statu quo* imperante. Esta nueva asociación consideraba que los tribunales estaban cometiendo el error de adaptar la Constitución a su época, en lugar de ceñirse a las intenciones de sus autores del siglo XVIII. Uno de los miembros del grupo era el futuro juez del Tribunal Supremo Samuel Alito.

A los cinco años de su creación, el grupo, que recibía dinero de las fundaciones John M. Olin, Lynde y Harry Bradley, Sarah Scafe y Charles G. Koch, vivió como un estímulo la indignación que despertó en sus miembros el rechazo del Congreso al nombramiento del juez Robert Bork para el Tribunal Supremo. En todas las grandes facultades de derecho del país aparecieron sucursales de la Federalist Society. Su primera gran victoria fue rechazar el ataque al nombramiento del juez Clarence Thomas. En poco tiempo sus miembros dominaban la Comisión Judicial del Senado, y en los últimos años se les han atribuido los ascensos de los jueces Roberts y Alito.

A consecuencia de la polémica en torno a Jack Abramoff y los viajes con todos los gastos pagados para congresistas, la nueva Cámara de Representantes que se constituyó en enero de 2007 ha declarado ilegales este tipo de viajes, y se espera que pronto haga lo mismo el Senado, pero lo curioso es la poca atención que ha despertado la existencia del mismo tipo de viajes en la judicatura federal. Desde hace un tiempo algunos grupos de intereses especiales organizan seminarios para jueces federales en complejos turísticos de lujo para inculcarles su ideología conservadora. En muchos casos, entre ocio, transporte y otros gastos de acogida, estos grupos dedican miles de dólares a cada juez.[28] Hay reuniones más equilibradas que otras, y algunas dan la impresión de que su principal objetivo es el intercambio filosófico de ideas, pero en más de una ocasión el «currículum» presentado se escoraba claramente hacia la ideología de derechas, escoramiento aligerado por una representación mínima de puntos de vista alternativos para alimentar la ficción de que no se trataba de un acto claramente sesgado.

Según estos grupos, en el mundo actual, con sus constantes cambios tecnológicos, la toma de decisiones informadas por parte de los jueces exige buscar la información más actualizada sobre una serie de cuestiones técnicas. El propio Congreso, como bien se sabe, creó una institución no partidista, el Centro Judicial Federal, con la finalidad explícita de dar a los jueces la mejor información sobre los temas que deseen investigar, pero a algunos de estos grupos de intereses especiales les interesa menos suministrar una formación de posgrado neutral a los jueces que convencerles de la bondad de sus ideas.

El organismo de control Community Rights Counsel (CRC) ha investigado a fondo qué grupos están detrás de qué seminarios, qué jueces los han seguido y hasta qué punto las decisiones de estos últimos redundan en beneficio de los grupos empresariales que les han proporcionado «formación». Los resultados de su estudio no sorprenden, pero sí inquietan, sobre todo teniendo en cuenta el deseo de nuestros Padres Fundadores de establecer un poder judicial independiente.

El CRC ha descubierto que el número de viajes de formación para jueces aumentó significativamente (más del 60 por ciento) entre mediados de la década de 1990 y 2004. Algunos años, el porcentaje de jueces inscritos superaba el 10 por ciento. Es cierto que muchos seminarios no persiguen otra cosa que formar e informar, pero el porcentaje de los que están pagados por los «tres grandes» —la Foundation for Research on Economics and the Environment, el Law & Economics Center (LEC) de la Universidad George Mason y el Liberty Fund— también ha aumentado vertiginosamente.[29]

Ninguna de estas tres organizaciones oculta su enfoque conservador del derecho, sobre todo en lo relativo a las leyes y las normativas sobre medio ambiente. Las tres ponen su acento en que habría que rechazar las leyes sobre medio ambiente y establecer medidas protectoras para las empresas contaminantes. En cuanto a la lista de jueces invitados a sus seminarios, es previsible: en total, el 68 por ciento de los inscritos a las conferencias de los tres grandes entre 2002 y 2004 eran nombramientos republicanos, mientras que durante el mismo período asistieron a los seminarios del Liberty Fund un 97 por ciento de jueces nombrados por los republicanos.[30]

El CRC ha aportado documentos para demostrar que los jueces que asisten a varias conferencias suelen ser los más activistas, aquellos cuyas decisiones son las más radicalmente favorables a las empresas y contrarias al medio ambiente. Naturalmente, sería imposible demostrar que la asistencia a un seminario modifica las ideas de los jueces, pero según el CRC, «una *newsletter* del LEC proclamaba con orgullo que muchos jueces han declarado que el programa "cambió por completo su marco de referencias sobre casos de carácter económico"».[31]

Estos grupos no proporcionan una educación jurídica neutral. Lo que hacen es facilitar vacaciones por valor de miles de dólares a jueces federales con el objetivo de fomentar su programa radical de derechas a expensas del interés público. Con el tiempo, este esfuerzo ha tenido unos efectos muy notables. Es un ejemplo más de que la riqueza ha sustituido a la razón en el centro mismo de nuestra democracia representativa, esta vez en el corazón de la rama judicial del gobierno. Nuestros Padres Fundadores eran conscientes de que ni la inteligencia ni la educación ponían a salvo de las tentaciones y fragilidades intrínsecas a la condición humana.

Hay quien sostiene que la solución de este problema sería tan sencilla como fomentar que los grupos ecologistas y otras asociaciones sin ánimo de lucro organicen sus propios seminarios «educativos» para jueces federales, pero el problema habitual al que se enfrentan los defensores del interés público en su sentido más amplio, aquellos cuyas principales armas son la argumentación y el imperio de la razón, es que no tienen acceso a las mismas fuentes de riqueza concentrada que sí suelen estar abiertas a los defensores de los intereses restringidos, cuyos ingresos dependen en enorme medida, para su continuidad, de las decisiones de los tribunales, el Congreso y la rama ejecutiva; e incluso si dispusieran de los mismos medios, seguiría estando mal que quienes propugnan un desenlace concreto para casos que aún se están juzgando sufraguen y diseñen programas «educativos» para jueces, fomentando su asistencia con la oferta de unas vacaciones gratuitas.

Si es cierto que los Padres Fundadores de este país consideraban que la rama judicial, descrita en el artículo III de la Constitución, era la más débil de las tres, también lo es que deseaban dar más fuerza que a ninguna otra a la legislativa, descrita en el artículo I de la Constitución; y, aunque el acuerdo no fuese total, la gran mayoría fue del parecer de que la rama legislativa sería el principal garante contra el surgimiento de una concentración de poder abusiva en el ejecutivo.

El fallo más grave (y sorprendente) de los últimos años en los controles y equilibrios ha sido que el Congreso abdicase de su papel como rama equivalente al gobierno. Después de las elecciones de 2006, la nueva mayoría demócrata del Congreso ha iniciado un esfuerzo (que ya tocaba) para recuperar el prestigio de la rama legislativa.

Por desgracia, la obsequiosa mayoría que controló la Cámara de Representantes durante los doce años anteriores, y el Senado durante casi el mismo tiempo (sobre todo entre febrero de 2001 y enero de 2007), ya había causado daños graves. En ese período, la mayoría republicana tuvo tal deferencia con el presidente que renunció a la práctica de las sesiones de control y permitió que la rama ejecutiva controlase casi del todo el funcionamiento del Congreso.

El hecho de que el Congreso necesite aportaciones constantes para pagar anuncios por televisión lo hace muy vulnerable a la influencia de los grupos de intereses especiales centrados en dar fondos para las campañas electorales. En el Partido Republicano, el proceso de captación se ha nacionalizado tanto que el presidente de turno de la formación tiene muchísima influencia a la hora de decidir quién percibe aportaciones y quién no en las elecciones para la Cámara de Representantes y el Senado.

El triste estado de la rama legislativa es la causa principal de que nuestro tan alabado sistema de controles y equilibrios no haya sido capaz de impedir la peligrosa extralimitación de la rama ejecutiva, que ahora amenaza con transformar radicalmente el sistema estadounidense.

Yo fui elegido miembro del Congreso en 1976. Estuve ocho años en la Cámara de Representantes y ocho en el Senado. De este último he sido vicepresidente durante ocho años. Como hijo de senador, conocí el Congreso de primera mano desde mi juventud. Mi padre fue elegido congresista en 1938, diez años antes de que naciera yo, y abandonó el Senado en 1971.

En comparación con el Congreso al que perteneció mi padre, el de hoy es irreconocible. En la actualidad tenemos muchos senadores y congresistas de categoría, pero con la mayoría anterior la rama legislativa del gobierno funcionó como si estuviera totalmente sometida a la ejecutiva. Para más inri, actualmente hay demasiados miembros de ambas cámaras que se sienten obligados a dedicar casi todo su tiempo a conseguir dinero para pagar anuncios de medio minuto por televisión en vez de analizar sosegadamente las grandes cuestiones del día.

La rama ejecutiva se ha adueñado persistentemente del papel del Congreso, el cual, en muchos casos, ha sido cómplice en la cesión de su poder. Véase, por ejemplo, el papel del Congreso en la «supervisión» de estos cuatro años de campaña de espionaje, cuyo incumplimiento de la Declaración de Derechos parece como mínimo flagrante. El presidente asegura que informó al Congreso, pero lo que quiere decir es que habló con el presidente y el principal representante de la oposición de las comisiones de inteligencia de la Cámara de Representantes y del Senado y con los principales líderes de las dos asambleas, un pequeño grupo cuyos integrantes, a su vez, declararon no haber recibido toda la información, aunque como mínimo uno de los líderes de la comisión de inteligencia expuso su preocupación en una carta al vicepresidente Cheney, de la que conservó una copia.

En cualquier caso, todas estas personalidades fueron informadas en secreto y no podían divulgar el contenido de las reuniones informativas a otros miembros del Congreso, ni siquiera a sus propios equipos (por eso la carta al vicepresidente Cheney tuvo que ser escrita a mano); en otras palabras, era información que no podía dar pie a debates congresuales sobre el acierto del programa de vigilancia y los trasvases entre libertad y seguridad que establecía.

Por mucho que me compadezca de la difícil situación en que se vieron estos hombres y mujeres, no puedo estar en desacuerdo con Liberty Coalition cuando dijo que la culpa de no protestar ni tomar medidas para evitar lo que ellos consideran un programa a todas luces anticonstitucional tienen que repartírsela los demócratas y los republicanos.

Ahora mismo, en el Congreso, hay muchos congresistas que nunca han vivido una sesión de control. En las décadas de 1970 y 1980, las que se celebraron con mi participación y la de mis colegas siempre presionaban al máximo a la rama ejecutiva, al margen del partido que estuviera en el poder. Durante mis primeras dos legislaturas en la Cámara de Representantes, por ejemplo, participé en las iniciativas de mis colegas demócratas para someter la actuación de la rama ejecutiva del presidente demócrata Jimmy Carter a sesiones de control de una gran dureza, por no decir hostilidad, y no era por falta de respeto a Carter, sino por la sencilla razón de que nos parecía que formaba parte de nuestro trabajo como miembros de la rama legislativa del gobierno. En cambio, durante los primeros seis años de la administración Bush-Cheney prácticamente desaparecieron las sesiones de control, porque la lealtad de los líderes republicanos del Congreso a su partido pesó más que su respeto al papel independiente que se supone que desempeña la rama legislativa dentro de nuestro sistema constitucional.

El papel de las comisiones de autorización lleva lustros en decadencia, y en algunos casos se ha vuelto insignificante. Hay muchos presupuestos anuales que ni siquiera se aprueban. Todo se aglutina en una sola y gigantesca ley que ni siquiera está disponible para que se la lean los miembros del Congreso antes de la votación. No hace mucho se excluía por rutina a los miembros del Partido Demócrata de las comisiones mixtas, y dentro de la misma rutina no se permitían enmiendas al someter las leyes a debate. En el Senado de Estados Unidos, que siempre se había jactado de ser «el mayor cuerpo deliberativo del mundo», los debates con contenido eran una rareza.

Los líderes republicanos de ambas cámaras llegaron al extremo de empezar a impedir que los demócratas asistiesen a las reuniones de las comisiones mixtas, donde las leyes adquieren su forma definitiva, mientras dejaban que acudiese a ellas personal de presidencia para redactar partes clave de las leyes en su lugar.

Por si no fuera bastante grave, la capacidad de los votantes de pedir cuentas a los miembros del Congreso por esta dejación de responsabilidades se ha visto mitigada demasiado a menudo por el aspecto cada vez más formal de la mayoría de las campañas de reelección al Congreso. La delimitación de los distritos para favorecer a los miembros ya en ejercicio de ambos partidos, las grandes partidas presupuestarias (dinero del contribuyente) para costear enormes *mailings* informatizados, *newsletters*, vídeos para la prensa y viajes de ida y vuelta en avión para que cada congresista visite su distrito los fines de semana, y la capacidad de recaudar grandes sumas de dinero para pagar anuncios por televisión, son otros tantos factores cuya suma garantiza que la gran mayoría de los representantes que ya están en el Congreso salgan reelegidos en cualquier circunstancia.

En la Cámara de Representantes, el número de congresistas que se enfrentan a elecciones realmente competitivas cada dos años suele moverse en torno al 15 por ciento, y es muy bajo el número de escaños que cambian de ocupante con la misma periodicidad. De vez en cuando se produce un cambio de mayor alcance en los ánimos de la ciudadanía (como en 1994 y 2006), y entonces el control del Congreso pasa de un partido a otro, pero la verdad es que la idea de que la clave para seguir disponiendo del dinero necesario para la reelección es mantenerse del lado de los que tienen dinero que dar ha cundido entre demasiados congresistas, y en el caso del Partido Republicano todo el proceso lo controla en gran medida el presidente de turno y su organización política.

Las elecciones generales se están convirtiendo en un simple formalismo, sobre todo en la Cámara de Representantes. Los autores de nuestro marco constitucional previeron un papel específico para cada una de las dos cámaras del Congreso. La de representantes agrupaba a los jóvenes rebeldes, y reflejaba las pasiones de cada momento gracias a la institución de legislaturas de dos años, entre otros factores. En cambio, los senadores permanecían seis años en el cargo y tenían la función de controlar a la Cámara de Representantes con la parsimonia que les permitía el largo ejercicio de su dignidad. Hasta hace poco, el resultado era que había más movilidad en los escaños de la Cámara de Representantes que en los del Senado.

Durante los últimos años se ha invertido la situación. En las cuatro elecciones del nuevo milenio, la media de reelección entre los miembros de la Cámara de Representantes ha sido de 96 por ciento, mientras que, según el experto en estadística electoral Rhodes Cook, los integrantes del Senado solo han sido reelegidos un 85 por ciento de las veces. Ahora, estadísticamente, es más fácil que sea reelegido tres veces sucesivas un miembro de la Cámara que una sola vez un senador. El resultado es que se ha puesto patas arriba la intención de los Padres Fundadores de que los miembros de la Cámara de Representantes estuvieran «atados en corto» y rindieran más cuentas a la ciudadanía que el Senado. Naturalmente, el cambio más fundamental en la naturaleza del Senado se debe a la Sexta Enmienda de la Constitución, ratificada en 1913, que establece la elección directa de los senadores. De acuerdo con la nueva realidad electoral, los datos anecdóticos parecen indicar que actualmente el Senado es más voluble que la Cámara de Representantes.

Pero el asunto no acaba ahí. En contraste con el valiente Congreso número noventa y tres, que contribuyó a salvar al país de los siniestros abusos de Richard Nixon, el último Congreso, controlado por el partido del presidente, prácticamente renunció a su papel constitucional de actuar como rama del gobierno independiente y situada al mismo nivel que las demás, y en la mayoría de los casos se conformó con cumplir las órdenes del presidente sobre cuándo votar a favor y cuándo en contra.

Afortunadamente para nuestro país, Nixon se vio obligado a dimitir antes de poder poner en práctica su interpretación descabellada de la Constitución, pero no antes de que su desafío al Congreso y a los tribunales produjese una grave crisis constitucional. Los dos máximos cargos del Departamento de Justicia durante la presidencia de Nixon, Elliot Richardson y William Ruckelshaus, demostraron ser hombres de una gran integridad. Antes que leales a su partido, el Republicano (que lo eran), fueron fieles a la Constitución y dimitieron por una cuestión de principios, renunciando a poner en práctica lo que consideraban abusos de poder por parte de Nixon. A continuación, por acuerdo de ambos grupos, el Congreso se resistió valientemente a los abusos de poder de Nixon y entabló un proceso de impugnación. Aquel trance, aquella lucha, dio al Congreso algunos de sus principales motivos de orgullo de las últimas décadas.

El eclipse del último Congreso, la falta de independencia que demostró, habrían escandalizado más que cualquier otra cosa a los Padres Fundadores, convencidos de que el poder del Congreso constituía el control y el contrapeso más importante del ejercicio malsano de un poder excesivo en la rama ejecutiva.

Nuestra democracia es deliberativa, tal como lo dispuso James Madison, y que lo siga siendo es básico para la integridad del tejido social, porque la alquimia esencial de la democracia, por la que se deriva un poder justo del consentimiento de los gobernados, solo puede darse en un proceso de genuino carácter deliberativo.

En esta línea, es al Senado, mucho más que a la Cámara de Representantes, al que le corresponde erigirse en foro de debate y analizar en profundidad, tal como se merecen, las ideas en las que se mantiene firme la minoría. No es casualidad que nuestros Padres Fundadores otorgaran al Senado el poder de evaluar la idoneidad de los candidatos a la rama judicial, porque sabían que el respeto a la ley también depende de que nuestros jueces den una imagen de independencia e integridad. Estas cualidades quisieron que las sometiese a examen el más reflexivo de los dos cuerpos del Congreso.

Tal como se ha expuesto en el capítulo 2, el ataque republicano al poder judicial incluía la amenaza de la mayoría republicana del Senado de cambiar permanentemente las normas de este último con la finalidad de eliminar el derecho de la minoría a entablar un extenso debate sobre los nombramientos judiciales del presidente.

Personalmente, me consternaron y preocuparon profundamente los actos y declaraciones con los que algunos líderes republicanos pretendían minar el imperio de la ley exigiendo que se despojase al Senado de su derecho a un debate sin límites en lo tocante a la confirmación de los jueces.

Nuestros Padres Fundadores no asignaron papel alguno a la Cámara de Representantes en la confirmación de los jueces federales. Si hubiesen pensado que solo hacía falta una mayoría simple para proteger al país de las decisiones poco acertadas de un presidente partidista sobre el poder judicial, podrían haber repartido el poder de votar sobre los jueces entre ambas cámaras, pero solo se lo otorgaron al Senado, un cuerpo de iguales que ocupan su escaño durante tres veces más tiempo que los representantes, y lo hicieron justamente para fomentar una actitud reflexiva, el distanciamiento respecto a las pasiones de los votantes y la capacidad de sopesar un tema en todos sus detalles.

Eran conscientes de que los jueces que saliesen confirmados del Senado desempeñarían el cargo de por vida, y que por tanto su confirmación debía surgir de un período de consultas en que el Senado estuviese a la misma altura que el ejecutivo.

Dentro del arsenal democrático de Estados Unidos, la tradición de debate sin límites del Senado ha sido un arma polémica. Durante décadas se utilizó para frustrar el empeño de la mayoría por aprobar leyes de derechos civiles, y a menudo lo han usado senadores concretos para alguna mezquindad, pero también ha servido en muchos casos para empujar al Senado, y al conjunto del país, hacia un acuerdo entre ideas contrapuestas, insuflando vida al antiguo consejo del profeta Isaías: «Venid, pues, y disputemos».[32]

Lo cierto es que durante la administración Clinton-Gore la estrategia de los republicanos permitió que un número bastante inferior a los cuarenta y un senadores que requiere el «filibusterismo» para ser viable lograse impedir por sistema que el Senado votase a los jueces nombrados por el presidente, insistiendo en obstruir los nombramientos uno a uno, incluso los menos polémicos. El filibusterismo, como es bien sabido, es un recurso del que dispone el Senado de Estados Unidos para impedir la conclusión de los debates sobre una cuestión pendiente y el paso a la votación propiamente dicha. Para que se produzca una votación, es necesario que sesenta de los cien senadores voten a favor de terminar el debate; por lo tanto, un mínimo exacto de cuarenta y un senadores puede obstaculizar la capacidad de la mayoría de convocar una votación. Durante el período en que los republicanos controlaron el Senado, el líder de la mayoría se negaba sistemáticamente a sacar a votación los nombramientos solo con que se opusiera un número mucho menor de senadores.

Para que se vea esta cuestión en retrospectiva, diré que cuando el presidente Clinton y yo abandonamos nuestros cargos había más de cien vacantes judiciales, en gran parte por la apasionada obstrucción del proceso de confirmación al que se habían dedicado los republicanos partidistas. Irónicamente, poco antes del final de la administración Clinton-Gore, Orrin Hatch, el presidente republicano de la Comisión Judicial del Senado, dijo: «No hay ninguna crisis de vacantes. Con un mínimo de perspectiva se ve que no es cierto que ciento tres vacantes constituyan una crisis sistemática».[33]

Lo cómico es que poco después de que el presidente Bush llegase al poder, cuando significativamente ya se habían cubierto algunas de las vacantes, Hatch puso el grito en el cielo: «El obstruccionismo de las votaciones ha empantanado el proceso de confirmación judicial, hundiéndolo en una crisis política y constitucional que socava la democracia, el poder judicial, el Senado y la Constitución».[34]

Yo escuché con sincera curiosidad lo que se dijo hace poco durante el debate sobre los esfuerzos republicanos por quitarse de encima toda esta polémica del filibusterismo. Por ejemplo, oí decir a Bill Frist, antiguo líder de la mayoría del Senado, y que es del mismo estado que yo y hablaba sin conocimiento de causa: «Todos los nombramientos judiciales que superaron los trámites de la comisión del Senado merecieron la cortesía de una votación. Algunos nombramientos fueron rechazados, pero lo que es votación la tuvieron todos».[35]

Pues yo tengo muy buena memoria, y presencié cómo se les negaba la votación a las decenas de candidatos que envió el presidente Clinton al Senado, obstruidos de diversas maneras. También me acuerdo de que en 1968, cuando mi padre era el principal valedor de otro nativo de Tennessee, Abe Fortas, nombrado presidente del Tribunal Supremo de Estados Unidos por el presidente Lyndon Johnson, Fortas fue objeto de un filibustero y se le denegó una votación. Al final se forzó la votación el 1 de octubre de 1968, y hubo cuarenta y cinco sufragios negativos frente a cuarenta y tres positivos. Los filibusteros obligaron al presidente Johnson a retirar el nombramiento. ¿Nunca antes en la historia?

No por decirlo es verdad. En aquella ocasión otro senador de Tennessee, Howard Baker, colega y amigo de mi padre, dijo: «La mayoría de un momento dado no siempre acierta en todas las cuestiones».[36]

Justamente por eso establecieron nuestros Padres Fundadores un sistema de controles y equilibrios, para evitar la acumulación de poder en las mismas manos, las de una persona o las de un grupo, porque temían lo que Madison, en su célebre expresión, llamó «los males de las facciones».[37] Y aun así, un grupo de republicanos radicales amenaza con una ruptura radical respecto a un sistema que nos ha ido bien durante doscientos treinta años, y que ha servido de modelo para el resto del mundo. En palabras del columnista George Will: «El filibusterismo es un instrumento importante de los derechos de las minorías que permite a un gobierno democrático no evaluar y respetar solo los números, sino la intensidad en el debate público. Gracias al filibusterismo, las minorías fuertes pueden poner trabas al gigante gubernamental. Los republicanos que crean que no se le ponen bastantes impedimentos al gobierno deberían atribuir un gran valor a este mecanismo de bloqueo».[38]

Del mismo parecer fue el senador John McCain cuando recordó a sus colegas conservadores que no siempre estarán en mayoría, y añadió: «¿Queremos que cuando los demócratas estén en mayoría el Senado de Estados Unidos confirme a todo un grupo de jueces liberales por cincuenta y un votos?». Todas las reglas y tradiciones del Senado se derivan de la voluntad de garantizar que las minorías puedan hacer oír su voz. El filibusterismo lleva más de dos siglos en el centro de este planteamiento, pero hasta ahora nadie había sentido el impulso de eliminarlo.[39]

Ahora que el Senado ya no lo controlan los mismos, es posible que se produzca el cambio habitual de posturas sobre el filibusterismo entre los miembros de los dos partidos, pero estoy convencido de que en este momento lo que más necesita nuestro país es restablecer la eficacia de los controles y equilibrios y rehabilitar el carácter deliberativo de los procedimientos congresuales, sobre todo en el Senado, concebido como un cuerpo legislativo de mayor reflexividad. En último término, no obstante, la eficacia de los controles y equilibrios, y la viabilidad a largo plazo de la propia Constitución de Estados Unidos, dependerá de que los ciudadanos se impliquen con mucho más rigor en el empeño de revitalizar el marco establecido por los Padres Fundadores, y para ello es necesario que puedan consultar lo que hace la rama ejecutiva, y que esa información circule libremente.

Es muy preocupante que hasta ahora los sistemas normales de protección no hayan podido frenar esta expansión sin precedentes del poder ejecutivo. En parte se debe a que la rama ejecutiva se ha lanzado de lleno a una estrategia basada en confundir, retrasar o retener la información, dar la impresión de que cede pero sin ceder, y desbaratar con fingimientos cualquier tentativa de las ramas legislativa y judicial para recuperar nuestro equilibrio constitucional. A fin de cuentas, si las otras ramas no saben que hay un abuso de poder tampoco pueden controlarlo.

Esta administración no se conforma con relegar el Congreso a la servidumbre, sino que con su práctica de reservarse celosamente la información sobre sus propios actos está desmontando un elemento clave de nuestro sistema de controles y equilibrios. Un gobierno para y por el pueblo debería ser transparente con el pueblo, mientras que el de Bush parece preferir el secretismo en sus políticas, basadas en datos que no están al alcance de la ciudadanía y en mecanismos impermeables a cualquier participación significativa por parte del Congreso del pueblo de Estados Unidos. Cuando es imprescindible la aprobación del Congreso, porque así lo dispone nuestra Constitución, tiene que darse sin ningún debate digno de ese nombre. Como le dijo Bush en una reunión a un senador republicano: «Mire, yo lo que quiero es su voto, no debatirlo con usted».[40]

Cuando se marginan del procedimiento democrático la razón y la lógica (cuando ya no tiene sentido someter a debate o discusión las decisiones que debemos tomar), todas las cuestiones que se nos plantean quedan reducidas a algo muy sencillo: ¿quién puede ejercer el poder más bruto? Desde hace unas décadas, el sistema de controles y equilibrios que ha protegido la integridad del sistema estadounidense durante más de dos siglos se está deteriorando de un modo peligroso, sobre todo en los últimos seis años.

Para restablecer el equilibrio necesario, y controlar la expansión peligrosa de una rama ejecutiva omnipotente, lo primero que debemos hacer es recuperar los controles y equilibrios que, como bien sabían nuestros Padres Fundadores, son esenciales para garantizar que la razón pueda desempeñar el papel que le corresponde dentro de la democracia de Estados Unidos. En segundo lugar, debemos centrarnos en devolver a la ciudadanía del país la capacidad, y el deseo, de participar de modo pleno y enérgico en la conversación nacional de la democracia. Yo estoy seguro de que es posible, y de que el pueblo estadounidense puede volver a ser «una ciudadanía bien informada». El cómo hacerlo lo expongo en el capítulo siguiente.

9

Una ciudadanía bien conectada

Abraham Lincoln, entonces un joven abogado, pronunció su primer discurso importante en público a los veintiocho años, alertando de que el gobierno podía enajenarse del pueblo por culpa de un período prolongado de mal funcionamiento e insensibilidad, y de que «hasta el baluarte más fuerte de un gobierno, especialmente de los que están constituidos como el nuestro, puede ser derruido y hecho pedazos; me refiero al apego de la gente».[1]

Actualmente, en Estados Unidos, a muchos les parece que el gobierno es insensible, y que no hay nadie con poder que les escuche o dé importancia a lo que piensan. Se sienten desconectados de la democracia. Tienen la impresión de que el voto individual carece de peso, y que como individuos ya no disponen de ningún modo práctico de participar en el autogobierno del país.

Por desgracia, no se equivocan del todo. Hoy día es frecuente que se vea al votante más que nada como un blanco fácil para la manipulación de los que buscan su «consentimiento» para ejercer el poder. Ahora mismo pasa por «conversación» nacional lo que no es más que un monólogo televisivo compuesto de mensajes propagandísticos muy refinados. Así, en las elecciones de noviembre de 2006, cuando pregunté a los candidatos de los dos partidos por el presupuesto de sus campañas, ambos me dijeron que se habían gastado más de dos tercios en espacios electorales de medio minuto por televisión.

Usando grupos de discusión y técnicas complejas de sondeo, los autores de estos mensajes (herederos de Edward Bernays) logran lo único que les interesa obtener del ciudadano: reacciones que les sirvan para pulir al máximo sus herramientas de manipulación. Con el paso del tiempo, queda al desnudo el triste espectáculo de la falta de autenticidad, cuyo precio se paga en cinismo y alienación. Cuantos más ciudadanos se desconecten del proceso democrático, menos legítimo será este último.

La televisión permite recibir información, pero lo que no logra establecer es la posibilidad de enviar información en sentido contrario. Esta curiosa condición unívoca de la principal relación que mantienen actualmente los estadounidenses con su conversación nacional influye profundamente en su actitud básica ante la propia democracia. Si se puede recibir, pero no enviar, ¿en qué queda la percepción básica de nuestra conexión con el autogobierno del país?

La «teoría del apego» es una rama nueva e interesante de la psicología del desarrollo que permite darse cuenta de lo importante que es una comunicación constante, adecuada y receptiva en ambos sentidos, y de por qué es fundamental que las personas sientan que tienen poder.

La teoría del apego, creada por el psiquiatra británico John Bowlby en 1958, fue desarrollada por su pupila Mary Ainsworth y por otros expertos que estudiaban el desarrollo psicológico de los bebés. Trata del ser humano como individuo, pero a mi modo de ver también es una metáfora muy esclarecedora sobre la importancia de una comunicación realmente fluida y libre en cualquier relación que implique confianza.

Gracias a este nuevo enfoque, los psiquiatras descubrieron que durante su primer año de vida todos los bebés reciben una lección existencial básica sobre su relación fundamental con el resto del mundo. En función de los cuidados que recibe, el bebé desarrolla un patrón de apego y aprende a adoptar una de las tres posturas básicas siguientes ante el mundo:

1. En el mejor de los casos, el bebé aprende que tiene la capacidad intrínseca de influir en el mundo y suscitar reacciones coherentes y adecuadas transmitiendo señales de hambre, malestar, satisfacción o angustia. Si la persona que le cuida (ha-

bitualmente la madre) responde de modo coherente y adecuado a la mayoría de las señales del bebé, este empieza a dar por supuesto que tiene el poder intrínseco de incidir en el mundo.

2. Si el principal responsable del cuidado del bebé reacciona de un modo inadecuado o incoherente, el bebé aprende a dar por supuesto que sus señales no tienen una relevancia intrínseca en lo que respecta al mundo. Un bebé que es objeto de respuestas erráticas e incoherentes por parte de su principal cuidador crea un «apego ansioso resistente», incluso si de vez en cuando esas respuestas son afectuosas y sensibles. Este patrón genera niños caracterizados por la ansiedad, la dependencia y la victimización, que de mayores serán personas fáciles de manipular y explotar.
3. En el peor de los casos, los bebés que no reciben ninguna respuesta emocional por parte de la persona o personas de las que dependen, corren un alto riesgo de internalizar una profunda rabia existencial que, con la edad, les vuelve más propensos a la violencia y los comportamientos antisociales. La falta de respuesta crónica desemboca en lo que se llama «apego ansioso evitativo», una mezcla de rabia inagotable, frustración y actitudes agresivas y violentas que dura toda la vida.

El sentimiento de impotencia es una función adaptativa. El niño adopta un comportamiento que le prepara para más de lo mismo. Volviéndose antisocial, deja de despertar afecto en los demás, con lo cual refuerza la idea de impotencia. Desde ese momento, los niños siguen el mismo patrón. No es algo inamovible, pero cuanto más tiempo haya pasado un niño siguiendo una pauta, más difícil será que se pase a otra.

Estudiando el comportamiento de adultos cuyo punto en común era el aprendizaje de la falta de poder cuando eran bebés, los psicólogos especializados en la teoría del apego han descubierto que una vez que se ha grabado la premisa de la impotencia en el cerebro de un bebé resulta muy difícil (aunque no imposible) desaprenderla. Se ha observado que las personas que llegan a la edad adulta con esta premisa existencial de impotencia no tardan en presuponer que las reacciones impulsivas y hostiles son las únicas sensatas ante una necesidad no satisfecha. De hecho, en la Universidad de Minnesota se han realizado estudios longitudinales durante más de treinta años cuyos resultados demuestran que entre los presos de Estados Unidos hay un porcentaje más alto que en el resto de la población de personas que en su primera infancia estuvieron dentro de esta categoría.[2]

La diferencia clave, el factor determinante a la hora de sacar una conclusión u otra, y de adoptar una postura u otra, radica en las pautas comunicativas entre el bebé y su (o sus) principales cuidadores, no en el contenido de la información que transmiten. Lo importante es que el entorno comunicativo sea abierto, receptivo y fiable, y que funcione en ambos sentidos.[3]

Personalmente, creo que la viabilidad de la democracia depende de que el entorno comunicativo sea abierto, fiable, adecuado y receptivo, y de que funcione en ambos sentidos. A fin de cuentas, la democracia depende de la transmisión y recepción periódica de señales, no solo entre el pueblo y quienes aspiran a ser sus representantes electos, sino entre los propios ciudadanos. La clave es la conexión de cada individuo con la conversación nacional. Creo que con el paso del tiempo los ciudadanos de cualquier democracia aprenden a adoptar una postura básica ante las posibilidades del autogobierno.

Si la democracia da la impresión de funcionar, y si la gente, al transmitir sus opiniones y sus sentimientos en torno a una serie de experiencias comunes, recibe una respuesta coherente, fiable y con sentido de sus conciudadanos, empieza a dar por supuesto que en democracia es importante expresarse. Si puede comunicarse de modo regular con los demás, y ello da pie a cambios significativos, aprende que la democracia es importante.

Si los ciudadanos reciben respuestas que parecen cargadas de sentido, pero que en realidad no lo están, empiezan a tener la sensación de que se les manipula. Si los mensajes que reciben de los medios de comunicación alimentan este cinismo en ciernes, es posible que se acelere el declive de la democracia.

Es más, cuando los ciudadanos de un país expresan sus opiniones y sus sentimientos durante un período de cierta extensión sin provocar una respuesta significativa, lógicamente se empiezan a enfadar. Si el flujo comunicativo da pocas oportunidades a los ciudadanos para expresarse de manera clara, lógicamente empiezan a sentirse frustrados e impotentes. Es algo que ha ocurrido con demasiada frecuencia entre las comunidades minoritarias que sufren prejuicios y a cuyas quejas no se presta la debida atención entre la mayoría.

Cuando era joven, mi generación aprendió a esperar que la democracia funcionase. La frustración que despierta en nosotros desde hace algunos años la ineptitud e insensibilidad moral de nuestros líderes nacionales tiene su contrapeso en lo que aprendimos en otras épocas, y recibe la influencia de la postura básica que adoptamos durante nuestras primeras experiencias como ciudadanos. Aunque muchas personas de mi generación hayan acabado por desengañarse del autogobierno, la mayoría seguimos pensando que la democracia funciona (o puede funcionar), y que la comunicación y la participación son las claves para lograr su buen funcionamiento.

En Estados Unidos, la antorcha de la democracia (por usar la metáfora de John F. Kennedy) se transmite sistemáticamente de una generación a la siguiente, pero ¿qué pasa si esa antorcha la recibe una generación que ha aprendido a adoptar una postura distinta ante la democracia, y a dar por supuesto que sus opiniones tienen pocas posibilidades de suscitar una reacción adecuada y coherente en el resto de la comunidad?

Actualmente, parece que muchos estadounidenses jóvenes no tengan claro que la democracia de su país funcione. La sociedad que hemos creado en Estados Unidos es una sociedad rica en la que decenas de millones de personas dotadas de talento e impresionantes recursos prácticamente no desempeñan ningún papel como ciudadanos. Compárese con cuando se fundó nuestro país: solo un reducido grupo de personas gozaban de lo equivalente a una educación universitaria actual, pero al mismo tiempo eran muchísimos los que se habían entregado en cuerpo y alma a la histórica empresa de dar a luz una república que encarnase una nueva forma de democracia representativa.

Durante los primeros tiempos de la democracia estadounidense la educación y la alfabetización eran condiciones *sine qua non* para establecer una conexión con el cuerpo político. En un mundo donde la comunicación estaba dominada por la letra impresa, los que aprendían a leer también aprendían a escribir. Al aprendizaje de la capacidad de recibir ideas lo acompañaba automáticamente la de transmitirlas, expresando lo que se pensaba a través del mismo canal por el que se recibían los pensamientos ajenos. Una vez establecida, la conexión era de ida y vuelta.

Como escribió Thomas Jefferson: «El arte de la imprenta nos protege contra los retrocesos de la razón y la información».[4]

Durante las primeras décadas de la existencia de este país, el uso de la imprenta, a efectos prácticos, casi era un patrimonio de las élites, y bien puede decirse que, en cuanto a insidia y virulencia, los ataques de la época no tenían nada que envidiar a ningún ataque político actual, pero el fácil acceso a la letra impresa abría la posibilidad de participar en el diálogo de la democracia a gente como Thomas Paine, que ni era de familia rica ni tenía influencias políticas (aparte, claro está, de las que se ganó con la elocuencia de sus escritos).

Ya hace tiempo que la época de los panfletos y los ensayos políticos impresos ha sido sustituida por la televisión, un medio absorbente que parece empeñado en divertir y vender más de lo que informa y educa. Si la información y las opiniones que salen al mercado de las ideas proceden exclusivamente de las personas con bastante dinero para pagar el astronómico precio de ingreso, se corre el riesgo de que todos los ciudadanos cuyas opiniones no se pueden expresar con suficiente peso descubran que son impotentes como ciudadanos, que no tienen ninguna influencia en lo que ocurre en nuestra democracia y que la única postura de recibo es el desapego, la frustración o la rabia.

Nuestro sistema político actual no recurre a las mentes privilegiadas del país para que nos ayuden a contestar a las preguntas que plantea el futuro y a desplegar los instrumentos necesarios para adentrarse en él. La implicación de estas personas (con sus redes de influencia, sus conocimientos y sus recursos) sería la clave para poner en marcha el espacio común de inteligencia sin el cual nunca podremos resolver a su debido tiempo los problemas que se nos vienen encima. Nuestro objetivo debe ser encontrar una nueva manera de dar rienda suelta a nuestra inteligencia colectiva, como el mercado ha dado rienda suelta a nuestra productividad colectiva. «Nosotros, el pueblo», debemos reconquistar y revitalizar nuestra anterior capacidad de desempeñar un papel básico en el salvamento de nuestra Constitución.

Tradicionalmente, la solución del progresismo a los problemas relacionados con la falta de participación de la ciudadanía en los mecanismos cívicos y democráticos ha sido redoblar el énfasis en la educación. No cabe duda de que la educación es una estrategia de grandísimo valor para solucionar muchos de los males de la sociedad. En una época en que la información ha adquirido un valor económico sin precedentes, es obvio que la educación debería ser más prioritaria para el país. También está claro que el acceso generalizado a una educación de calidad da más posibilidades de éxito a las democracias.

Por sí sola, sin embargo, la educación es necesaria pero insuficiente. Una ciudadanía más instruida tiene más posibilidades de ser una ciudadanía bien informada, pero se trata de dos conceptos sin relación entre sí. Se puede ser una persona instruida y al mismo tiempo poco o mal informada. En la Alemania de las décadas de 1930 y 1940, muchos miembros del Partido Nazi eran personas muy formadas, pero sus conocimientos de literatura, música, matemática y filosofía solo sirvieron para aumentar su eficacia como nazis. Por muy instruidos que fueran, por muy profundamente que hubieran cultivado su intelecto, no dejaban de estar presos en una red de propaganda totalitaria que les movilizó con objetivos perversos.

A pesar de todas las virtudes liberadoras de la Ilustración (sobre todo la de dar protagonismo a personas capaces de usar la razón como fuente de influencia y poder), también tenía un lado oscuro que preocupó desde el principio a las personas ponderadas. Cuando el pensamiento abstracto se organiza en fórmulas ingeniosas, autosuficientes y lógicas, a veces llega a tener un efecto casi hipnótico, y a apoderarse de tal modo del cerebro humano que lo aísla del influjo fertilizante de la vida cotidiana. No son pocos los casos de personas que creían con pasión en una filosofía o una ideología férreamente organizada, y que cerraron sus mentes al clamor del sufrimiento que infligían ellos mismos en otros que aún no les habían jurado fidelidad, ni habían encadenado su pensamiento a la misma ideología.

Las libertades que plasma nuestra Primera Enmienda representaban una verdad que el siglo XVIII conquistó con esfuerzo: la de que es necesario que las personas puedan participar de lleno en el cuestionamiento de las ideologías dominantes de su época (inculcando así en ellas valores humanos), y en compartir con los demás lo que les ha enseñado la experiencia.

Como escribió Jefferson en una carta a Charles Yancey: «Los funcionarios de cualquier gobierno tienen tendencia a gobernar a su albedrío la libertad y propiedades de sus constituyentes. No hay para ambas cosas otro puerto seguro que la misma gente, como no pueden custodiarse sin información. Donde es libre la prensa, y donde saben leer todos los hombres, todo está a salvo».[5]

Este impulso humano de exigir el derecho a ser cocreadores de la sabiduría común explica la ferocidad con que en la época de nuestros Padres Fundadores los estados solicitaron que se protegiese el libre acceso a la imprenta, la libertad de reunión, la libertad de elevar peticiones al gobierno, la libertad religosa y la libertad de expresión. En un discurso de 1783 a los oficiales del ejército, el general George Washington dijo: «Si se impide que los hombres expongan su opinión sobre algún tema cuyas consecuencias pudieran ser todo lo graves y alarmantes que pueda sopesar la humanidad, de nada nos sirve la razón; podrá ser eliminada la libertad de expresión, y podrán conducirnos mudos y en silencio como ovejas al matadero».[6]

El siglo XX, sin embargo, aportó sus propias y amargas enseñanzas. Nuevos medios de comunicación extraordinariamente poderosos, los electrónicos, empezaron a sustituir a la imprenta, empezando por la radio y el cine, y siguiendo con la televisión, y fueron usados para adoctrinar a millones de alemanes, austríacos, italianos, rusos, japoneses, chinos, etcétera, con ideologías abstractas muy elaboradas que a muchas personas las dejaron sordas, ciegas e insensibles ante la conducción de millones de congéneres «al matadero».

El nazismo, el fascismo y el comunismo fueron sistemas de creencias abrazados con pasión por millones de personas instruidas de ambos sexos. Tomadas en su conjunto, todas las ideologías totalitarias eran autosuficientes y se transmitían mediante una corriente de propaganda de un solo sentido que impedía a las personas presas en sus mecanismos participar activamente en el cuestionamiento de su falta de valores humanos.

Por desgracia, en el legado de las carnicerías de raíz ideológica del siglo XX entraba un nuevo cinismo ante la propia razón, debido a la facilidad con que la usaron los propagandistas para disfrazar sus ansias de poder envolviéndolas en fórmulas intelectuales sagaces y seductoras.

En una época de propaganda, la propia educación puede ser sospechosa. Cuando es tan frecuente que la ideología tiña los «hechos» que se ofrecen en bloques perfectamente formados y autónomos, es lógico que empiece a nacer una actitud un poco cínica en la gente ante lo que se les dice. Cuando se bombardea a las personas con una publicidad ubicua e incesante, a menudo se empieza a tener la sensación de que la razón y la lógica ya no son más que siervas de una fuerza de venta sofisticadísima, y ahora que las mismas técnicas dominan los mensajes políticos que transmiten los candidatos a los votantes, la integridad de nuestra democracia se ha visto ensombrecida por la misma nube de sospecha.

Muchas organizaciones (tanto progresistas como conservadoras) suelen dar la impresión de que ya están en posesión exclusiva de la verdad, y de que solo les falta «instruir» a los demás en lo que ellos ya saben. El resentimiento que provoca esta actitud es otra de las muchas causas de la reaparición de la veta antiintelectual, toda una tradición en Estados Unidos.

Cuando la gente no tiene la oportunidad de relacionarse en términos de igualdad, poner a prueba la validez de lo que les «enseñan» a la luz de su propia experiencia y participar con los demás en un diálogo sano y dinámico que enriquezca lo que les dicen los «expertos» con el acervo de los grupos como tales, es lógico que empiece a sucumbir a la idea de que los expertos siempre saben más de todo.

Si los ciudadanos instruidos carecen de un modo eficaz de transmitir sus ideas a los demás, y de una perspectiva realista de catalizar la formación de una masa crítica de opiniones en apoyo de sus ideas, de nada sirve su educación en lo que se refiere a la vitalidad de nuestra democracia.

La solución del mal que aqueja a nuestra democracia no es simplemente una mejor educación (aunque sea importante), ni una educación cívica (que también lo es), sino el restablecimiento de un discurso auténticamente democrático en el que las personas puedan participar de forma significativa, una conversación en democracia donde las ideas meritorias y las opiniones de los individuos susciten finalmente una respuesta seria.

Esto, en el mundo actual, significa reconocer que una ciudadanía bien informada es imposible sin una ciudadanía bien *conectada*. Aunque la educación siga siendo importante, la clave ha pasado a ser la interconexión. Una ciudadanía bien conectada se compone de hombres y mujeres que discuten y debaten ideas y temas entre sí, y que ponen constantemente a prueba la validez de la información y de las impresiones que reciben los unos de los otros (sin olvidar las que reciben de su gobierno). No puede haber una ciudadanía bien informada sin un flujo constante de información veraz acerca de los hechos de la actualidad, ni sin la oportunidad plena de participar en un debate sobre las decisiones que debe tomar la sociedad.

No solo eso, sino que difícilmente podrá culparse a los ciudadanos de su falta de interés por el proceso si se sienten privados de participar realmente en la conversación nacional, porque si algo reflejan las encuestas y estudios es el deterioro del conocimiento de los hechos básicos de nuestra democracia por parte de los ciudadanos.

Por poner un ejemplo, según los datos recogidos por el American National Election Studies (ANES) durante una de las últimas elecciones solo el 15 por ciento de los encuestados recordaba como mínimo el nombre de uno de los candidatos de su distrito. Menos del 4 por ciento era capaz de nombrar a dos candidatos.[7] No es fácil reprochárselo al votante cuando existe tan poca competitividad. Los profesores James Snyder y David Stromberg han observado que el conocimiento de los candidatos era más elevado en las zonas donde el periódico local daba más noticias sobre el representante en el Congreso. Eran poquísimos los encuestados que decían haber aprendido algo sobre las elecciones al Congreso por las noticias de la tele.[8]

En esta misma línea, según una encuesta de FindLaw.com, únicamente el 43 por ciento de los estadounidenses eran capaces de nombrar a un juez del Tribunal Supremo. Los encuestados cometían el error de identificar como tales a George W. Bush y Arnold Schwarzenegger. Para colmo, esta encuesta, hecha pública en enero de 2006, se realizó justo después de que apareciesen dos nuevas vacantes en los tribunales.[9] Según la encuesta de 2000 del ANES, solo el 11 por ciento sabía que el cargo de William Rehnquist era presidente del Tribunal Supremo.[10]

La enajenación de los ciudadanos respecto al proceso democrático también ha perjudicado al conocimiento de los datos más básicos de nuestra arquitectura constitucional de controles y equilibrios. Cuando el Annenberg Public Policy Center de la Universidad de Pensilvania se embarcó en una gran encuestra sobre la Constitución, hecha pública en septiembre de 2006, resultó que más de un tercio de los encuestados creían que la rama ejecutiva tenía la última palabra sobre cualquier tema, y que podía invalidar las decisiones de las ramas legislativa y judicial. Apenas la mitad (53 por ciento) consideraba que el presidente está obligado a cumplir las decisiones del Tribunal Supremo con las que está en desacuerdo, de la misma manera que solo el 55 por ciento de los encuestados eran de la opinión de que el Tribunal Supremo está facultado para declarar inconstitucional una ley del Congreso.[11] Según otro estudio, la mayoría de los encuestados no sabían que el poder de declarar la guerra lo tuviera el Congreso, no el presidente.[12]

En 2005, el Intercollegiate Studies Institute analizó los conocimientos de nuestros estudiantes universitarios acerca de la Constitución, el gobierno y la historia del país, en un estudio que hizo que la American Political Science Association Task Force on Civic

Education declara: «Es incontestable que los niveles actuales de conocimiento, compromiso y entusiasmo políticos son tan bajos, que ponen en peligro la vitalidad y la estabilidad de la política democrática en Estados Unidos».[13]

Según este estudio, menos de la mitad de los universitarios «reconocieron que la frase "Consideramos un hecho manifiesto que todos los hombres fueron creados iguales" es de la Declaración de Independencia». Otro dato del mismo estudio era que «una mayoría aplastante, el 72,8 por ciento, no fue capaz de identificar correctamente la procedencia de la idea de un "muro de separación" entre la Iglesia y el Estado».*[14]

Al realizar una encuesta entre alumnos de secundaria para saber qué les parecía la Primera Enmienda, la John S. and James L. Knight Foundation observó que «después de leer el texto de la Primera Enmienda a los alumnos, más de un tercio (35 por ciento) consideró que iba demasiado lejos en los derechos que establece. Casi una cuarta parte (21 por ciento) no sabía bastante de la Primera Enmienda para opinar. Entre los que sí manifestaron su opinión, un porcentaje todavía más alto (44 por ciento) coincidía en que la Primera Enmieda iba demasiado lejos en los derechos que establece». La encuesta reveló que «casi tres cuartas partes» de los alumnos de secundaria «no saben qué pensar [de la Primera Enmienda] o la dan por supuesta».[15]

Thomas Jefferson escribió en cierta ocasión que «cuando la gente está bien informada, se le puede confiar su propio gobierno; que, cuando se tuerzan tanto las cosas como para llamar su atención, se puede contar con que las arreglará».[16] También dijo: «Si una nación espera ser ignorante y libre, en un estado de civilización, espera lo que nunca ha existido ni existirá».[17]

Vivimos en una época de gran vulnerabilidad. Ya he comentado que cuando la televisión se convirtió en la principal fuente de información del país, el «mercado de las ideas» cambió radicalmente. Casi

* La expresión aparece en una célebre carta de Thomas Jefferson sobre la libertad religiosa (1802). *(N. del T.)*

toda la comunicación pasó a ser de un solo sentido, al mismo tiempo que la democracia participativa sufría un brusco declive.

Durante este período de vulnerabilidad para la democracia estadounidense (una época en que la televisión tradicional se mantiene como la fuente de información dominante, antes de que internet evolucione bastante para constituir un medio independiente y neutral), hay otros pasos no solo posibles, sino necesarios para fomentar una mayor conectividad en nuestro autogobierno.

Para empezar, ninguna de las dos cámaras del Congreso ha sabido hacer un buen uso de la televisión, la radio e internet para conectarse con los ciudadanos de todos los estados y distritos congresuales. En cuanto a la rama ejecutiva, ya hace tiempo que tuvo la habilidad de adaptarse a la televisión para sacar el máximo partido en la aparición del presidente en su comunicación con los ciudadanos de Estados Unidos (así como otros públicos) por los medios electrónicos. En el Congreso ha habido miembros de ambas cámaras que han sabido aprovechar a fondo los medios electrónicos, pero no puede decirse lo mismo de la institución en su conjunto. El porcentaje de reelecciones ha aumentado vertiginosamente, pero el respeto a la rama legislativa ha caído en picado.

A principios de la década de 1970 participé en una campaña para convencer a los líderes del Congreso de que abriesen sus sesiones a la transmisión en directo por radio y televisión, y más tarde, cuando pasé al Senado, también fui uno de los implicados en su apertura a la radio y teledifusión, aunque ambas cámaras han insistido en que los planos se centren exclusivamente en los oradores.

Fue una restricción necesaria, sin la cual los líderes del Congreso no habrían aceptado ningún tipo de cobertura, pero el resultado es que no está multado dejar vacío el escaño, ni se toman medidas contra la institución en su conjunto cuando son prácticamente todos los que están desocupados. Es una de las razones de que los debates del Congreso casi siempre estén poco concurridos y hayan perdido su interés, salvo algunas excepciones.

Hasta hace poco tiempo, la programación de los debates importantes del Congreso se hacía sobre todo a conveniencia de sus miembros, que ya habían entrado en la rutina de no trabajar en Washington más de tres o cuatro días a la semana para poder viajar a sus distritos y estados (donde hacían campaña prácticamente todo el año) y por todo el país para recaudar fondos. La nueva cúpula está experimentando con cambios necesarios, pero habría que establecer como prioridad la reconexión entre los ciudadanos del país y la esencia del proceso deliberativo.

Los debates más importantes, los más urgentes, deberían transmitirse en horario de máxima audiencia. Personalmente, no tengo ninguna duda de que si la Cámara de Representantes y el Senado adquiriesen la costumbre de programar los debates más interesantes en la franja más cómoda de las tardes laborables aumentaría el número de estadounidenses atentos a los argumentos que se exponen durante los debates del Congreso.

Otra tarea urgente durante este intervalo de vulnerabilidad es probar nuevas estrategias para limitar la influencia de las grandes aportaciones financieras a los candidatos a cargos electos. Veo con escepticismo la eficacia de cualquier reforma mientras el principal medio de comunicación con los votantes sean anuncios caros de medio minuto por televisión, pero, a pesar de todo, hace tiempo que respaldo una financiación total y sustanciosa de las elecciones federales, con cláusulas que animen a los candidatos a aceptarla a cambio de aceptar también la prohibición de que se financien privadamente las campañas. Soy consciente de que las posibilidades de que se apruebe una ley de estas características no son muy grandes, pero vale la pena apoyarla, a causa del grave daño que está infligiendo a nuestra democracia el dominio de los contribuyentes ricos.

La desinformación pagada (en apoyo de un determinado candidato o de un determinado referéndum) está contaminando el discurso democrático de este país. Mientras políticamente sea imposible prohibir a rajatabla este tipo de financiación, deberíamos trabajar por la siguiente opción en orden de preferencias: aumentar la transparencia de todas las contribuciones para que quede claro de dónde llegan. Otro cambio sería exigir transparencia total en la financiación de las organizaciones sin ánimo de lucro.

Para poner un ejemplo de por qué son necesarias este tipo de medidas, analicemos una experiencia reciente en California, cuando los defensores de las energías renovables salieron en apoyo de una iniciativa de interés público, la Proposición 87. Prácticamente toda la financiación de los anuncios televisivos contrarios a la iniciativa procedía de las grandes empresas petrolíferas, que, según los cálculos más prudentes, superaron al otro bando en más de treinta millones de dólares. Esto no significa ni mucho menos que en el momento de acudir a las urnas todos los votantes supiesen que la industria petrolífera era la principal responsable de la gran campaña televisiva que convenció a la mayoría de votar no a la propuesta.[18]

Ahora un grupo de californianos propone que se haga público quién paga los anuncios de la tele durante este tipo de campañas, para que el ciudadano sepa qué industrias, gremios o agrupaciones políticas están a favor (o en contra) de un referéndum concreto. Si en 2006 hubiera regido una ley de estas características, la publicidad negativa de las empresas petrolíferas contra la Proposición 87 habría llevado con toda claridad la etiqueta: «La mayor parte del dinero contra esta iniciativa sale de la industria petrolífera». En la propaganda impresa, y en las propias papeletas, aparecerían fórmulas de la misma índole. Los anuncios en radio y prensa estarían sujetos a los mismos requisitos.

Personalmente, tengo mis dudas sobre la conveniencia de los referéndums en general, por el riesgo de que el proceso democrático pierda sus necesarios elementos deliberativos, pero la verdad es que con una transparencia de este tipo se desarmaría este asalto concreto a la razón y se devolvería algo parecido a la democracia a los mecanismos de la iniciativa popular.

De todos modos, en última instancia a la democracia estadounidense no la salvará ninguna medida reformista mientras no encontremos la manera de recuperar el papel central de una ciudadanía bien informada. El cambio revolucionario en el que se basó la idea de este país fue la creencia audaz de que, en palabras de Thomas Jefferson, «una ciudadanía informada es el único depositario verdadero de la voluntad pública».

Nuestros Padres Fundadores sabían que las personas dotadas de conocimiento y de capacidad de transmitirlo se pueden gobernar a sí mismas, y ejercer de un modo responsable la autoridad suprema en el autogobierno. Sabían que uno de los requisitos de la democracia es que la información circule sin trabas, teniendo como destinatario, pero sobre todo como emisor, al ciudadano.

De todo esto se deduce que ya va siendo hora de que analicemos el papel que hemos desempeñado como ciudadanos al no impedir el peligroso desequilibrio surgido de los esfuerzos de la rama ejecutiva por dominar nuestro sistema constitucional, y al no dar marcha atrás al escandaloso deterioro y degradación de nuestra democracia.

Por suerte, ahora disponemos de los medios necesarios para que los estadounidenses restablezcan una fuerte conexión con un intercambio vibrante y abierto de ideas sobre todos los temas de importancia para la marcha de nuestra democracia. Internet tiene el potencial de revitalizar el papel del pueblo dentro de nuestro marco constitucional.

De la misma manera que hace quinientos años se inició el camino por el que la imprenta condujo a la aparición de nuevas posibilidades para la democracia (y que, a partir del primer cuarto del siglo XX, el surgimiento de las transmisiones electrónicas les dio nueva forma), ahora internet nos brinda nuevas posibilidades para establecer un autogobierno saludable y eficaz, incluso antes de que plante cara a la televisión en términos de audiencia.

De hecho, es muy posible que internet sea la principal esperanza para el restablecimiento de un entorno comunicativo abierto donde pueda prosperar la conversación de la democracia. En internet apenas hay barreras a la participación individual. Por regla general, las ideas que aporta cada persona se tratan siguiendo las reglas de una meritocracia del pensamiento. Es el canal más intercomunicativo de la historia, y el que tiene un mayor potencial de conectar a los individuos entre sí y a todo un mundo de conocimientos.

Existe una importante distinción que hacer, y es que internet no es una plataforma más de difusión de la verdad, sino una plataforma para *buscar* la verdad y la creación y distribución descentralizadas de ideas, del mismo modo que los mercados son un mecanismo descentralizado para la creación y distribución de bienes y servicios. En otras palabras, es una plataforma para la razón.

Claro que tan importante como no idealizar la imprenta y su consiguiente ecosistema informativo es mantener una visión lúcida de los problemas y abusos de internet. Resultaría difícil imaginar alguna perversión humana que no se exhiba sin cortapisas en algún punto de la red. Muchos padres con hijos pequeños se asustan al descubrir cuánto material obsceno, grotesco y salvaje pueden consultar sin gran esfuerzo los niños cuyos hábitos de navegación por la red no están supervisados o electrónicamente limitados. En internet se describen (y algunos dirán que se promocionan) el suicidio adolescente, el *bullying* y toda clase de ignominias y comportamientos criminales. Como cualquier instrumento al alcance de la humanidad, se puede usar (y se usa) para objetivos tanto buenos como malos. Como siempre, depende de nosotros (sobre todo de los que vivimos en democracia) tomar decisiones inteligentes sobre cómo y para qué usamos esta herramienta de tan espectacular capacidad.

Hay que fomentar y proteger internet de la misma manera que fomentamos y protegemos los mercados, es decir, con la creación de leyes justas sobre su uso y con el ejercicio del imperio de la ley. La vehemencia que pusieron nuestros Padres Fundadores en proteger la libertad e independencia de la prensa sigue siendo válida para la defensa de la libertad de internet. Está en juego lo mismo, la supervivencia de nuestra república.

La gran velocidad a la que aumenta el peso de internet en los mercados de consumo de bienes y servicios, y la rápida adopción de estrategias de publicidad en la web por parte de las empresas, son claras muestras de que no tardará en desempeñar un papel mucho mayor en el fomento de la conversación democrática.

El desafío consiste en acelerar el proceso y determinar su evolución de modo que conduzca al resurgimiento de una democracia en pleno estado de funcionamiento, porque es un desenlace que dista mucho de ser inevitable.

Debemos asegurarnos de que internet siga estando abierto y al alcance de todos los ciudadanos, sin ninguna limitación a la opción de los usuarios de elegir el contenido que deseen con independencia del proveedor de servicios que usen para conectarse a la red. Es un futuro que no se puede dar por sentado. Debemos prepararnos para luchar por él, debido al riesgo de que las empresas se hagan fuertes en el mercado de las ideas de internet y lo controlen. Nos jugamos demasiado para permitirlo. Debemos garantizar a toda costa que este instrumento para el futuro de la democracia evolucione dentro del molde del mercado abierto y libre de ideas que, como bien sabían nuestros Padres Fundadores, es básico para la salud y la supervivencia de la libertad.

Existen varios obstáculos tecnológicos y políticos cuya superación deberemos decidir entre todos, colectivamente, en tanto que país.

A principios de 2006, Vinton G. Cerf, uno de los fundadores de internet, declaró ante el Congreso: «El palpitante ecosistema de innovaciones que constituye el meollo de internet crea riqueza y oportunidades para millones de estadounidenses. Es necesario alimentar y fomentar este ecosistema, basado en una red neutral y abierta».[19]

El objetivo en el que están depositadas muchas esperanzas es justamente ese, que internet pueda crear una democracia conectada o «en red». Lo cierto es que hasta ahora ha habido indicios prometedores de que resucitará y revitalizará nuestro discurso democrático.

La facilidad con que una sola persona puede difundir sus ideas en la red ha dado pie a la aparición de una nueva meritocracia del pensamiento que en algunos aspectos se parece al foro público que existía en la época de la fundación de Estados Unidos. Internet presenta una serie de características estructurales que lo convierten en un instrumento especialmente útil y capacitado para revigorizar la democracia representativa.

Uno de los rasgos de la comunicación por internet que la hace accesible a las personas es la gran importancia del texto. Cuando alguien aprende a leer textos, también aprende a escribirlos. Actualmente, publicar un mensaje de texto en internet es aún más fácil que publicar un panfleto impreso a finales del siglo XVIII, al menos para la mayoría de la gente. Por otro lado, internet se diferencia de las emisiones de radio y de televisión en que no hay ningún límite intrínseco en el número de vías de entrada al foro público.

También es un medio prácticamente ideal para que las personas con perspectivas e inquietudes comunes se encuentren y formen comunidades en torno a sus intereses compartidos. A día de hoy, la organización online ya se ha convertido en una característica nueva y muy poderosa de la democracia estadounidense.

Usando internet como medio para fomentar la participación, comunidades políticas como MoveOn.org y RightMarch.com están atrayendo a más personas al proceso político. Aparte de usar internet como una herramienta de organización en red, también lo aprovechan para organizar reuniones presenciales, como cenas. Las listas de e-mails les sirven para informar a sus miembros sobre las novedades políticas y sociales que pueden interesarles y que, de otro modo, tal vez no llegarían a conocer.

Personalmente, he usado algore.com para conectarme con cientos de miles de personas y difundir ideas sobre la crisis climática. El año pasado, cuando Paramount comercializó en DVD *Una verdad incómoda*, MoveOn.org colaboró con algore.com en la organización de pases públicos para doce mil personas. Sobre las mismas fechas, dicho sea de paso, RightMarch.com era una de las muchas webs situadas a la derecha del espectro que me atacaban por mis ideas sobre el cambio climático.

El poder de la organización por internet también ha empezado a alimentar en mucha gente la esperanza de que tarde o temprano el sistema actual de financiación de las campañas políticas (dominado ahora mismo por grupos de intereses especiales) deje paso a una situación en la que los millones de pequeños donativos recogidos online superen las aportaciones de los grandes donantes, más sustanciosas pero menos numerosas.

Un fenómeno relativamente nuevo como la aparición y el crecimiento de los blogs es otra señal prometedora para nuestra conversación nacional. En general, los bloggers son gente concienciada con ganas de compartir sus ideas y opiniones con el resto de la ciudadanía.

Algunos tienen cosas realmente interesantes que decir, y otros no, pero quizá lo más importante de los blogs sea el proceso en sí. Colgando sus ideas en la red, los bloggers reivindican la tradición de nuestros Padres Fundadores de poner al alcance de todos sus reflexiones acerca del estado de la nación.

Además, lo hacen de una manera nueva. Larry Lessig, profesor de derecho de la facultad de Stanford y fundador del Center for Internet and Society, ha escrito: «La gente cuelga algo cuando lo quiere colgar, y la gente lee cuando quiere leer [...]. Los blogs permiten un discurso público sin necesidad de que la audiencia se reúna en un solo espacio público».[20] El resultado es que los blogs se están convirtiendo en una fuerza institucional de primer orden capaz de influir en la política nacional.

Además del texto, ahora también hay gente que se expresa en internet con vídeos y animación flash. El bajón de los precios de las cámaras de vídeo digitales y los programas de edición de vídeo (sin olvidar lo que ha mejorado la calidad de lo uno y lo otro) hacen posible que actualmente millones de personas filmen clips y los difundan a escala mundial por internet.

Cada vez es más habitual bajarse vídeos de internet, y lo barato que es almacenarlos empieza a posibilitar que muchos practiquen lo que la industria llama *time shifting* (grabar los programas y verlos a la hora que más convenga) para personalizar sus hábitos de televidentes. Por otro lado, cada vez hay menos conexiones de banda estrecha y más de banda ancha, con lo cual la capacidad de emitir contenidos televisivos por internet no deja de aumentar a gran velocidad.

Internet aún no puede rivalizar con la fuente de información dominante, la televisión, en gran medida porque su propia arquitectura y la existencia simultánea de varios anchos de banda impide la distribución a gran escala de vídeos en tiempo real. Casi seguro que durante lo que queda de década la televisión emitida por cable y satélite seguirá siendo el medio de comunicación dominante en la democracia de Estados Unidos.

Es una de las razones de que en los últimos seis años mi socio Joel Hyatt y yo hayamos trabajado en un nuevo modelo empresarial que capacita a las personas para sumarse al discurso democrático usando el lenguaje y las características de la televisión.

Current TV recurre al *streaming* por internet para que muchas personas nos manden lo que llamamos «contenidos creados por el espectador», o VC2. Usamos internet para la conversación bidireccional que mantenemos a diario con los espectadores, permitiéndoles participar en la programación de la cadena. En www.current.tv también ofrecemos gratuitamente lo que yo creo que es el mejor programa educativo online sobre la confección de contenidos televisivos de calidad. Espero que el mayor conocimiento y difusión de los mecanismos con los que se hace la televisión sirva para desmitificarla, al menos hasta cierto punto, y que de paso sea una manera de debilitar su poder casi hipnótico.

Pero lo más importante es que creo que Current TV está demostrando que democratizar la tele puede facilitar una participación generalizada en nuestro discurso nacional. Intentamos movernos dentro de las pautas de la televisión para recrear una conversación a muchas bandas que incorpore al individuo y se guíe por la meritocracia de las ideas. Hay mucha creatividad, inteligencia y talento sin explotar, sobre todo entre los adultos jóvenes. Nosotros invitamos a nuestros espectadores (y a la audiencia en general) a contar sus historias en vídeo y a mandárnoslas para que las difundamos por televisión. Nuestro objetivo no es político ni ideológico.

Se trata de alimentar una plétora de puntos de vista y nuevas perspectivas que obligue a la gente de ideas fijas a replanteárselo todo. Conectar individuos a la conversación democrática usando el que es de lejos el canal más importante, es una manera de abrir este último a que las personas puedan reincorporarse a la conversación aportando todos los puntos de vista que deseen.

Otra novedad muy interesante que podría reforzar nuestra democracia es la explosión increíblemente rápida de los «wikis», sobre todo de la Wikipedia. Los wikis son webs que recopilan información pública sobre una disciplina concreta, o en el caso de la Wikipedia prácticamente sobre todo. La idea en la que se basan los wikis es que en general la gente como grupo sabe más que cualquier persona por sí sola. A un wiki puede aportar información cualquiera, aunque algunos temas se vigilan y controlan periódicamente para evitar que los errores o la desinformación distorsionen el proceso de acumulación. A veces se hace mal uso de los wikis; de hecho, mi amigo John Seigenthaler, que hace años me introdujo en el periodismo, ha sido uno de los críticos más reflexivos de la Wikipedia, pero lo cierto es que los wikis cada vez son mejores, más fiables y más importantes.

Otro ejemplo de aplicación de internet con un enorme potencial democrático es el fenómeno emergente de las redes sociales Web 2.0. Así como hay muchos usuarios que entienden las webs del tipo de Facebook.com y MySpace.com como oportunidades para socializar y mantener relaciones sociales, también hay otros que han utilizado muy eficazmente estos nuevos instrumentos para objetivos abiertamente políticos. Como están totalmente descentralizados, su potencial de alimentar la participación es casi ilimitado.

Sin embargo, por muy prometedor que sea internet, hay algo que amenaza gravemente sus posibilidades de revitalizar la democracia. Es un peligro que surge de que en la mayoría de los mercados existe un número muy reducido de operadores de banda ancha, situación que no tiene por qué cambiar en un futuro próximo. Estos operadores tienen la capacidad estructural de determinar el modo en que se transmite la información por internet y la velocidad a la que se descarga. Los operadores actuales de internet (principalmente compañías de teléfono y cable) tienen interés económico en extender su dominio a la infraestructura física de la red y controlar los contenidos de internet. Si estas compañías adoptasen un enfoque equivocado, podrían instituir cambios cuyo efecto sería limitar la circulación libre de la información por internet de varias maneras, a cuál más inquietante.

Si el resultado fuera ese, rompería con una larga historia de políticas de «no discriminación» por parte de la Comisión Federal de Comunicaciones, un planteamiento que ha orientado la evolución de internet desde sus propios inicios. En la década de 1990, el Congreso y la administración Clinton-Gore optaron conscientemente por imponer muy pocas reglas a internet, a fin de alentar la innovación, el negocio y la actividad política. Actualmente, esta política tan afianzada de «no discriminación» recibe el nombre de «neutralidad de la red».

En muchos aspectos, este principio es el causante de que internet haya alimentado un crecimiento económico que se cuenta en billones de dólares. Los grandes éxitos empresariales de la red han sido ideas puestas en práctica por pequeños empresarios que no formaban parte de ninguna compañía establecida, entre ellos mis amigos Larry Page y Sergey Brin, que empezaron Google cuando aún eran estudiantes de posgrado de la facultad de informática de Stanford.

Por otra parte, al mismo tiempo que ha aumentado mucho la velocidad y la eficacia de los ordenadores personales (mucho más baratos que hace pocos años), ha ocurrido lo mismo con casi todos los componentes que forman la infraestructura de internet, incluidos los conmutadores de alta velocidad y los servidores. Estas mejoras tecnológicas han hecho que a los operadores les cueste menos transportar cada «bit» de información (el material de construcción digital básico de todos los contenidos de internet), y como el coste del transporte de los bits ha descendido tanto, los proveedores de contenidos por internet pueden hacer muchas más cosas a menor coste, como animación flash, audio y vídeo en directo y llamadas telefónicas de alta calidad. Esta caída en picado del coste de transportar bits también ha incrementado mucho el rendimiento de internet para los consumidores, que de resultas de ello, como es natural, han hecho crecer la demanda de acceso a la red.

Lo malo para los operadores como AT&T y Verizon es que no han sabido captar una porción tan grande del aumento de valor de internet como querrían. Las grandes novedades las aportan creadores situados fuera de la red «oficial», y a los operadores les ha costado bastante aumentar las tarifas de conexión a la red por culpa de la competencia de los demás proveedores y de la resistencia del consumidor a pagar más cara la conexión.

El resultado es que en este momento a los operadores les interesa mucho económicamente buscar nuevas oportunidades de conseguir lo que los economistas llaman «rentas» sobre el aumento de valor de la red. La dificultad de aumentar el precio de la conexión a la red ha llevado a los operadores a proponer la aplicación de nuevas cuotas a las empresas de internet y a otros que cuelguen contenidos de gran volumen en la red, y a crear dos categorías de proveedores de contenidos.

Las empresas de internet que se nieguen a pagar a los operadores podrían encontrarse con que sus webs y aplicaciones ya no son tan rápidas para los usuarios, y a consecuencia de ello perderían negocio y los consumidores facilidad de acceso a sus servicios online favoritos. Por otra parte, algunas de las compañías web a las que se cobrarían las nuevas cuotas ofrecen servicios online que compiten con otros parecidos proporcionados por las mismas compañías que gestionan la red.

En defensa de un internet jerarquizado (con ciudadanos de primera y de segunda en la red), los operadores alegan que no tienen más remedio que cobrar a las empresas de internet y a los demás proveedores de contenidos para compensar el coste de expandir las redes de banda ancha.[21]

Pero es que ahora ya contribuyen a pagarlo todos los usuarios de internet. Cualquiera que tenga una web, desde Google al blog más pequeño, paga por subir su contenido, y cualquiera que se conecta a internet paga por acceder a él. Tanto los consumidores como los productores de internet pagan el precio que permite el mercado.

Lo que proponen los operadores es que se les faculte para cobrar unos precios potencialmente discriminatorios, que les permitirían hacer pactos exclusivos con las empresas de contenidos por internet que pagaran por usar la vía rápida, a la vez que ralentizarían a las que no pudieran permitirse el suplemento. Los operadores podrían priorizar la transmisión de determinados contenidos (por ejemplo, los suyos) por encima del material producido por la competencia.

Si se diera luz verde a esta práctica, las empresas de internet perderían ingresos que habrían podido destinar a introducir mejoras en sus viejos productos, e innovaciones en los nuevos, pero lo peor es que los productores pequeños de contenidos que ahora pueden aprovechar la bidireccionalidad de internet (desde tiendas online a foros para el discurso democrático) correrían el riesgo de no poder seguir ofreciendo un servicio de calidad.

La necesidad de mantener incentivos adecuados para que se invierta en la capacidad de expansión de la red está justificada, pero si en la década de 1990 los operadores hubieran ejercido el mismo tipo de control al que ahora aspiran es posible que no hubieran aparecido compañías como Google, Yahoo, Amazon y otras. Yo he sido consejero de Google, y aún tengo intereses económicos en que mantenga su éxito, pero también tengo interés en que lo mantengan varios de los operadores de internet asociados a Current TV.

Por lo tanto, he visto la polémica desde ambos lados, y creo sinceramente que el factor más importante es que internet conserve su capacidad de convertirse en el nuevo mercado neutral de las ideas que tan necesario es para la revitalización de la democracia en Estados Unidos. Si hay algo que me preocupa por encima de todo, es que la creación de un internet de varias velocidades limite gravemente este potencial dando un papel dominante en la red a las organizaciones y empresas más grandes, ricas y consolidadas, en detrimento de los individuos y de las empresas y organizaciones más pequeñas. Sería fácil crear una normativa neutral para la red, cuyo objetivo fuera proteger la libertad de mercado y de expresión por internet sin olvidarse de los incentivos para la inversión.

En 2006, cuando se libraron las primeras escaramuzas en torno a la neutralidad, muchos miembros de la comunidad internauta que compartían mi punto de vista se movilizaron para usar las herramientas que les brindaba la red en defensa de su independencia. Durante los meses previos a la votación del Congreso de 2006 sobre la Ley de Telecomunicaciones, se pusieron en contacto con la institución más de un millón y medio de ciudadanos, y más de ochocientas organizaciones se unieron en la Save the Internet Coalition, montada (con tácticas innovadoras de movilización online) por una nueva organización de reforma de los medios de comunicación, Free Press. A los muchos ciudadanos que constituían el movimiento opositor de base se les sumaron los principales dirigentes de varias empresas basadas en internet, y una larga serie de pequeños empresarios que compartían su inquietud, sin olvidar el gran número de ciudadanos que apoyaban la libertad de expresión.

El resultado, en palabras de Ben Scott, director de estrategia de la Save the Internet Coalition, «fue un gran momento para los defensores de un internet democrático».[22] De todos modos, no habría que ver este triunfo para la neutralidad de la red como la victoria definitiva de los defensores de internet. Donde hay que actuar es en el Congreso, que para empezar se encuentra en plena y larga revisión de la Ley de Telecomunicaciones de 1996 con el objetivo de ponerla al día y adaptarla al mundo de la banda ancha. Se trata de una coyuntura muy importante que determinará el futuro de internet mediante una reformulación de las regulaciones públicas que rigen los sistemas esenciales de comunicación. Estamos saliendo de un mundo donde el teléfono, el vídeo y los datos eran servicios diferenciados, y entrando en una plataforma de convergencia donde todo es un flujo de bits digitales.

Ahora que estamos creando la nueva ley de base para el futuro de la banda ancha, sería más que conveniente que el debate sobre la neutralidad se produjera dentro de este contexto. De hecho, la neutralidad debería ser el principio básico que nos encarrilase hacia un internet abierto y democrático, donde se fomentasen la libertad de expresión y de mercado. Se trata de una decisión digna de la atención del Congreso, y demasiado importante para dejarla en manos de un organismo del gobierno.

Ahora que finalmente se ha implicado la ciudadanía en el debate sobre el futuro de internet, hay mucha gente que se está organizando para influir en él. Vivimos un momento decisivo en el que se está a punto de asistir a la primera movilización en masa de los actores públicos en un debate sobre la naturaleza, objetivos y puesta en práctica de la tecnología más importante y rompedora del siglo XXI. La gente no se limita a luchar por la libertad de expresión en la red. También trabaja para que internet siga siendo un medio de comunicación y comercio a gran escala descentralizado y sin dueños.

La democratización del conocimiento por la letra impresa dio pie a la Ilustración. Ahora la interconexión en banda ancha está fomentando procesos descentralizados que infunden nuevo vigor a la democracia. Lo estamos presenciando día a día. Nos estamos volviendo más listos como sociedad. Se está afianzando la democracia en la red. Es algo que se palpa en el ambiente.

Aunque el ecosistema informativo del país haya sufrido cambios radicales en el último medio siglo, las ideas de nuestros Padres Fundadores conservan la importancia que tenían hace más de doscientos años. El requisito clave para redimir la integridad de la democracia representativa en la época de los medios de comunicación electrónicos es garantizar que el ciudadano esté plena y debidamente conectado a un foro público abierto y saneado, un foro que sea de fácil acceso para las personas y que se guíe por la meritocracia de las ideas.

Nosotros, el pueblo (como dijo Lincoln, «aun los que aquí estamos»), seguimos siendo la clave para la supervivencia de la democracia en Estados Unidos.

Conclusión

El renacimiento de la democracia

Hace casi dos mil años, Salomón avisó de que cuando no hay visión el pueblo se malogra, pero seguro que también es cierto lo contrario. Cuando hay un liderazgo con visión y valentía moral, el pueblo prospera y rehabilita la profecía de Lincoln en Gettysburg de que el gobierno del pueblo, por el pueblo y para el pueblo no desaparecerá de la faz de la tierra.

En el sistema estadounidense, el verdadero soberano es el gobierno de la razón. Nuestro autogobierno se basa en la capacidad del ciudadano de usar la razón al pedir cuentas de sus actos a sus representantes, senadores y presidentes electos. Cuando lo que se ataca es la propia razón, la democracia de este país corre peligro.

A lo largo de la historia, las personas ansiosas de dominio siempre han visto a la razón como su enemigo. En 1543, menos de un siglo después de la invención de la imprenta, Enrique VIII fue objeto del desafío de una serie de súbditos que decidieron cuestionar la autoridad del monarca después de leer las traducciones impresas de la Biblia que habían empezado a circular. La respuesta del rey fue prohibir la lectura de la Biblia y castigar severamente a los infractores.[1]

Frederick Douglass, un antiguo esclavo que llegó a ser la voz más elocuente de Estados Unidos contra la esclavitud, explicó por escrito que su dueño le había prohibido aprender a leer. Alfabetizarse en secreto le abrió las puertas a la posibilidad de razonar de modo convincente y entender los males de la esclavitud.[2]

El historiador François Furstenberg, experto en la figura de Douglass, ha escrito: «Llama la atención que, habiendo sufrido en sus propias carnes la brutal violencia de la esclavitud, Douglass creyese que el analfabetismo (en contraposición a la fuerza bruta, por ejemplo) explicaba "el poder del hombre blanco de esclavizar al hombre negro". Más que una conclusión intelectual, era una "revelación" en todo el sentido religioso de la palabra. Sumarse a la comunidad de los lectores sería un nuevo nacimiento que haría pasar a Douglass de la muerte social a una nueva vida. De pronto Douglass entendió la relación esencial que había entre la alfabetización y la libertad, y entre la ignorancia y la "aptitud" para ser esclavo».[3]

Actualmente, la razón sufre el embate de unas fuerzas que usan las técnicas más refinadas: propaganda, psicología, medios electrónicos de comunicación de masas... Sin embargo, también los defensores de la democracia están empezando a usar sus propias técnicas, no menos refinadas: internet, la organización online, los blogs y los wikis. Personalmente tengo más confianza que nunca en que la democracia saldrá vencedora, y en que el pueblo de Estados Unidos se está poniendo a la altura del desafío de revigorizar su autogobierno.

Somos un pueblo valiente por naturaleza, y con capacidad de adaptación. Nuestros antepasados superaron grandes retos, y nosotros haremos otro tanto. Ya estamos asistiendo a la aparición de defensas innovadoras contra el asalto a la razón. Mi mayor esperanza es que los lectores de este libro elijan sumarse a un nuevo movimiento cuyo propósito es reavivar el verdado espíritu del país.

Martin Luther King dijo: «Quizá esté surgiendo entre nosotros un nuevo espíritu. En tal caso, sigamos sus movimientos y recemos por que nuestro ser interior sea sensible a su tutela, porque necesitamos profundamente un nuevo camino más allá de la oscuridad que parece envolvernos».[4]

Como escribió John Adams en 1780, nuestro gobierno es un gobierno de leyes, no de hombres. En estos momentos, lo que está en juego es este principio definidor de nuestro país, y por lo tanto la propia esencia de Estados Unidos. Tal como ha escrito el Tribunal Supremo: «Nuestra Constitución es un pacto que va desde la primera generación de estadounidenses hasta nosotros, y que se extiende a las futuras generaciones».[5] En la Constitución no hay excepción bélica, aunque sus autores conocieran muy bien la realidad de la guerra; y, tal como nos recordó poco después de la Primera Guerra Mundial el juez Oliver Wendell, los principios de la Constitución solo tienen valor si los aplicamos tanto en los momentos difíciles como cuando no es tan decisivo.[6]

La cuestión que se plantea no podría tener más trascendencia: ¿seguiremos viviendo bajo el imperio de la ley, como se plasma en nuestra Constitución, o fallaremos a las próximas generaciones legándoles una Constitución que solo sea una sombra de la carta de libertad que heredamos de nuestros antepasados? La elección está clara.

Notas

Introducción

1. Robert C. Byrd, «We Stand Passively Mute», 12 de febrero de 2003. http://byrd.senate.gov/byrd_speeches_2003february/byrd_speeches_2003march_list/byrd_speeches-2003march_list_1html.

2. Abraham Lincoln, «The Perpetuation of Our Political Institutions, 27 de enero de 1838. http://showcase.netins.net/web/creative/lincoln/speeches/lyceum.htm.

3. «Washington Post Poll: Saddam Hussein and the Sept. 11 Attacks», *Washington Post*, 6 de septiembre de 2003. www.washingtonpost.com/wp-srv/politics/polls/vault/stories/data082303.htm

4. «Half of Americans Link Hussein and al-Qaeda», *Angus Reid Global Monitor*, 7 de enero de 2007.

5. Evan Lehman, «Retired General: Irak Invasion Was "Strategic Disaster?"», *Lowell Sun*, 30 de septiembre de 2005.

6. Thomas Paine, *Common Sense, the Rights of Man, and Other Essential Writings of Thomas Paine*, Jack Fruchtman y Sydney Hook, eds., Penguin Books, Nueva York, 2003, p. 38.

7. Laurence K. Grossman, «JFK-Breaking The News», *Columbia Journalism Review*, noviembre-diciembre de 2003.

8. David Bauder, «Average Home Has More TVs Than People», Associated Press, 21 de septiembre de 2006.

9. Joseph J. Pilota *et al.*, «Simultaneous Media Usage: A Critical Consumer Orientation to Media Planning», *Journal of Consume Behavior* 3 (2004), pp. 285-292.

10. Walter Lippmann, *Public Opinion*, Harcourt Brace & Company, Nueva York, 1922, p. 248 (hay trad. cast.: *La opinión pública*, Cuadernos de Langre, San Lorenzo de El Escorial, 2003).

11. John Stuart Mill, *On Liberty*, ed. de Gertrude Himmelfarb, Penguin Books, Nueva York, 1982, p. 120 (hay trad. cast.: *Sobre la libertad*, Alianza, Madrid, 1996).

12. Thomas Jefferson, carta a Benjamin Rush, 23 de septiembre de 1800.

13. Reporteros sin Fronteras, «Worldwide Press Freedom Index 2006», 23 de octubre de 2006. www.rsf.org/rubrique.php3?id_rubrique=639.

14. Paul R. La Monica, «NBC Gets "Real" in a Virtual World», *CNN Money*, 19 de octubre de 2006.

15. Joy Elmer Morgan, citado por Robert McChesney en *Telecommunications, Mass Media & Democracy*, Oxford University Press, Oxford, 1995, p. 93.

16. Jürgen Habermas, *The Structural Transformation of the Public Sphere*, Polity Press, Cambridge, Mas., 1992 (hay trad. cast.: *Historia y crítica de la opinión pública*, Gustavo Gili, Barcelona, 1982).

17. John Nichols, «Bush Helps CBS, CBS Helps Bush», *The Nation*, 23 de enero de 2004.

18. Neil Postman, «Five Things We Need To Know About Technological Change», *Proceedings of the New Tech*, 27 de marzo de 1998. http// itrs.scu. edu/tshanks/pages/Comm12/12Postman.htm.

1. *La política del miedo*

1. Edmund Burke, *A Philosophical Inquiry into the Origin of Our Ideas of the Sublime and Beautiful*, ed. de Adam Phillips, Oxford University Press, Oxford, 1998, p. 53 (hay trad. cast.: *Indagación filosófica sobre el origen de nuestras ideas acerca de lo sublime y de lo bello*, Alianza, Madrid, 2005).

2. Louis D. Brandeis, *Whitney v. California*, 274 U. S. 357 (1927).

3. Thomas Paine, *Common Sense, the Rights of Man, and Other Essential Writings of Thomas Paine*, ed. Jack Frutchman Sidney Hook, Penguin Books, Nueva York, 2003, p. 38.

4. John R. Stone, *The Routledge Dictionary of Latin Quotations*, Routledge, Nueva York, 2004, p. 120.

5. Dwight Eisenhower, carta al doctor Robert B. Downs, 24 de junio de 1953.

6. Edward R. Murrow, *See It Now*, retransmisión de la CBS, 9 de marzo de 1954.

7. Mohamed El Baradei, «The Status of Nuclear Inspections in Iraq: An Update», Agencia Internacional de Energía Atómica, 7 de marzo de 2003. www.iaea.org/NewsCenter/Statements/2003/ebsp2003n006. shtml.

8. Thomas Jefferson, «First Inaugural Address, *The Writings of Thomas Jefferson*, ed. de Andrew Lipscomb, Thomas Jefferson Memorial Association, Washington, D.C., 1901, p. 319.

9. Vilayanur S. Ramachandran, *Phantoms in the Brain*, Harper Perennial, Nueva York, 1991 (hay trad. cast.: *Fantasmas en el cerebro*, Debate, Madrid, 1999).

10. Charles Q. Choi, «Voting with the Heart», *Scientific American*, diciembre de 2006, p. 34.

11. Joseph LeDoux, *The Emotional Brain*, Simon & Schuster, Nueva York, 1996, p. 19 (hay trad. cast.: *El cerebro emocional*, Planeta, Barcelona, 2000).

12. V.S. Ramachandran, comunicación personal con V.S. Ramachandran, febrero-marzo de 2007.

13. Melissa L. Finucane *et al.*, «The Affect Heuristic in Judgment of Risks and Benefits», *Journal of Behavioral Decision Making* 13 (2000), pp. 1-17.

14. Michael S. Fanselow *et al.*, «Why We Think Plasticity Underlying Pavlovian Fear Conditioning Occurs in the Basolateral Amygdala», *Neuron* 23 (1999), pp. 229-232.

15. V.S. Ramachandran, comunicación personal con V.S. Ramachandran, febrero-marzo de 2007.

16. L. McCann y L. Pearlman, «Vicarious Traumatization: A Framework for Understanding the Psychological Effects of Working with Victims», *Journal of Traumatic Stress* 3 (1990), pp. 131-149.

17. Judith Mathewson, «The Homeland Security Papers: Stemming the Tide of Terror», ed. de Michael W. Ritz *et al.*, USAF Counterproliferation Center, 2004.

18. Jerry Mander, *Four Arguments for the Elimination of Television*, HarperCollins, Nueva York, 1978, p. 245 (hay trad. cast.: *Cuatro buenas razones para eliminar la televisión*, Gedisa, Barcelona, 2004).

19. Robert Kubey y Mihaly Csikszentmihalyi, *Television and the Quality of Life*, Lawrence Erlbaum Associates, Hillsdale, Hova y Londres, 1990, p.19.

20. Robert Kubey y Mihaly Csikszentmihalyi, «Television Addiction Is No Mere Metaphor», *Scientific American Mind*, enero de 2004, www.sciam.com/article.cfm?articleID=0005339B-A694-1CC5-B4A8809EC588EEDF&pageNumber=3&catID=2.

21. W. R. Klemm, «Identity of Sensory and Motor Systems That Are Critical to the Immobility Reflex ('Animal Hypnosis'), *Journal of Neuroscience Research* 2 (1976), pp. 57-69.

22. Barry Glassner, «Narrative Techniques of Fear Mongering», *Social Research* 71 (2004), pp. 779-1157.

23. George F. Loewenstein *et al.*, «Risk as Feeling», *Psychological Bulletin* 127 (2001), pp. 267-286.

24. *Ibidem*

25. David Kay, «Transcript: David Kay at Senate Hearing», CNN, 28 de enero de 2004.

26. George W. Bush, «Remarks by President Bush and President Alvaro Uribe of Colombia in Photo Opportunity, the Oval Office», 25 de septiembre de 2002. www.whitehouse.gov/news/releases/2002/09/20020 925-1.html.

27. Thomas Jefferson, *The Writings of Thomas Jefferson*, ed. de Andrew Lipscomb, Thomas Jefferson Memorial Association, Washington, D.C., 1901, p. 270.

28. Elisabeth Bumiller, «Bush Aides Set Strategy to Sell Policy on Iraq», *New York Times*, 7 de septiembre de 2002.

29. Kenneth M. Mead, inspector general del Departamento de Transportes de Estados Unidos, «Federal Aviation Administration Efforts to Locate Aircraft N711RD», 15 de julio de 2003.

30. Senador Joseph Lieberman, «Federal Authority Misused by Texas Republicans», comunicado de prensa, 22 de agosto de 2003.

31. Charles Babington, «Delay Draws Third Rebuke», *Washington Post*, 7 de octubre de 2004.

32. Winston Churchill, *The Second World War*, Houghton Mifflin, Boston, 1986, p. 148 (hay trad. cast.: *La Segunda Guerra Mundial*, La Esfera de los Libros, Madrid, 2004).

33. Dan Froomkin, «Desperate Times», *Washington Post*, 31 de octubre de 2006.

34. Glenn Frankel, «U. S. Mulled Seizing Oil Fields in '73», *Washington Post*, 1 de enero de 2004.

2. *Ofuscar a los fieles*

1. Thomas Browne, *Religio Medici*, Henry Washbourne, Londres, 1845, p. 19 (hay trad. cast.: *Religio medici*, Alfaguara, Madrid, 1986).

2. Thomas Jefferson, *The Writings of Thomas Jefferson*, ed. de Andrew Lipscomb, Thomas Jefferson Memorial Association, Washington, D.C., 1901, p. 258.

3. *Ibid.*, p. 119.

4. Thomas Jefferson, *Jefferson: Political Writings*, Cambridge University Press, Cambridge, 1999, p. 149.

5. John Donne, *John Donne, Selected Poetry*, ed. de John Carey, Oxford University Press, Oxford, 1998, p. 262.

6. James Madison, Alexander Hamilton y John Jay, *The Federalist Papers*, ed. de Isaac Kramnick, Penguin Books, Nueva York, 1987, p. 128.

7. *Ibidem.*

8. Robert Jackson, *West Virginia State Board of Education v. Barnette*, 319 U.S. 624 (1943).

9. John Adams, *Massachusetts Bill of Rights*, 1780.

10. George W. Bush, «President Welcomes President Chirac to the White House», 6 de noviembre de 2001. www.whitehouse.gov/news/releases/2001/11/20011106-4.html.

11. George W. Bush, «Address to Joint Session of Congress and the American People», 20 de septiembre de 2001. www.whitehouse.gov/news/releases/2001/09/20010920-8.html.

12. George W. Bush, «President's Remarks at National Day of Prayer and Remembrance at the National Cathedral», 14 de septiembre de 2001. www.whitehouse.gov/news/releases/2001/09/20010920-8.html.

13. George W. Bush, «Address to Joint Session of Congress and the American People», 20 de septiembre de 2001. www.whitehouse.gov/news/releases/2001/09/20010920-8.html.

14. John Boehner, entrevista con Michael Medved, *Michael Medved*, 4 de noviembre de 2006.

15. Kevin Drum, «Kerry and Shinseki», Political Animal, *Washington Monthly*, 9 de octubre de 2004. www.washingtonmonthly.com/archives/individual/2004_10/004888.php.

16. John R.S. Batiste, «Testimony Before the Senate Democratic Policy Committee», 25 de septiembre de 2006.

17. James Madison, Alexander Hamilton y John Jay, *The Federalist Papers*, ed. de Isaac Kramnick, Penguin Books, Nueva York, 1987, p. 417.

18. William C. Sullivan, tal como se le cita en el Select Committee to Study Governmental Operations with Repect to Intelligence Activities,

«Supplementary Detailed Staff Reports on Intelligence Activities and the Rights of Americans», informe final, 23 de abril de 1976.

19. George W. Bush, «Remarks on Arrival at the White House and an Exchange with Reporters», 16 de septiembre de 2001. www.presidency.ucsb.edu/ws/print.php?pid=63346.

20. «US Is "Battling Satan" Says General», *BBC News*, 17 de octubre de 2003.

21. Michael Moran, «For Once It Flows Uphill», Brave New World, MSNBC, 14 de mayo de 2004. www.msnbc.msn.com/id/4962140/.

22. David Ingram, «Hayes: Iraq Missionary or Misunderstood?», *Charlotte Observer*, 23 de diciembre de 2006.

23. Scott Higham y Joe Stephens, «New Details of Prison Abuse Emerge», *Washington Post*, 21 de mayo de 2004.

24. Scott Higham y Joe Stephens, «Punishment and Amusement», *Washington Post*, 22 de mayo de 2004.

25. George Orwell, «In Front of Your Nose», *Tribune*, 22 de marzo de 1946.

26. Richard Kogan, David Kamin y Joel Friedman, «Deficit Picture Grimmer Than New CBO Projections Suggest», Center on Budget and Policiy Priorities, 1 de febrero de 2004. www.cbpp.org/1-28-04bud.htm.

27. Ron Suskind, *The Price of Loyalty*, Simon & Schuster, Nueva York, 2004 (hay trad. cast.: *El precio de la lealtad*, Península, Barcelona, 2004).

28. John Locke, *John Locke: Resistance, Religion and Responsability*, ed. de John Marshall, Cambridge University Press, Cambridge, 1994, p. 130.

29. Alberto Gonzales, «Decision RE: Application of the Geneva Conventions on Prisoners of War to the Conflict with Al Qaeda and the Taliban», 25 de enero de 2002. www.msnbc.msn.com/id/4999148/site/newsweek.

30. John Hendren, «Officials Say Rumsfeld OK'd Harsh Interrogation Methods», *Los Angeles Times*, 21 de mayo de 2004.

31. *Ibidem.*

32. *Ibidem.*

33. Ann Coulter, «Address to the Conservative Political Action Conference 2002», 26 de febrero de 2002. www.pfaw.org/pfaw/general/default.aspx?oid=1626.

34. Dana Milbank, «And the Veredict on Justice Kennedy Is: Guilty», *Washington Post*, 9 de abril de 2005.

35. Joan Biskupic, «Hill Republicans Target "Judicial Activism"», *Washington Post*, 14 de septiembre de 1997.

36. «Schiavo's Death Steps Up Push for End-of-Life Legislation in U.S.», Seattle Times News Services, 1 de abril de 2005.

37. Neal Boortz, *The Neal Boortz Show*, Cox's Radio Syndication, 24 de octubre de 2005.

38. Jerry Falwell, «Pat Robertson's Interview with Jerry Falwell», *The 700 Club*, 13 de septiembre de 2001.

39. James Dobson, citado en una entrevista con George Stephanopoulos, *This Week*, 7 de noviembre de 2004.

40. Robert Bolt, *A Man for All Seasons*, Vintage Books, Nueva York, 1960 (hay trad. cast.: *Un hombre para la eternidad*, Ediciones Iberoamericanas, Madrid, 1967).

41. Johnny Isakson, «Floor Statement on Iraq Supplemental Remarks as Delivered on Senate Floor», 15 de febrero de 2005. http://isakson.senate.gov/floor/2005/021505iraksupplemental.htm.

3. *La política de la riqueza*

1. Alexander Hamilton, *American History Told by Contemporaries*, ed. de Albert Bushnell Hart, The MacMillan Company, Nueva York, 1901, p. 244.

2. Adam Smith, *An Inquiry into the Nature and Causes of the Wealth of Nations*, ed. de Kathryn Sutheland, Oxford University Press, Oxford, 1993, p. 264 (hay trad. cast.: *La riqueza de las naciones*, Folio, Barcelona, 1999).

3. Samuel Johnson, *The Idler n.º 89*, 29 de diciembre de 1759.

4. Hannah Arendt, *On Revolution*, Penguin Books, Nueva York, 1963, p. 264 (hay trad. cast.: *Sobre la revolución*, Alianza, Madrid, 2004).

5. Lowell Bergman y Jeff Gerth, «Power Trader Tied to Bush Finds Washington All Ears», *New York Times*, 25 de mayo de 2001.

6. Thomas Jefferson, «Letter to William Johnson 1823», *The Writings of Thomas Jefferson*, ed. de Andrew Lipscomb, Thomas Jefferson Memorial Association, Washington, D.C., 1901, pp. 450-451.

7. Niccolò Machiavelli, *The Prince*, tr. de N.H. Thompson, P.F. Collier & Son, Nueva York, 1992, p. 51 (hay trad. cast.: *El príncipe*, RBA, Barcelona, 2004).

8. George W. Bush, citado por Joe Conason, «Bush Inc.», *Salon*, 21 de agosto de 2003.

9. Samuel Johnson, *Rasselas*, Edward Lacey, Londres, 1838, p. 78 (hay trad. cast.: *Raselas*, Quatto Ediciones, Madrid, 1976).

10. Thomas Jefferson, *The Writings of Thomas Jefferson*, ed. de H. A. Washington, Derby & Jackson, Nueva York, 1859, p. 358.

11. John Adams, *The Works of John Adams, Second President of the United States, with a Life of the Author, Vol. II*, ed. de Charles Francis Adams, Little, Brown, and Company, Boston, 1865. www.britannica.com/presidents/article-9116850.

12. Benjamin Franklin, *The Casket, or Flowers of Literature, Wit and Sentiment*, 1828.

13. Thomas Jefferson, carta a Nathaniel Macon, 1821. http://etext.virginia.edu/jefferson/quotations/jeff1060.htm.

14. Andrew Jackson, *State of the Union Addresses*, Kessinger Publishing, Whitefish, 2004, p. 105.

15. Abraham Lincoln, «Letter to Col. William F. Elkins, 21 de noviembre de 1864», *The Lincoln Encyclopedia*, ed. de Archer H. Shaw, Macmillan, Nueva York, 1950, p. 40.

16. John Marshall Harlan, *Santa Clara County v. Southern Pacific Railroad* 118 U.S. 394, 1886.

17. William McKinley, *Life of William McKinley*, ed. de Samuel Fallows, Regan Printing House, Chicago, 1901, p. 389.

18. Theodore Roosevelt, *The Social and Political Thought of American Progressivism*, ed. de Eldon Eisenach, Hackett Publishing, Indianápolis, 2006, p. 274.

19. Paul Starr, *The Creation of the Media*, Basic Books, Nueva York, 2004, p. 384.

20. Joseph Goebbels, *The Radio as the Eight Great Power*, 18 de agosto de 1933. www.calvin.edu/academic/cas/gpa/goeb56.htm.

21. Gianni Isola, «Italian Radio: History and Historiography-Special Issue: Italian Media Since World War II», *Historical Journal of Film, Radio and Television*, agosto de 1995.

22. Larry Tye, *The Father of Spin: Edward L. Bernays and the Birth of Public Relations*, Owl Books, Nueva York, 2002.

23. Paul Mazur, citado en «Century of the Self», *BBC Four*, abril-mayo de 2002.

24. Edward Bernays, *Propaganda*, Ig Publishing, Nueva York, 2004, p. 71.

25. Walter Lippmann, *Public Opinion*, Harcourt Brace & Company, Nueva York, 1922, p. 158 (hay trad. cast.: *La opinión pública*, Cuadernos de Langre, San Lorenzo de El Escorial, 2003).

4. *Las mentiras útiles*

1. Thomas Jefferson, *The Writings of Thomas Jefferson*, ed. de Andrew Lipscomb, Thomas Jefferson Memorial Association, Washington D.C., 1901, pp. 450-451.

2. Ron Suskind, *The Price of Loyalty*, Simon & Schuster, Nueva York, 2004, p. 86 (hay trad. cast.: *El precio de la lealtad*, Península, Barcelona, 2004).

3. Sam Tannenhaus, «Bush's Brain Trust», *Vanity Fair*, julio de 2003. www.defenselink.mil/transcripts/2003/tr20030509-depsecdef0223.html.

4. «Top Bush Officials Push Case Against Saddam», CNN, 8 de septiembre de 2002.

5. George W. Bush, *State of the Union Address*, 28 de enero de 2003. www.whitehouse.gov/news/releases/2003/01/20030128-19.html.

6. Mohamed El Baradei, «The Status of Nuclear Inspections in Iraq: An Update», Agencia Internacional de Energía Atómica, 7 de marzo de 2003. www.iaea.org/NewsCenter/Statements/2003/ebsp2003n006.html.

7. Richard Clarke, entrevistado por Lesley Stahl, *60 Minutes*, CBS, marzo de 2004.

8. George W. Bush, discurso pronunciado durante su visita a Greece, Nueva York, 24 de mayo de 2005. www.whitehouse.gov/news/releases/2005/05/20050524-3.html.

9. J. Wright, *The Phaedrus, Lysis, and Protagoras of Plato*, Trinity Press, Cambridge, 1888, p. 78.

10. George W. Bush, «Remarks by President Bush and President Alvaro Uribe of Colombia in Photo Opportunity, the Oval Office», 25 de septiembre de 2002. www.whitehouse.gov/news/releases/2002/09/200220925-1.html.

11. George W. Bush, *State of the Union Address*, 28 de enero de 2003. www.whitehouse.gov/news/releases/2003/01/20030128-19.htm.

12. Greg Miller, «Cheney Claims al Qaeda Link to Hussein», *San Francisco Chronicle*, 23 de enero de 2004.

13. Colin Powell, discurso ante las Naciones Unidas, 6 de enero de 2003. www.cnn.com/2003/US/02/05/sprj.irq.powell/transcript.09/index.html.

14. «Bush Insists Iraq, Al Qaeda had "Relationship", CNN, 17 de junio de 2004.

15. Walter Pincus, «Newly Released Data Undercut Prewar Claims», *Washington Post*, 6 de noviembre de 2005. www.washingtonpost.com/wpdyn/content/article/2005/11/05/AR2005110501267_pf.html.

16. Sebastian Rotella, «Allies Find No Links Between Iraq, Al Qaeda», *Los Angeles Times*, 4 de noviembre de 2004.

17. Romesh Ratnesar, «Iraq & al Qaeda: Is There a Link?», CNN, 26 de agosto de 2002.

18. Peter H. Stone, «Irak-al Qaeda Links Weak, say Former Bush Officials», *National Journal*, 8 de agosto de 2003.

19. Dick Cheney, entrevista televisiva con Gloria Borger, CNBC, 17 de junio de 2004.

20. Thomas Pynchon, *Gravity's Rainbow*, Penguin Books, Nueva York, 1995 (hay trad. cast.: *El arco iris de gravedad*, Tusquets, Barcelona, 2002).

21. Philip Shenon y Christopher Marquis, «Panel Finds No Qaeda-Iraq Tie; Describes a Wider Plot for 9/11», *New York Times*, 17 de junio de 2004.

22. Greg Miller, «Cheney Claims al Qaeda Link to Hussein», *San Francisco Chronicle*, 23 de enero de 2004.

23. Jon Stewart, *The Daily Show with Jon Stewart*, 21 de junio de 2004.

24. «Rumsfeld Questions Saddam-Bin Laden Link», BBC News, 5 de octubre de 2004.

25. Walter Pincus y Karen DeYoung, «Senators Debate Significance of Pentagon Report on Intelligence», *Washington Post*, 10 de febrero de 2007.

26. Leonardo Da Vinci, *The Notebooks of Leonardo da Vinci*, ed. de Irma Richter, Oxford University Press, Oxford, 1999, p. 283.

27. Isidor Feinstein Stone, *In a Time of Torment*, Random House, Nueva York, 1967, p. 317.

28. Elmer Andersen, «Why a Republican Former Governor Will Be Voting for John Kerry», *Minneapolis Star Tribune*, 13 de octubre de 2004.

29. «Chalabi Is Back in the Political Limelight, Mentioned as a Possible Cabinet Minister», Associated Press, 1 de marzo de 2007.

30. Warren P. Strobel y John Walcott, «Post-war Planning Non-existent», Knight Ridder Newspapers, 17 de octubre de 2004.

31. Paul Bremer y Malcolm McConnel, *My Year in Iraq*, Simon & Schuster, Nueva York, 2006.

32. Douglas Jehl y David E. Sanger, «Prewar Assessment on Iraq Saw Chance of Strong Divisions», *New York Times*, 28 de septiembre de 2004.

33. Thomas E. Ricks, «General Reported Shortages in Iraq», *Washington Post*, 18 de octubre de 2004.

34. David Leonhardt, «What $1. 2 Trillion Can Buy», *New York Times*, 17 de enero de 2007.

35. Tal y como informó Jane Mayer, «Contract Sport», *The New Yorker*, 16 de febrero de 2004.

36. Comunicado de prensa y mapas de Judicial Watch, «Cheney Energy Task Force Documents Feature Maps of Iraqi Oilfields», 17 de julio de 2003. www.judicialwatch.org/IraqOilMap.pdf.

37. Dick Cheney, discurso en el Instituto del Petróleo de Londres, agosto de 1999. www.peakoil.net/Publications/Cheney_PeakOil_FCD.pdf.

38. National Energy Policy Development Group, «National Energy Policy Report: Reliable, Affordable, and Environmentally Sound Energy for America's Future», Departamento de Energía, mayo de 2001, pp. 8-5. www.white-house.gov/energy/National-Energy-Policy.pdf.

39. Seymour M. Hersh, «Lunch with the Chairman», *The New Yorker*, 17 de marzo de 2003. www.newyorker.com/fact/content/articles/030317 fa_fact.

40. Danny Fortson, Andrew Murray-Watson y Tim Webb, «Future of Iraq: The Spoils of War», *The Independent*, 7 de enero de 2007.

41. Julian Coman, «Bush's Administration Is Worse than Nixon's, Says Watergate Aide», *The Telegraph*, 4 de abril de 2004.

42. John F. Kennedy, discurso en Newspaper Publishers, 27 de abril de 1961. www.jfklibrary.org/Historical+Resources/Archives/Reference+Desk/Speeches/JFK/003POF03NewspaperPublishers04271961.html.

43. Christopher H. Schmitt y Edward T. Pound, «Keeping Secrets», *U.S. News & World Report*, 22 de diciembre de 2003.

44. John W. Dean, *Worse Than Watergate*, Warner Books, Nueva York, 2005, pp. 56-57.

45. *Ibid.*, pp. 42-43.

46. Dana Milbank, «Seek and Ye Shall Not Find», *Washington Post*, 11 de marzo de 2003.

47. David Lazarus, «Shooting the Messenger: Report on Layoffs Killed», *San Francisco Chronicle*, 3 de enero de 2003.

48. Andrew Card, «Memorandum for the Heads of Executive Departments and Agencies: Action to Safeguard Information Regarding Weapons of Mass Destruction and Other Sensitive Documents Related to Homeland Security», 19 de marzo de 2002. www.fas.org/sgp/bush/wh031902.html.

49. Matthew M. Aid, ed., «Declassification in Reverse», National Security Archive at George Washington University, 21 de febrero de 2006. www.gwu.edu/~nsarchiv/NSAEBB/NSAEBB179/#report.

50. «White House Blocks Access to Visitor Logs», Associated Press, 5 de enero de 2007.

51. Thomas Jefferson, «Letter to William Johnson 1823», *The Writings of Thomas Jefferson*, ed. de Andrew Lipscomb, Thomas Jefferson Memorial Association, Washington, D.C., 1901, p. 222.

52. Andrew C. Revkin, «NASA Chief Backs Agency Openness», *New York Times*, 4 de febrero de 2006.

53. Thomas Moore, *Lalla Rookh: The Veiled Prophet of Khorasan*, Milner and Sowerby, Halifax, 1859, p. 70 (hay trad. cast.: *El velado profeta del Korassan*, José González Font, Puerto Rico, 1892).

54. Amy Goldstein, «Foster: White House Had Role in Withholding Medicare Data», *Washington Post*, 19 de marzo de 2004.

55. Jonathan D. Salant, «Medicare Revolving Door Fuels Congress Debate Over Ethics Rules», Bloomberg News, 30 de enero de 2006.

56. Citado en Ron Suskind, «Faith, Certainty and the Presidency of George W. Bush», *New York Times Magazine*, 17 de octubre de 2004.

57. Ari Fleischer, White House Press Briefing, 26 de septiembre de 2001. www.whitehouse.gov/news/releases/2001/09/20010926-5.html.

58. Dan Rather, «Veteran CBS News Anchor Dan Rather Speaks Out on BBC Newsnight Tonight», BBC, 16 de mayo de 2002.

59. Christiane Amanpour, entrevista con Tina Brown, «Topic A with Tina Brown», CNBC, 10 de septiembre de 2003.

60. Paul Krugman, «To Tell the Truth», *New York Times*, 28 de mayo de 2004.

61. Greg Toppo, «Education Department Paid Commentator to Promote Law», *USA Today*, 7 de enero de 2005.

62. Robert Pear, «Dems Attack Videos Promoting Medicare Law», *San Francisco Chronicle*, 15 de marzo de 2004.

63. Hugo Black, *New York Times Co. v. United States*, 403 U.S. 713 (1971).

5. *El ataque contra el individuo*

1. Alan Greenspan, discurso ante la Conference Board de Nueva York,16 de octubre de 1996.

2. Dahlia Lithwick, «Ashcroft Likes to Listen», *Slate*, 15 de noviembre de 2001.

3. Franz Kafka, *The Trial*, Gollancz, Londres, 1937, primera edición inglesa (hay trad. cast.: *El proceso*, Debolsillo, Barcelona, 2003).

4. Winston Churchill, telegrama al ministro del Interior británico Herbert Morrison, 21 de noviembre de 1943.

5. John Paul Stevens, *Richards v. Wisconsin*, 520 U.S. 385 (1997).

6. Anthony Kennedy, *West Covino v. Perkins*, 525 U.S. 234 (1999).

7. Servicio de Investigación del Congreso, «Report for Congress, Terrorism: Section by Section Analysis of the USA PATRIOT Act», 10 de diciembre de 2001. www.cdt.org./security/usapatriot/011210crs.pdf.

8. *Ibidem.*

9. Electronic Privacy Information Center, «Foreign Intelligence Surveillance Act Orders 1979-2005». www.epic.org/privacy/wiretap/stats/fisa_stats.html.

10. George W. Bush, «President Discusses Homeland Security at the FBI Academy», White House Release, 10 de septiembre de 2003. www.whitehouse.gov/news/releases/2003/09/20030910-6.html.

11. Servicio de Investigación del Congreso, «Report for Congress, Terrorism: Section by Section Analysis of the USA PATRIOT Act», 10 de diciembre de 2001. www.cdt.org./security/usapatriot/011210crs.pdf.

12. Fiscal general Gonzales, «Memorandum from the United States Department of Justice, Legal Authorities Supporting the Activities of the National Security Agency Described by the President», Departamento de Justicia, 19 de enero de 2006. www.usdoj.gov/opa/whitepaperonnsalegalauthorities.pdf.

13. James Madison, bajo el pseudónimo «Publius», Federalist Paper N.° 45, *Independent Journal* (Nueva York), *New-York Packet*, *Daily Advertiser* (Nueva York), 26 de enero de 1788.

14. Barton Gellman, «The FBI's Secret Scrutiny», *Washington Post*, 6 de noviembre de 2005.

15. Marvin J. Johnson, «Interested Persons Memo: Brief Analysis of Proposed Changes to Attorney General Guidelines», American Civil Liberties Union, 30 de mayo de 2002. http://aclu.org/natsec/emergpowers/144141eg20020530.html.

16. Linda E. Fischer, «Guilt by Expressive Association: Political Profiling, Surveillance and the Privacy of Groups», *Arizona Law Review* 46 (2004), p. 620.

17. «Supplementary Detailed Staff Report on Intelligence Activities and the Rights of Americans», United States Senate Select Committee to Study Governmental Operations, 23 de abril de 1976.

18. William C. Sullivan, citado en Select Committee to Study Governmental Operations with Respect to Intelligence Activities, «Supplementary Detailed Staff Reports on Intelligence Activities and the Rights of Americans», informe final, 23 de abril de 1976.

19. Eric Lichtblau, «Bush Defends Spy Program and Denies Misleading Public», *New York Times*, 2 de enero de 2006.

20. Eric Lichtblau y David Johnston, «Court to Oversee U. S. Wiretapping in Terror Cases», *New York Times*, 18 de enero de 2007.

21. Alberto Gonzales, «Testimony Before the U. S. Senate Judiciary Committee», publicado por el *Washington Post*, 6 de febrero de 2006. www.washingtonpost.com/wp-dyn/content/article/2006/02/06/AR2006020600931.html.

22. Alberto Gonzales, «Press Briefing by Attorney General Alberto Gonzales and General Michael Hayden, Principal Deputy Director for National Intelligence», 19 de diciembre de 2005. www.whitehouse.gov/news/releases/2005/12/20051219-1.html.

23. James McGovern, *Congressional Record*, 14 de septiembre de 2001; Ted Stevens, *Congressional Record*, 14 de septiembre de 2001.

24. Thomas Paine, *Common Sense, the Rights of Man, and Other Essential Writings of Thomas Paine*, Jack Fruchtman y Sydney Hook, eds., Penguin Books, Nueva York, 2003, p. 38.

25. Jim VandeHei y Dan Eggen, «Cheney Cites Justifications for Domestic Eavesdropping», *Washington Post*, 5 de enero de 2006.

26. The Markle Foundation Task Force, «Protecting America's Freedom in the Information Age», publicación de The Markle Foundation Task Force, octubre de 2002, p. 32.

27. Matthew B. Stannard, «U. S. Phone-Call Database Igniting Privacy Uproar», *San Francisco Chronicle*, 12 de mayo de 2006.

28. Thomas Jefferson, *The Writings of Thomas Jefferson*, ed. de Andrew Lipscomb, Thomas Jefferson Memorial Association, Washington, D.C., 1901, p. 322.

29. Juez del Tribunal Supremo William J. Brennan Jr., «The Quest to Develop a Jurisprudence of Civil Liberties in Times of Security Crises», conferencia en la Universidad Hebrea, Jerusalén, 22 de diciembre de 1987.

30. Juez del Tribunal Supremo Felix Frankfurter, *Youngstown Sheet & Tube Co. v. Sawyer*, 343 U.S. 579 (1952).

31. Jon Swartz y Kevin Johnson, «U. S. Asks Internet Firms to Save Data», *USA Today*, 1 de junio de 2006.

32. Anthony Lewis, «Un-American Activities», *The New York Review of Books* 50 (2003), p. 16.

33. Mateo 25:34-40.

34. American Civil Liberties Union, «Coalition Letter Urging the Senate to Closely Examine Nominee Michael Chertoff's Record», 1 de febrero de 2005. www.alcu.org/safrefree/general/188441eg20050201.html.

35. Opinión del presidente del Tribunal Aharon Barak, Tribunal Supremo de Israel, 6 de septiembre de 1999.

36. Dan Eggen, «Fired U. S. Attorney Says Lawmakers Pressured Him», *Washington Post*, 1 de marzo de 2007.

37. Patrick Quinn, «US War Prisons Legal Vacuum for 14,000», Associated Press, 16 de septiembre de 2006.

38. Jackie Spinner, «Soldier: Unit's Role Was to Break Down Prisoners», *Washington Post*, 8 de mayo de 2004.

39. John Barry, Michael Hirsh y Michael Isikoff, «The Roots of Torture», *Newsweek*, 24 de mayo de 2004. www.mnbc.msn.com/id/498 9481.

40. George W. Bush, *State of the Union Address*, 28 de enero de 2003. www.whitehouse.gov/news/releases/2003/01/20030128-19.html.

41. Douglas Jehl, Steven Lee Myers y Eric Schmitt, «Abuse of Captives More Widespread, Says Army Survey», *New York Times*, 26 de mayo de 2004.

42. Mike Allen y Dana Priest, «Memo on Torture Draws Focus to Bush», *Washington Post*, 9 de junio de 2004.

43. Neil A. Lewis, «Justice Dept. Toughens Rule on Torture», *New York Times*, 1 de enero de 2005.

44. *Ibidem*.

45. Jonathan Alter, «The Picture the World Sees», *Newsweek*, 17 de mayo de 2004.

46. George Orwell, *1984*, Signet Classic, Nueva York, 1990, p. 267 (hay trad. cast.: *1984*, Destino, Barcelona, 2006).

47. John Barry, Michael Hirsh y Michael Isikoff, «The Roots of Torture», *Newsweek*, 24 de mayo de 2004. www.msnbc.msn.com/id/4989481.

48. Brian Ross y Alexandra Salomon, «Definitely a Cover-Up», ABC News, 18 de mayo de 2004.

49. Laura Ingraham, entrevista con Bill O'Reilly, *The O'Reilly Factor*, Fox News, 13 de septiembre de 2006.

50. Jane Mayer, «Whatever It Takes», *The New Yorker*, 19 de febrero de 2007. www.newyorker.com/fact/content/articles/070219fa_fact.mayer.

51. Patrick Quinn, «US War Prisons Legal Vacuum for 14,000», Associated Press, 16 de septiembre de 2006.

52. Adam Liptak, «Legal Scholars Criticize Memos on Torture», *New York Times*, 25 de junio de 2004.

53. Abraham Lincoln, Gettysburg Address, 19 de noviembre de 1863.

6. *Inseguridad nacional*

1. Joint United Nations Program on HIV/AIDS, Fact Sheet, 2006.

2. Thomas Jefferson, *The Writings of Thomas Jefferson*, ed. de Andrew Lipscomb, Thomas Jefferson Memorial Association, Washington, D.C., 1901, p. 222.

3. Andrew Buncombe, «CIA Denies Claim That Iraq Posed "Imminent Danger"», *The Independent*, 6 de febrero de 2004.

4. Naciones Unidas, «Charter of the United Nations», 26 de junio de 1945. www.un.org/aboutun/charter.

5. Hans Blix, «Address at the Reception to Mark the 50th Anniversary of the UN Scientific Committee on the Effects of Atomic Radiation», 30 de mayo de 2006. www.unis.unvienna.org/unis/pressrels/2006/unisinf 146.html.

6. Amy F. Woolf, «The Nuclear Posture Review: Overview and Emerging Issues», CRS Report for Congress, 31 de enero de 2002.

7. Graham Allison, «How to Stop Nuclear Terrorism», *Foreign Affairs*, enero-febrero de 2004.

8. *Ibidem.*

9. *Ibidem.*

10. Convención de Ginebra relativa al Trato de Prisioneros de Guerra, artículo 3, que entró en vigor en 1950. www.unhchr.ch/html/menu3/b/91.htm.

11. Mateo 7:16.

12. James Zogby, «Statement Before the United States Senate Committee on the Judiciary», 18 de noviembre de 2003.

13. Craig Murray, «Letter 3. Subject: Receipt of Intelligence Obtained Under Torture», julio de 2004.

14. Selwyn Raab, «Donovan Cleared of Fraud Charges by Jury in Bronx», *New York Times*, 26 de mayo de 1987.

15. Lisa Myers, «Did Ashcroft Brush Off Terror Warnings?», NBC News, 23 de junio de 2004.

16. Comisión del 11-S, *The 9/11 Commission Report: Final Report of the National Commission on Terrorist Attacks Upon the United States*, W. W. Norton & Company, Nueva York, 2004, p. 273.

17. *Ibid.*, p. 259.

18. Phillip Shelnon y Mark Mazzetti, «Records Show Tenet Briefed Rice on Al Qaeda Threat», *New York Times*, 2 de octubre de 2006.

19. Comisión del 11-S, *The 9/11 Commission Report: Final Report of the National Commission on Terrorist Attacks Upon the United States*, W. W. Norton & Company, Nueva York, 2004, p. 260.

20. Ron Suskind, *The One Percent Doctrine*, Simon & Schuster, Nueva York, 2006, p. 2 (hay trad. cast.: *La doctrina del uno por ciento*, Península, Barcelona, 2006).

21. Comisión del 11-S, *The 9/11 Commission Report: Final Report of the National Commission on Terrorist Attacks Upon the United States*, W. W. Norton & Company, Nueva York, 2004, p. 262.

22. *Ibid.*, p. 265.

23. Centro Nacional Antiterrorista, «Report on the Incidents of Terrorism 2005», 11 de abril de 2006. wits.nctc.gov/reports/crot2005nctcannexfinal.pdf.

24. Oficina del Director Nacional de Inteligencia, «Declassified Key Judgments of the National Intelligence Estimate, Trends in Global Terrorism: Implications for the United States», 2006. www.dni.gov/press_releases/Declassified_NIE_Key_Judgments.pdf.

25. «Strategic Survey 2003/2004», The International Institute for Strategic Studies, Routledge, Nueva York, 2004.

26. «The Middle East Strategic Balance 2003-2004», eds. Shai Feldman y Yiftah Shapır, The Jaffee Center for Strategic Studies, 2004.

27. Steve Vogel y William Branigin, «Army Fires Commander of Walter Reed», *Washington Post*, 2 de marzo de 2007.

28. Joseph Hoar, «Testimony to the Senate Committee on Foreign Relations», 19 de mayo de 2004.

29. Entrevista de Anthony Zinni con Steve Kroft, *60 Minutes* CBS, 23 de mayo de 2004, y *Battle Ready*, Putnam Publishing, Nueva York, 2004.

30. *Ibidem.*

31. Thomas E. Ricks, «US Military Divided on Iraq Occupation», *Washington Post*, 10 de mayo de 2004.

32. *Ibidem.*

33. Thomas E. Ricks, «Inside War Room, a Battle Is Raging», *Washington Post*, 9 de mayo de 2004.

34. *Ibidem.*

35. Doug Bandow, «Why Conservatives Must Not Vote for Bush», *Salon*, 10 de septiembre de 2004.

36. David D. Kirkpatrick, «National Review Founder to Leave Stage», *New York Times*, 29 de junio de 2004.

37. David Leonhardt, «What $ 1.2 Trillion Can Buy», *New York Times*, 17 de enero de 2007.

38. Andrew Card, citado en Elisabeth Bumiller, *New York Times*, 7 de septiembre de 2002.

39. John King, transcripción hecha deprisa, «White House Computer Disk Falls in Hands of Democrats; Gore Spokesman Shares Inside Story; Interview with Gov. Bill Owens», CNN.com, 14 de junio de 2002. http://transcripts.cnn.com/TRANSCRIPTS/0206/14/ip.00.html.

40. «Rush's Interview with Vice President Richard B. Cheney», *The Rush Limbaugh Show*, 13 de septiembre de 2002. www.rushlimbaugh.com/home/weekend_sites/christmas1/content/interview_with_vice_president_richard_bvcheney_transcript.guest.html.

41. Fred Kaplan, «Blow-Back in Baghdad», *Slate*, 8 de julio de 2003.

42. George W. Bush, «The Second Presidential Debate», 11 de octubre de 2000. www.cbsnews.com/stories/2000/10/11/politics/main240442.shtml.

7. *La crisis del carbono*

1. Timothy Gardner, «World CO_2 Emissions to Rise 75 PCT by 2030», Reuters, 21 de junio de 2006.

2. Administración de Información de la Energía, «Crude Oil and Total Petroleum Imports Top 15 Countries», 2 de febrero de 2007. www.eia.

doe.gov/ pub/oil_gas/petroleum/data_publications/company_level_imports/current/import.html.

3. Quin Shea, citado en «Materials Regarding the Clear Skies Act of 2005», transcripción del Consejo para la Defensa de los Recursos Naturales, 2005, p. 51.

4. «Bush Disses Global Warming Report», CBS News, 4 de junio de 2002.

5. Ron Suskind, *The Price of Loyalty*, Simon & Schuster, Nueva York, 2004 (hay trad. cast.: *El precio de la lealtad*, Península, Barcelona, 2004).

6. Danny Fortson, Andrew Murray-Watson y Tim Webb, «Future of Irak: The Spoils of War», *The Independent,* 7 de enero de 2007.

7. *Ibidem.*

8. «Oil Prices and the U.S. Trade Deficit», Federal Reserve Bank of San Francisco, Economic Letter, 22 de septiembre de 2006.

9. «Information on Power Plant Mercury Emissions Censored», Union of Concerned Scientists, 18 de febrero de 2004. www.ucsusa.org/scientific_integrity/ interference/mercury-emissions.html.

10. Felicity Barringer, «Polluted Sites Could Face Shortage of Cleanup Money», *New York Times,* 16 de agosto de 2004.

11. Joe Baird, «Ex-Parks Employees Take Aim at Bush, Ex-National Park Bosses Blast Bush», *Salt Lake Tribune*, 16 de agosto de 2003.

12. «America's Dirtiest Power Plants: Plugged into the Bush Administration», Environmental Integrity Project, Public Citizen's Congress Watch, mayo de 2004. www.whitehouseforsale.org/.

13. Richard A. Oppel Jr. y Christopher Drew, «Senators and Attorneys General Seek Investigation into E.P.A. Rules Change», *New York Times*, 7 de noviembre de 2003.

14. Christopher Drew y Richard A. Oppel Jr., «How Industry Won the Battle of Pollution Control at E.P.A.», *New York Times*, 6 de marzo de 2004.

15. Ian Sample, «Scientists Offered Cash to Dispute Climate Study», *The Guardian*, 2 de febrero de 2007.

16. Frank Luntz, citado en Isaac Chotiner, «Frank Luntz's Tarnished Legacy», *The New Republic*, 29 de enero de 2007.

17. Bob Ward, «Letter to Nick Thomas», 4 de septiembre de 2006. www.climatesciencewatch.org/index.php/csw/details/royal-society-exxon-letter/.

18. «Smoke, Mirrors & Hot Air», Union of Concerned Scientists, enero de 2007. www.ucsusa.org/news/press_release/ExxonMobil-GlobalWarming-tobacco.html.

19. «Scientists' Report Documents ExxonMobil's Tobacco-like Disinformation Campaign on Global Warming Science», Union of Concerned Scientists, enero de 2007. www.ucsusa.org/news/press_release/ExxonMobil-GlobalWarmingtobacco.html.

20. John D. Rockefeller y Olympia Snowe, «Letter to Rex Tilson», 27 de octubre de 2006. http://snowe.senate.gov/public/index.cfm?FuseAction=PressRoom.PressReleases&ContentRecord_id=9acba744-802a-23ad-47be-2683985c724e&Region_id=&Issue_id=.

21. «Exxon Chairman's $400 Million Parachute», ABC News, 14 de abril de 2006.

22. «Stratospheric Ozone», The National Center for Atmospheric Research, consultado en 2007. www.ucar.edu/learn/1_6_1.html.

23. Marika Holland *et al.*, «Future Abrupt Reductions in the Summer Arctic Sea Ice», *Geophysical Research Letter*, 33 (2006).

24. Ken Kostel y Steve Bradt, «Glacial Earthquakes Point to Rising Temperatures in Greenland», *Earth Institute News*, 23 de marzo de 2006.

25. Gary Stix, «A Climate Repair Manual», *Scientific American*, septiembre de 2006.

26. Elisabeth Rosenthal y Andrew Revkin, «Panel Issues Bleak Report on Climate Change», *New York Times*, 2 de febrero de 2007.

27. Winston Churchill, *Never Give In, The Best of Winston Churchill's Speeches*, ed. de Winston Churchill, Hyperion, Nueva York, 2003, p. 153 (hay trad. cast.: *¡No nos rendiremos jamás!*, La Esfera de los Libros, Madrid, 2005).

28. Winston Churchill, *The Second World War*, Houghton Mifflin Company, Boston, 1986, p. 294 (hay trad. cast.: *La Segunda Guerra Mundial*, La Esfera de los Libros, Madrid, 2004).

29. Upton Sinclair, *I, Candidate for Governor: And How I Got Licked*, University of California Press, Berkeley, 1994, p. 108.

30. Emanuel A. Kerry, «Increasing Destructiveness of Tropical Cyclones over the Past 30 Years», *Nature*, 436 (2005), pp. 686-688.

31. Abraham Lincoln, «Second Annual Message», 1 de diciembre de 1862. www.presidency.ucsb.edu/ws/index.php?pid=29503.

8. *La democracia en juego*

1. James Madison, Alexander Hamilton y John Jay, *The Federalist Papers*, ed. de Isaac Kramnick, Penguin Books, Nueva York, 2003, p. 73.

2. James Madison, Alexander Hamilton y John Jay, *The Federalist Papers*, ed. de Isaac Kramnick, Penguin Books, Nueva York, 2003, p. 319.

3. James Madison, «Letter to Thomas Jefferson, April 2, 1798», *The Writings of James Madison,* ed. de Gaillard Hunt, G. P. Putnam's Sons, Nueva York, 1906, vol. 6, pp. 312-313.

4. Robert H. Jackson, juez del Tribunal Supremo, *Youngstown Sheet* & *Tube Co. v. Sawyer*, 103 F.Supp. 569 (1952).

5. Felix Frankfurter, juez del Tribunal Supremo, *Youngstown Sheet & Tube Co. v. Sawyer*, 103 F.Supp. 569, 1952.

6. Robert H. Jackson, Juez del Tribunal Supremo, *Youngstown Sheet* & *Tube Co. v. Sawyer,* 103 F.Supp. 569 (1952).

7. John Adams, Declaración de Derechos de Massachusetts, 1780.

8. Benjamin Franklin en la Convención Constitucional de Filadelfia de 1787, *The American Historical Review*, vol. 11, 1906, p. 618.

9. James Madison, bajo el pseudónimo de «Publius», n.º 4, de *The Federalist, Independent Journal* (Nueva York), *New-York Packet, Daily Advertiser* (Nueva York), 30 de enero de 1788.

10. Constitución de Estados Unidos, artículo 1, sección 7, 23 de septiembre de 1788.

11. Consejo editorial del *New York Times*, «Veto? Who Needs a Veto?», *New York Times*, 5 de mayo de 2006.

12. Charlie Savage, «Bush Challenges Hundreds of Laws», *Boston Globe*, 30 de abril de 2006.

13. *Ibidem.*

14. Ron Suskind, «Why Are These Men Laughing?», *Esquire*, enero de 2003.

15. Alexander Hamilton, bajo el pseudónimo de «Publius», n.º 78 de *The Federalist, Independent Journal* (Nueva York), *New-York Packet, Daily Advertiser* (Nueva York), 28 de mayo de 1788.

16. *Ibidem.*

17. Charles de Secondat, barón de Montesquieu, *The Spirit of the Laws*, vol. 1, tr. de Thomas Nugent, J. Nourse, Londres, 1777, pp. 221-237, *passim* (hay trad. cast.: *El espíritu de las leyes*, Alianza, Madrid, 2003).

18. *The Annals of Congress*, Cámara de Representantes, Primer Congreso, 1.ª sesión, pp. 448-460 (compilado entre 1834 y 1856).

19. Carl Hulse y David D. Kirkpatrick, «DeLay Says Federal Judiciary Has "Run Amok", Adding Congress is Partly to Blame», *New York Times*, 8 de abril de 2005.

20. Charles Babington, «Senator Links Violence to "Political" Decisions», *Washington Post*, 5 de abril de 2005.

21. Rick Klein, «DeLay Apologizes for Blaming Federal Judges in Schiavo Case», *Boston Globe*, 14 de abril de 2005.

22. Debbie Elliott, «Congressional Republicans Target "Activist" Judiciary», *All Things Considered*, National Public Radio, 26 de marzo de 2005.

23. Senador John Cornyn, intervención en el Senado de Estados Unidos, 14 de abril de 2005; cornyn.senate.gov/record.cfm?id=236007.

24. Ruth Marcus, «Booting the Bench», *Washington Post*, 11 de abril de 2005.

25. Peter Wallsten, «Evangelical Groups Seek "Defunding" of Judges», *Los Angeles Times*, 23 de abril de 2005.

26. *Ibidem.*

27. Alexander Hamilton, bajo el pseudónimo de «Publius», n.º 78 de *The Federalist, Independent Journal* (Nueva York), *New-York Packet, Daily Advertiser* (Nueva York), 28 de mayo de 1788.

28. Doug Kendall y Eric Sorkin, «Nothing for Free: How Private Judicial Seminars Are Undermining Environmental Protections and Breaking the Public's Trust», Community Rights Council, julio de 2000. www.tripsforjudges.org/crc.pdf.

29. *Ibidem.*

30. *Ibidem.*

31. *Ibidem.*

32. Isaías, 1:18.

33. Orrin Hatch, «Crisis, What Crisis?», *USA Today*, 5 de septiembre de 1997.

34. Orrin Hatch, «Crisis Mode», *National Review* online, 12 de enero de 2005. www.nationalreview.com/comment/hatch200501120729.asp.

35. Bill Frist, «It's Time for Up-or-Down Vote», *USA Today*, 15 de mayo de 2005.

36. Charles Babington, «Filibuster Precedent? Democrats Point to '68 and Fortas», *Washington Post*, 18 de marzo de 2005.

37. James Madison, bajo el pseudónimo de «Publius», n.º 10 de *The Federalist, Independent Journal* (Nueva York), *New-York Packet, Daily Advertiser* (Nueva York), 22 de noviembre de 1787.

38. George Will, «Shock and Awe in the Senate», *Newsweek*, 6 de diciembre de 2004.

39. John McCain, entrevista de Chris Matthews, *Hardball*, MSNBC, 14 de abril de 2005.

40. Citado en Ron Suskind, «Faith, Certainty and the Presidency of George W. Bush», *New York Times Magazine*, 17 de octubre de 2004.

9. *Una ciudadanía bien conectada*

1. Abraham Lincoln, «The Perpetuation of Our Political Institutions», discurso en el Young Men's Lyceum de Springfield, Illinois, 27 de enero de 1838. http://showcase.netins.net/web/creative/lincoln/speeches/lyceum.htm.

2. L. Alan Sroufe, Byron Egeland y Terri Kreutzer, «The Fate of Early Experience Following Developmental Change: Longitudinal Approaches to Individual Adaptation in Childhood», *Child Development* 61 (1990), pp. 1363-1373.

3. Marti Erickson, comunicación personal con Marti Erickson, enero-febrero de 2007.

4. Thomas Jefferson, *The Writings of Thomas Jefferson*, ed. de Andrew Lipscomb, Thomas Jefferson Memorial Association, Washington, D.C., 1901, p. 582.

5. *Ibid.*, p. 384.

6. George Washington, *The Writings of George Washington,* ed. de Jared Sparks, Ferdinand Andrews, Boston, 1838, p. 562.

7. American National Election Study, 2000.

8. James Snyder y David Stromberg, «Media Markets' Impact on Politics», 2004. americandemocracy.nd.edu/speaker_series/files/SnyderPaper.pdf.

9. FindLaw, «Most Americans Can't Name Any Supreme Court Justices», 10 de enero de 2006. http://company.findlaw.com/pr/2006/011006.supremes.html.

10. American National Election Study, 2000.

11. Annenberg Public Policy Center, «Constitution Day: For Many Americans, It's Time for the Basics», 14 de septiembre de 2006. www.annenbergpublicpolicycenter.org.

12. Ilya Somin, «When Ignorance Isn't Bliss», Cato Institute Policy Analysis n.° 525, 22 de septiembre de 2004.

13. Citado en el Intercollegiate Studies Institute, «The Coming Crisis in Citizenship», 2006. www.americancivicliteracy.org/report/summary.html.

14. *Ibidem.*

15. John S. and James L. Knight Foundation, «The Future of the First Amendment», 2005, p. 3. www.knightfdn.org/default.asp?story=news_at_knight/releases/2005/2005_01_31_firstamend.html.

16. Thomas Jefferson, *The Writings of Thomas Jefferson*, ed. de Andrew Lipscomb, Thomas Jefferson Memorial Association, Washington, D.C., 1901, p. 553.

17. *Ibid.*, p. 517

18. Katherine Hunt, «Prop. 87 Divides Californians Along Party Lines», MarketWatch, 3 de noviembre de 2006. www.marketwatch.com/news/story/Story.aspx?guid= %7BBBD63BEC-BOEA-45BF-B78E-62140B829168%7D&siteid=&print=true&dist=printTop.

19. Vinton G. Cerf, «Prepared Statement to the U. S. Senate Committee on Commerce, Science and Transportation», 7 de febrero de 2006, p. 2.

20. Larry Lessig, *Free Culture*, Penguin Press, Nueva York, 2004, p. 42.

21. Ben Scott, «Testimony Before the United States Senate Committee on Commerce, Science and Transportation», 25 de mayo de 2006. www.freepress.net/docs/senate_nn_commerce_testimony.doc.

22. Ben Scott, «Beyond Net Neutrality: Internet Freedom», *TomPaine.commonsense*, 26 de enero de 2007. www.tompaine.com/articles/2007/01/26/beyond_net_neutrality_internet_freedom.php

Conclusión: El renacimiento de la democracia

1. François Furstenberg, *In the Name of the Father*, Penguin Press, Nueva York, 2006.

2. *Ibidem.*

3. *Ibidem.*

4. Martin Luther King Jr., «Beyond Vietnam: A Time to Break Silence», discurso ante una reunión de religiosos y laicos en la Riverside Church de Nueva York, 4 de abril de 1967. www.hartford-hwp.com/archives/45a/058.html.

5. Sandra Day O'Connor, Anthony Kennedy y David Souter, *Planned Parenthood of Southeastern PA v. Casey*, 505 U. S. 833 (1992).

6. Oliver Wendell Holmes, en *Abrams v. U S*, 250 U.S. 616 (1919).

Índice alfabético

El ataque contra la razón, de Al Gore
se terminó de imprimir en diciembre del 2007 en
Litográfica Ingramex, S.A. de C.V.
Centeno 162-1, Col. Granjas Esmeralda,
México, D.F.